U0555851

玉林师范学院高层次人才科研启动基金项目：G2020SK16

市场监管权
法律规制研究

STUDY ON LEGAL REGULATION
OF MARKET SUPERVISION POWER

—— 单新国　著 ——

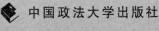

中国政法大学出版社

2021·北京

图书在版编目（ＣＩＰ）数据

市场监管权法律规制研究/单新国著.—北京：中国政法大学出版社，2021.5
ISBN 978-7-5620-9974-1

Ⅰ.①市… Ⅱ.①单… Ⅲ.①市场监管－法规－研究－中国 Ⅳ.①D922.294.4

中国版本图书馆 CIP 数据核字(2021)第 091707 号

出　版　者　　中国政法大学出版社

地　　　址　　北京市海淀区西土城路 25 号

邮寄地址　　北京 100088 信箱 8034 分箱　邮编 100088

网　　　址　　http://www.cuplpress.com (网络实名：中国政法大学出版社)

电　　　话　　010-58908586(编辑部) 58908334(邮购部)

编辑邮箱　　zhengfadch@126.com

承　　　印　　固安华明印业有限公司

开　　　本　　880mm×1230mm　1/32

印　　　张　　10.25

字　　　数　　250 千字

版　　　次　　2021 年 5 月第 1 版

印　　　次　　2021 年 5 月第 1 次印刷

定　　　价　　59.00 元

前 言
Preface

市场监管权和宏观调控权是政府干预经济的两种手段，前者针对微观经济市场上扰乱市场竞争秩序的行为，以保护合法经营者的利益；后者针对国民经济的总量平衡和结构协调。市场监管权对于宏观调控权具有重要的意义，一是市场监管权的行使可以为宏观调控权造就一个宏观调控的有序基础环境；二是市场监管权可以为宏观调控权的宏观调控政策的推行提供一种执行保障，将调控政策和指标具体化为对被监管对象的监管内容。由于市场监管权的行使直接作用于市场主体，其对市场经营者和消费者的利益影响更加明显和有效，人们对市场监管权行使的结果感受也更为强烈。宏观调控权的行使由于具有间接性、引导性、软法性，其作用的发挥具有缓慢性、长期性、不确定性；而市场监管权作为行政权力的表现可以迅速地将行政经济管理的意志贯彻到经济市场的内部去。没有市场监管权对经济市场秩序的维护，就没有宏观调控的顺利实施，每一次宏观调控的失败都表现为市场竞争秩序的失控和市场监管权力的失职。有权力就有腐败，权力越大，腐败的可能性就越大；市场监管权的异化既可以导致其违背公众对"社会契约"的委托，也可能会误导市场经营者的经济决策取向。更为严重的是市场监管权的不当行使，在政治上既败坏了行政机关的公信力又伤害了政府执政的合法性，在经济上也使市场公平合法竞争得不到保护并导致投机炒作行为横行，整个社会的经济创新活力受到严重压制。党的十八大以来，新一届政府大力推进依法治国和行政体制改革，在举措上大力推行简政放权、放管结合、优化服务的国家治理方式改革，旨在提高行政机关的社会服务效率，激发全社会的经济创新活力和积极性，将我国的现代化和法治化建设推向更高的阶段。这其中发出的信号就是依法规范政府与市场的关系，形成政府服务于市场，市场在经济发展中决定资源配置的制度格局。治国在于治吏，发展经济在于减少行政干预，一切要点都在于行政权力的依法运行，减少腐败和权力滥用。魔鬼存在于细节之中，细节决定事务的成败。无论多么宏伟的社会愿景或者激情无比的变革动机，在缺乏详细制度设计的情况下，最终都会流于形式或者导致一败涂地。对行政管理机关的市场监管权力的改革需要在经济法律制度上理清脉络，然后在具体的规则制定上做好准备。基于以上原因，本书对"如何从经济法的角度监督好市场监管权的正确行使"这一基本问题，从以下几个方面作出了研究探讨。

第一章，关于市场监管权概念的界定。本章主要讨论了以下问题：第一，市场监管权概念界定的意义。法学研究需要界定好问题对象的基本概念，法律概念的明确在哲学认识论上可以使我们将研究对象与其他事物区分开来，使问题研究的背景变得明晰；另外，法律概念的明确在社会认识论上可以使我们在市场经济的实践中加深对它的认识，并在以后发展和改进法律的制定和实施。第二，对市场监管权的概念进行了界定和分析，认为它是法律赋予政府对市场主体的经营活动进行监督和管理的权力。第三，对市场监管权产生和发展的中外历史做了纵向梳理，揭示了市场监管在社会经济发展中的重要性。第四，对市场监管权的经济性、规则性等特征进行了分析。第五，分析了市场监管权法律规制的含义以及进行市场监管权法律规制研究的意义。

第二章，关于市场监管权法律规制的理论基础。本章主要讨论了以下问题：第一，对市场监管权法律规制的理论基础进行了分析，认为对市场监管权依法监督的正当性是建立在社会契约、经济自由、经济民主和依法治国等理论之上的。第二，对典型发达市场经济国家的市场监管权力监督模式进行了考察，包括美国、英国和德国。这些发达国家的政府依法拥有对本国市场进行干预的权力，在此方面各市场经济国家的认识均无差别，但在对政府监管权力的监督上有所不同。美国议会对政府权力的制衡较大，独立监管委员会和议会审查制度使得政府监管权处处受限；德国更偏重于行政机关的内部监督机制。英国的行政监督依据三权分立原则，英国政府的自我监督机制也比美国大得多，而美国偏重于议会和司法监督。这告诉我们，发展市场经济就必须有行之有效的一套办法对政府经济管理权力进行监督，对政府经济管理职权的监督机制建设要依据本国国情。第三，分析了我国市场监管权法律规制模式的应有选择以及该选择对监管权规制立法的影响，强调在借鉴他国经验的基础上，要围绕行政中心主义来加强立法对市场监管权的制度约束。

第三章，关于市场监管权主体的法律规制。本章主要讨论了以下问题：第一，何为市场监管权主体，市场监管权主体的特征，市场监管权主体法律规制的必要性。第二，依据不同的标准将市场监管权主体划分为政府性市场监管权主体、社会性市场监管权主体等类别。第三，要对市场监管权主体进行法律规制，就必须依法建立起市场监管权主体的资格取得、变更和丧失制度，使主体地位的取得有法可依。第四，进一步从预算和立法授权角度探讨了完善对市场监管权主体的法律规制。

第四章，关于市场监管权配置的法律规制。本章主要讨论了以下问题：第一，论述了完善市场监管权力合理配置的理论原因，包括政治模式改革的需要和权力运行协调的需要。第二，分析了中央与地方政府之间在市场监管权力分工上的基本原则以及分工方式。第三，研究了市场监管权在政府与社会性市场监管权主体的分工协作问题，并对"如何对市场监管权主体的监管权行使进行监督"进行了论证。

第五章，关于市场监管权行使范围的法律规制。本章主要讨论了以下问题：市场监管权行使范围的大小直接关系到监管主体的权力大小和市场主体经营自主权的领域范围。第一，分析了市场监管权行使范围法律规制的理论依据是什么，主要从政治经济学、市场经济的历史实践经验和经济法的法律性质三个角度入手。第二，分析论证了对市场监管权的行使范围进行法律规制的具体方法，包括依法明确其权力边界，切实推行中央规定的政府权力和责任清单制度。

第六章，关于市场监管权不当行使的法律责任。法律责任是促使法律主体守法的保障手段，没有法律责任的追究，市场监管权主体就会无所顾忌地滥用监管权。本章主要讨论了以下问题：第一，分析了什么是市场监管权的不当行使及其含义，接着对市场监管权不当行使下的法律责任与经济法其他主体的法律责任的区别进行了分析。第二，论述了市场监管权不当行使的表现形式有哪些。第三，论述了市场监管权不当行使所需承担的法律责任的具体内容。

C<small>ONTENTS</small> 目 录

绪　论

一、问题提出

经济法是一个政策性很强的部门法。从 20 世纪 80 年代的计划经济为主商品经济为辅，到以后的社会主义市场经济体制的建立，经济法的基本理论也不断演变。多年以来，经济法学的内容一直就围绕着政府干预经济与保持市场竞争自由之间的关系来展开，这个内容的核心就是政府在经济发展中的作用应该有多大，或者说是政府行政权力在经济发展中到底应该如何行使。只有理清了这个关系才能在经济法的立法中明确对政府经济权力的基本态度，才能够明确经济法的基本原则和精神。现在各国政府为了促进本国经济的发展都对市场进行干预和调控，对市场进行监管的相关法律法规层出不穷，但是，各国市场经济发展的起点不同，对市场的地位和政府在其中的作用的认识也不相同，反映在经济法律中，对政府经济管理权力的定位也不相同。我国的市场经济经过几十年的发展，其配置资源的基础作用得到了国家深度的认可，但是，我国政府的市场经济管理历史和市场经济发达国家不太相同，所起的作用也具有鲜明的中国特色，这就使得我们理解中国的经济法之政府干预与国外不同。首先，外国市场经济的发展是渐进式演变而来的，在起步阶段就已经在政治、经济理论上对政府行政权力进行了明确定位。发达资本主义国家的自由经济理论一直提倡自由竞争的市场经济模式，即在完全竞争的条件下，包括生产、交换、分配和消费在内的全部社会经济生活，都受市场的供给和需求的自发调节和支配，无须国家（政府）的计划和调整。国家的作用仅仅在于为市场的存在和正常发挥作用提供法律和行政的保障，只是在私人不愿、不能或者不宜经营的领域负起经营和管理的责任，也即是说，充当私人资本的警察和守夜人。[1]在政府与市场的关系上，外国学者将市场自由上升到人权自由保护的高度，认为经济自由在带来整个社会经济效率提高的同时，也成了公民自由和政治自由保护的重要手段，因为"直接提供经济自由的那种组织，即竞争性资本主义，也促进了政治自由，因为它能够把经济权力和政治权力分开，因之而使得一种权力抵消掉另一种"。[2]因此，在资本主义国家经济学者看来，一个好的政府应该是"有限政府"，它既能够保护人们不受他人的不法侵害，也能够控制好自身，使政府的活动受到严格限制。反映到法律上，资本主义国家以政治分权来约束国家权力，以宪法和民法来支撑法律体系的构建，以议会对行政的立法审查来防范行政机关对市场监管权力的滥用，使得国家的市场干预行为受到法律的牢牢限制，使得权力活动的空间一直很狭窄，使得自由经济模式始终是国家经济发展的根本体制。以经济自由来保障其他权利自由的基本设计，使得一直以来资本主义国家的行政权力构成不了对市场主体的威胁。

我国的市场经济体制的建立是由政府推动的，经济改革是自上而下启动的，这是我国几千年的历史传统决定的，也是和

---

[1] 晏智杰主编：《西方市场经济理论史》，商务印书馆1999年版，第115页。

[2] ［美］米尔顿·弗里德曼：《资本主义与自由》，张瑞玉译，商务印书馆1986年版，第13页。

中华人民共和国建立之后的计划经济体制有关的。自秦汉以来，历代王朝统治者都在推行重农抑商政策，对民间资本进行压制，大力盘剥，其目的在于防止资本做大并形成能够对抗中央政权的社会力量，威胁到封建官僚地主阶级的统治。重农抑商的背后是政治上以君主为首的中央集权制度，以高度集中的行政权力对社会生活实行全方位掌控，尤其是对国民的经济权利严格控制。此种集权政治下的重农抑商造成了我国商品经济长期不发达。中华人民共和国成立之后的计划经济体制使政府权力得到进一步强化，整个生产和再生产体系都被纳入国家计划之中。虽然国家也曾在历次经济调整中对高度集中的经济权力加以放松，但是整个计划经济时期的经济权力还是集中在政府手里，非公有制经济成分非常弱小。事情的改观开始于20世纪80年代的经济改革开放，经过40多年的市场经济发展，政府管理权力一步步地退出经济领域，私人成了市场交易的主力军。政府和市场主体都逐渐认识到实现国家经济的繁荣就必须充分利用好市场的主导力量，将市场作为资源配置的根本手段，国家对市场的经济监管作为"一种理性的经济政策就应当仅仅旨在创建市场得以发挥最大作用所需要的各种条件，而不应当把刻意影响或指导个人活动的做法视为自己的任务"。[1]人们有权利在不违背社会公共利益的前提下，根据自己的需要来决定生产、投资和消费。

2013年11月召开的党的十八届三中全会作出《中共中央关于全面深化改革若干重大问题的决定》，该决定明确了政府在市场经济发展中的作用。其认为，经济体制改革是全面深化改革的重点，核心问题是处理好政府和市场的关系，使市场在资源

---

〔1〕〔英〕冯·哈耶克：《哈耶克论文集》，邓正来选编译，首都经济贸易大学出版社2001年版，第431页。

配置中起决定性作用和更好地发挥政府作用。市场决定资源配置是市场经济的一般规律，健全社会主义市场经济体制必须遵循这条规律，着力解决市场体系不完善、政府干预过多和监管不到位的问题。必须积极、稳妥地从广度和深度上推进市场化改革，大幅度减少政府对资源的直接配置，推动资源配置依据市场规则、市场价格、市场竞争实现效益最大化和效率最优化。政府的职责和作用主要是保持宏观经济稳定，提升和优化公共服务，保障公平竞争，加强市场监管，维护市场秩序，推动可持续发展，促进共同富裕，弥补市场失灵。为配合该决定的实施，新一届政府大力推进行政审批制度改革，建立行政权力清单和责任清单，明确各级政府的职权范围，推动简政放权，全面建立依法行政的政府高效运行体制。党的十九大之后，国务院行政机构改革与行政权力和责任清单改革相适应，进一步明确了政府行政权力的行使边界，并通过一系列新颁布的法律法规确定下来。这些改革是我国依法治国道路的新进程，也是进一步深化经济改革和增强全民创新活力的制度保障。

经济法作为调整在政府干预市场的过程中发生的社会法律关系的法律，一方面赋予了行政机关监管市场的权力，另一方面也以明确的法律规定限制了行政权力行使的范围。作为直接对市场竞争活动进行干预的市场监管法，其规定牵涉市场中每一个被监管对象的具体权利义务，相应地也规定着每一个经济监管机关的权力和责任。然而，由于我国行政立法权限范围过于宽泛，以行政法规和规章、政府文件等方式出台的市场监管性规则很容易将政府部门的市场监管权力随意扩大，以保持市场秩序稳定的名义将市场主体的经营自主权抓在监管机关手里。国家政策虽然明确了限制政府对市场的不当干涉，但是这还需要在经济法的制度设计中牢牢地约束好行政性市场监管权的行使。这些年来，法律研究者非常关注行政权力依法行使的问题，有关如何规范行政权力运行的文章层出不穷。经济法学研究也很关注经济管理权的运行规则，但是经济法学者研究的重心一直放在如何加强政府对市场的宏观调控和市场监管方面，以防止市场失灵和不正当竞争。学者一般也是研究宏观调控权和市场监管权的本质和行使特点，绝大部分的研究是关于某一个具体市场的监管研究，更主要集中在金融市场监管研究方面。在市场监管研究上，主要的内容基本上是探讨如何完善监管体制，加强监管权力，堵塞监管漏洞。这就如同一张捕猎的网，学者醉心于研究如何把网修补得严密结实，使被监管者逃无可逃，束手就擒，不敢越雷池一步。他们似乎很少想到如何网开一面，给被监管者更多的经济自主权，使市场秩序出现的问题通过充分的市场竞争来自我解决。经济法作为调整国家干预经济的法律或者调整政府在协调本国经济运行中发生的经济关系的法律，它应当对政府干预市场的权力进行法律控权，它的法律制度设计应当建立在维护经济自由竞争和保护私人经营民主权利的基础之上。

基于以上这些考虑，本书特意选择如何对政府市场监管权力进行法律规制，防止监管权力滥用为研究课题，以顺应十八大以来党中央为鼓励全社会的经济创新活力而采取的一系列政治经济体制改革新举措。

二、研究综述

（一）文献检索情况

目前国内专门针对市场监管权法律规制问题的研究不多，只有少部分专门研究政府经济管理职权的论著，它们被冠以政府经济职权、行政监管权、市场监管权、公共权力等研究名称。

笔者在中国知网上以"市场监管权规制"或者"市场监管权法律规则"为主题词模糊搜索到 0 篇论文；以"市场监管权"搜索到 5 篇硕士论文；以"政府经济职权"搜索到 1 篇博士论文和 2 篇硕士论文；以"行政监管权"搜索到 1 篇博士论文，以"公共权力监督"搜索到 21 篇硕、博论文；以"市场监管"搜索到 6742 篇硕、博论文。

期刊的情况和硕博论文差不多，以"行政监管权"搜索得到与行政监管有关的文章 20 多篇，以"市场监管权"搜索得到相关文章 20 余篇，以"政府经济管理权"搜索得到相关文章 60 余篇，以"政府经济干预权"搜索得到 14 篇相关文章，以"经济法权力"搜索得到 72 篇文章，以"经济法权力主体"搜索得到 12 篇文章。

在西南政法大学馆藏文库中，以"市场监管权"搜索得到 1 种——《期货市场监管权配置研究》，以"监管权"搜索得到 8 种有关证券、银行、行业协会监管权研究的专著，以"经济行政权"搜索得到 1 种——《经济行政权的法律监督》，以"市场监管"搜索得到 49 种各类关于市场监管的书籍。

这些论著的特点是：①绝大部分以某一具体市场的监管研究为主，着力点在于如何搭建或完善该市场的各项监管制度，如证券市场监管研究、银行业市场监管研究、期货市场监管权研究等；②少量从宏观上论证市场监管职权的论著关注点在于监管权力的组建和完善，例如，权力的主体如何确定，权力如何合理配置。它们也涉及权力的制约问题，但不是论述的要点。

（二）国内研究状况

围绕本书的题目"市场监管权法律规制研究"来看，目前对市场监管权问题的研究成果大致有以下这些：

（1）在对市场监管权的专门性研究上，探讨如何依法对政府的市场监管权进行法律规范约束的博士论文有 2 篇，分别是：①宋慧宇的博士论文《行政监管权研究》。该文将行政监管定义为政府行政机关通过介入市场经济，影响市场主体权利义务的一种公权力。该文首先分析了行政监管权存在的法律依据；接着分析了行政监管权存在的合理性和正当性的经济学和社会学理论基础；然后在第四章指出了我国行政监管权在立法、执法和监督上存在的问题，并从经济体制、民主法制建设与行政监管体制上对问题原因进行了分析；最后提出了完善行政监管权力运行机制的措施。[1]②张武的博士论文《政府经济职权研究》。该文将政府经济职权定义为为了实现宏观经济目标，政府被依法授予的通过控制市场主体资格，调节市场行为，维持市场秩序以管理本国经济，具有命令和服从性质的权力。全文分析了政府经济职权的基本特征、产生原因、理论基础、职权主体、职权内容、职权配置方式、职权异化的法律控制。

这两篇论文共有的特点是：①着重于对政府干预市场的经济管理权进行分析，以"权"字作为论文写作的中心，围绕"政府经济管理权"展开学术探讨。②两篇论文都是在研究政府经济监管权和调控权是什么的问题。文章各自分析了政府经济管理权存在的理论合理性与合法性，分析了管理权力存在的问题和原因。两篇论文在最后都把研究的落脚点放在了如何防止政府市场管理权的异化和滥用上。从时间上看，最早发表的以"市场监管权"为题目的文章是盛学军教授的《监管失灵和市场监管权的重构》，该文分析了我国市场监管权存在的缺陷、制度障碍和重构的对策。

现在这些专门探讨市场监管权的论文有一个特点，就是它

---

[1] 宋慧宇："行政监管权研究"，吉林大学 2010 年博士学位论文，第 111 页。

们对市场监管权的定义属于广义上的概念，属于经济法上的政府经济管理机关所拥有的经济管理权概念，它包括宏观调控法中的宏观调控权和市场监管法中的市场监管权，并不是严格意义上的市场规制法中的市场监管权，属于一种概念上的泛定义。例如，盛学军和宋慧宇将监管权的内容分为三种：宏观调控权、微观监管权和资产管理权；[1]张武认为政府的经济职权是由市场主体资格控制权、市场秩序维持权、宏观调控权和经济立法权组成的。[2]这些市场监管权的概念之所以指的是经济法上的政府干预市场权，而不是监督市场竞争的权力，原因就在于现在的"市场监管"概念被许多学者定义为包括宏观调控和市场竞争规制两种行为。这种定义到底正确与否，牵涉监管是不是可以包括调控行为。监管的手段一般是直接的、有奖有罚的、可追究责任的；调控方式一般是间接的、引导性的、软法性质的手段，一般也不会规定法律责任后果，因此，市场监管不应当包括宏观调控。学者以市场监管的概念来代替政府经济管理权，会混淆市场竞争秩序监管权的含义。笔者在此将市场监管权的概念定义为：市场监管机关为维持市场竞争秩序，对经营者的经营行为进行监管，打击危害市场自由竞争和消费者权益的不正当市场竞争行为的监管权。此种市场监管权与宏观调控权共同构成经济法上的经济管理权，是与宏观市场调控权相对应的微观市场管理权。

（2）对于如何以法律规制政府的市场监管权力的行使，防止其滥用，现在缺少专门的著述研究。如上所述的几篇论文和文章虽然以政府市场管理权为中心，但是在具体的细节论证上

---

〔1〕 盛学军："监管失灵与市场监管权的重构"，载《现代法学》2006年第1期，第38页。

〔2〕 张武："政府经济职权研究"，西南政法大学2003年博士学位论文，第18页。

十分缺乏，原则性论述大于细节性求证。例如，他们都认为需要从权力配置、程序保障、责任追究等方面来制约，但是仅仅是泛泛之论，一带而过，避而不谈细节。其他大量的关于市场监管的著述都是以监管权维护为核心，论述的是如何将监管权力设计得强有力、全面、细致，防止权力滥用不是关注要点。此类论文基本集中于对各类金融市场领域监管的研究，其研究内容主要着眼于探讨如何完善金融监管机关的权力配置和监管权力赋权，堵塞金融监管漏洞。在收集资料的过程中，笔者发现，目前对市场监管权力如何进行法律约束的研究著述很少，而谈论如何加强各类市场监管的文章却很多，给人经济法研究似乎就剩下了强化市场监管和宏观调控这一条路的感觉。笔者认为，不研究如何防范政府经济管理权力过大的原因有三个方面：一是经济法学者认为本应以监管构建为本职；二是经济法学者也可能认为搞监管法律构建是在防止监管权力滥用，也是在给其加上制度的笼子；三是研究政府经济管理权力制约会应用到大量行政法的行政监督理论，经济法学者怕有越界之嫌。

　　但是，这些原因都是站不住脚的。因为在价值理念上，经济法以维护市场自由竞争，保护公民经济民主权利为宗旨，监管权力的存废应以此为标准，而以维护市场竞争秩序为名的监管权力强化，最终可能会走向秩序的反面，过多的行政干预扼杀的是市场创新的活力，将会带来更多的市场问题。学者以完善监管制度打造权力的笼子的想法，也可能是一厢情愿的，因为实际情况往往是政府监管权力体制一旦建立，权力废弃之日便会变得遥遥无期，监管机关就会形成部门利益，使得监管机关走上"以维护市场秩序之名"要求更大监管权力的道路。再有，行政法对权力制约的研究不能代替经济法研究，毕竟国家对经济的干预不同于普通的行政管理，市场监管权力所遵循的原则是一种经济效率和市场稳定的平衡，它的权力地位不同于一般的行政权力。我们可以参考行政法学者对行政监督的理论成果，但是不能让他们代替经济法学者对于经济法中政府干预权力监督的研究。

（3）对于中央与地方权力配置分工法律规制的问题，现有的著述比较多。李晓西认为当前的央地关系需要注意由单纯权力下放转向制度创新，要在权力下放的同时注意配套制度建设。[1] 刘志欣将央地之间的权力配置分为两种：一是中央的权力在地方的运作，可以通过地方政府或者中央派驻地方的机构来实施；二是中央与地方共享权力在两者之间的分工配置。[2] 黄相怀将中央与地方的权力关系描述为"地方政府的双向代理"关系，地方政府自改革开放以来获得了相对独立的地位，中央政府对地方的控制从原来的具体细微转变成为指标性控制，地方政府开始在"后中央高度集权时期"根据自己的利益考虑在多领域与中央展开竞争。[3] 在我国，职能分配和权力配置代表着行政体制内部的横向和纵向关系，[4] 市场监管权配置主要是行政体制内部的部门分工，这与西方传统的三权分立不同。张芳认为，要完善央地之间的权力关系调整的程序控制制度，以职权调整的法律程序来防止中央对上下级政府之间权力关系调整的盲目性、频繁性和肆意性，以维护中央与地方政府之间权力

〔1〕 李晓西主编：《中国经济改革 30 年：市场化进程卷》，重庆大学出版社 2008 年版，第 261 页。

〔2〕 刘志欣：《中央与地方行政权力配置研究——以建设项目环境影响评价审批权为例》，上海交通大学出版社 2014 年版，第 18 页。

〔3〕 黄相怀：《当代中国中央与地方关系的"竞争性集权"模式》，天津人民出版社 2014 年版，第 43 页。

〔4〕 郎玫、张泰恒："改革开放三十年中国行政体制演化的理论与实践研究—— 一个基于政府、市场、社会的分析框架"，载《经济体制改革》2008 年第 5 期，第 15 页。

关系的相对安定。[1]然而，市场监管权在不同中央与地方政府之间的分工不同于普通的行政权力分工，它所遵循的首要原则不是社会安全而是经济效率，市场监管的央地分工首要的目的在于激发经济发展的市场创造力，激励市场活力，减少政府干预和阻力。简言之，是实现"小政府，大服务"。所以在市场监管权法律规制中研究中央与地方权力配置分工，需要以经济法的思路和眼光来进行，而不能简单套用现有的行政法学政府上下级分工的研究观点。

（4）在社会性市场监管权主体的监管权法律规制方面，梁上上认为，行业协会具有很大的动机在协会会员、协会与会员、协会与同行非会员、不同地域的协会之间实施反竞争行为，所以必须通过制定行业协会法、严格责任追究来防范。[2]郭薇认为，行业协会是本行业内规则的制定者、执行者和执法者，三权置于一身，难免会对行业企业颐指气使。对于行业协会的反竞争行为，应通过社会监督、行业自律和政府监督来规制。[3]鲁篱认为，社会团体承担市场监管的功能，是现代经济管理变革的内在要求，它填补了由市场经济放松管制、国家退出造成的权力空白，防止了经济秩序出现过度自由化的紊乱，[4]从现有的社会性市场监管权主体研究来看，经济法的关注点在于对行业协会的反竞争行为进行规制，尚无对其他类型社会主体的

---

[1] 张芳、张艳、宦吉娥："法治框架下我国中央与地方关系之解读"，载《武汉大学学报（哲学社会科学版）》2012年第1期，第40页。

[2] 梁上上："论行业协会的反竞争行为"，载《法学研究》1998年第4期，第115页。

[3] 郭薇："政府监管与行业自律——论行业协会在市场治理中的功能与实现条件"，南开大学2010年博士学位论文，第228页。

[4] 鲁篱："行业协会经济自治权研究"，西南政法大学2002年博士学位论文，第88页。

市场监管权给予关注。尤其是经济法研究目前还没有将社会性组织视为相对于政府监管主体的社会性市场监管权主体，而这种漠视已经与当前中央的政府机制改革脱节，因为十八大之后的政府管理体制改革正在将越来越多的权力下放给地方和社会组织，并且国务院行政改革提出了政府不能包揽一切，可以通过向社会组织购买的方式，由社会组织代替政府提供某些公共服务。社会性组织开始承担起越来越多的市场自律监管责任，经济法应该对其市场监管权力运行进行详细研究。

（三）国外研究现状

与我国学者以通过研究行政体制改革和行政权力合理划分的方式来探讨如何规制政府市场监管权力不同，外国学者并不认为政府监管市场和调控经济的权力需要另外的机制来制衡，他们依然将其纳入政治分权体制的框架内来解决权力监督问题。所以，也很难找到一篇文章在谈论如何防范其本国政府对经济干预的权力滥用。外国政治理论一般认为公民参与市场经营活动是一项基本人权，法律一般是不能禁止和随意干涉的。美国拉西拉大学学者加里·切蒂尔（Gary Chertier）认为，人们之所以开始从经济角度思考公民权利的实现，主要是出于三个原因：一是认识到经济公平从来就是民权运动的目标；二是经济公平的实现将有助于实现该运动的其他非经济目标；三是民权运动的基本目标本身就包含着对人的社会和个人尊严的尊重，这就必然包含着对公民经济民主的承诺。[1]美国学者迈克尔·诺瓦克（Michael Novak）认为，资本主义自由企业制度，就是"一整套最终私有财产、限制政府权力、鼓励自由竞争和产业发展、推崇基于个人才能的成就和为个人创造机会的价值和法律组成

---

〔1〕 Gary Chertier, "Civil Rights and Economic Democracy", 40 *Washburn L. J.* 267, 287 (2001).

的体系"。[1]在自由企业制度下，每一个人都可以自由地追求自己的经济和社会目标，依据个人的行为，获得社会对其积极或消极的评价。在外国的政治体制之下，政府出台的任何经济干预手段都会受到议会的审查，公民就市场管理机关的不当行为可以提起行政诉讼和违宪诉讼。在研究政府与市场的关系方面，外国学者的著述车载斗量，不胜列举，反对政府干预和支持干预的理论数不胜数。从亚当·斯密、李斯特到凯恩斯、弗里德曼、哈耶克，他们的很多理论都能成为"对政府市场监管权必须进行监督制约"的原因例证。然而他们的理论并不能回答在中国这样一个转型国家如何规制政府经济管理权的问题，因为中国市场经济的发展是由政府自上而下推动的，政府的经济市场管理权不可缺乏，所以不能简单地套用外国的行政监督方式。再有，他们的理论主要是从经济学角度论证限制政府经济干预权的必要性，属于一种宏观角度的分析，并没有从法律甚至经济法的微观角度来论述如何规范政府市场监管权力。

三、研究方法、创新与不足

（一）研究方法

1. 历史分析方法

历史分析方法是指通过对历史事件的追索，在理清历史发展脉络的基础上对历史事件之间的因果关系以及社会发展规律进行解释和把握。对社会问题的历史探究既可以在整体上把握其全部的发展面貌，解释其各方面的特征，更可以确定其在历史发展过程中的主导趋势。卡多佐曾说："历史在照亮昔日的同时也照亮

---

[1]　Michael Novak, *The Spirit of Democratic Capitalism*, Madison Books, 1991; Charles Murray, "The Happiness of the People ", Irving Kristol Lecture, American Enterprise Institute, 2009.

了今天，而在照亮了今天之际又照亮了未来。"[1]任何一门社会科学如果不把客观知识系统化，如果不对经验材料进行理论概括，如果不从揭示所研究的那些现象背后的内在规律入手，从而深入到这些现象的实质中去，它便不能存在。[2]在法学研究的理论逻辑推理方法之外，历史学研究方法同样重要。"逻辑的方法表明历史的方法的理解程度，而历史的方法则是逻辑方法的基础。"[3]任何一种新的法律制度都必须在产生它的历史事件中找到其合法性根源，合法性与历史性在一定意义上往往是重合的，因为法律部分地是对现有秩序的一种认可。[4]黑格尔曾经谈论过社会科学研究必须要重视对时代历史的考察，"就个人来说，每个人都是他时代的产儿——妄想个人可以跳出他的时代，这是愚蠢的行为。如果他的理论确实超越时代，而建立一个如其所应然的世界，那么这个世界诚然是存在的，但是其仅仅存在于他的私见之中，私见是一种不结实的要素，在其中的人们可以随意想象任何东西"。[5]经济法学的研究不能脱离时代，要紧紧把握国家干预经济历史的变化过程，如此才能为理论的发展奠定坚实的现实基础。对于现在我国市场经济条件下的政府市场监管权的本质是什么，必须结合中华人民共和国成立后的几十年经济发展历史来分析，如此才能搞清楚政府管理经济的经验和教训以及现在和未来的发展方向，也才能搞明白

---

〔1〕〔美〕本杰明·卡多佐:《司法过程的性质》，苏力译，商务印书馆2000年版，第27页。

〔2〕〔苏〕E.M.茹科夫:《历史方法论大纲》，王璀译，上海译文出版社1988年版，第1页。

〔3〕〔俄〕B.B.拉扎列夫主编:《法与国家的一般理论》，王哲等译，法律出版社1999年版，第20页。

〔4〕李可、罗洪洋:《法学方法论》，贵州人民出版社2003年版，第357页。

〔5〕〔德〕黑格尔:《法哲学原理》，范扬、张企泰译，商务印书馆1961年版，第12页。

为什么要放弃集权式经济管理模式以及政府将市场作为决定性资源配置手段的决心，也才能证明对经济管理机关的市场监管权加以规制的必要性。本书还对中国古代历史上的国家对经济的高度管制进行了探讨，以说明政府与市场的关系问题由来已久，中国具有强势政府与弱势市场的传统历史。这对如何依法监督政府权力、发展市场经济具有警示作用。

2. 案例分析方法

案例分析方法是指通过档案资料、对象访谈、经验观察等途径收集数据，运用可靠技术对一个事件进行分析，从而得出带有普遍性或特殊性的结论的研究方法。在对市场监管权法律规制的研究中，有些问题单纯依靠已有理论来说明会显得苍白，甚至会脱离中国语境而给人一种教条主义的感觉。所以本书在对市场监管权力如何进行合理配置的讨论中，挑选了天津港口爆炸案作为典型案例，来分析监管权的错配会带来什么样的结果，以及监管权合理配置应该坚持的基本原则。笔者感觉以案说法效果比较好：一是可以使得理论问题变得活泼生动，具有现实说服力；二是以国内发生的实例来证明市场监管权配置的必要性，可以使得监管配置问题研究建立在中国国情的基础上，而不是去讨论一个放之四海而皆准的大道理；三是以案例分析来讨论市场监管权配置问题，可以将理论与实践结合起来以相互印证。

3. 社会分析方法

法律的社会分析方法是对法律现象形成和运用的机制与规律以及法律体系的功能进行客观研究，其目的在于通过多种社会现实问题来研究法律的实行、功能与成效。[1]法律作为维持

---

〔1〕 苏梅凤等：《法律社会学》，武汉大学出版社1990年版，第2页。

社会秩序的行为规则，其制度内容的好坏最终还需要拿到实践中检验。所以，对法律问题的检视不但需要以法律的眼光也需要用社会实践的观点来进行。在法律与社会的关系中，法律行为不过是社会行为的法律界定，法律关系也只是社会关系的时空移置。如果在法学研究中不确立法律与社会间的实际关联并形成相应的解释性框架，那么我们所进行的研究就必然会因为失去了社会因素的考量而丧失相应的解构力。[1]笔者在本书撰写的过程中时时注意从我国的社会现实出发来考察市场监管权行使的问题，避免对遇到的每一个问题仅仅进行抽象的理论堆砌，从理论和社会实践的契合性角度反复推敲，力求达到所作研究能够对我国市场监管实践有所裨益的目的。

（二）研究创新

（1）选题创新。市场监管权法律规制这一问题目前尚无人关注，经济法学者觉得行政法学者已经把权力监督问题研究得很透，再去研究市场监管权问题会重走行政权力研究的老路。行政法学者觉得市场监管权问题属于经济法问题，行政法学者去研究市场监管权问题可能会有些问题说不清，会导致经济法学者的反对。其结果就是有人去研究宏观调控权的法律规制，却无人去研究市场监管权的法律规制。如前所述，经济法学者对市场监管的研究只集中在强化市场监管方面，唯恐防范竞争行为之网不密、不牢，很少考虑市场监管权力滥用的问题。虽然经济法理论也谈到了政府干预失灵的问题，但是对如何从制度上防止政府经济权力滥用却缺乏相关研究。有观点说市场失灵需要政府干预，政府失灵需要制定经济法来约束政府干预，但是如果经济法的立法是恶法，那又将如何处置？因此，必须

---

〔1〕 胡玉鸿：《法学方法论导论》，山东人民出版社 2002 年版，第 170 页。

制定经济良法，才能达到依法监管的目的。本书正是致力于探讨如何制定市场监管之良法。

（2）论证创新。权力监督不能抓住一点不及其他，需要全盘考虑、整合论证。本书并没有陷入权力监督的老套路，而是从中国的实际来分析具有中国特色的市场监管权力监督的路径应在何方。本书从市场监管权主体选择、市场监管权合理配置、市场监管权行使范围、市场监管权法律责任等方面来研究市场监管权的法律规制问题，针对性强、论证目标明确，切合经济法研究的部门法理论标准。

（3）观点创新。本书在对市场监管权配置的研究上有所突破，主要集中在市场监管权的横向配置方面。目前的观点一般认为市场监管权主体是行政经济管理机关，市场中介组织起到的是辅助性作用，但是国内学者缺乏对市场中介组织所拥有的市场监管权力运作的具体研究。笔者认为，以行业协会、证券期货交易所和消费者协会为代表的市场中介组织依据法律授权在行业自律管理过程中具有很大的影响市场竞争的权力，其相对于政府市场监管权主体具有一定的独立性，因此笔者将其命名为"社会性市场监管权主体"。本书继而对"社会性市场监管权主体"的主体特征、监管权的具体内容、现实表现以及法律规制进行了详细论证。

（三）研究不足

本书最大的创新点就是正面回答了市场监管权如何进行法律规制这一问题，没有"顾左右而言他"，用一些似是而非的论述来搪塞读者。虽然本人已经尽最大努力以经济法的理论和法律思维直面这一监管权规制话题，但是受水平所限，笔者在论述中时时感到许多缺陷。其中最大的问题就是欠缺宏观论述与微观分析的结合，使本书在理论的宏观论述上着墨太多，对市场监管权主体"法律规制方法"的细节论证略有欠缺。这一方面的原因是，宏观论证也是极其重要的，它是微观分析法律规制手段的基础；另一方面的原因是，微观分析需要针对不同监管权主体的类型来详细进行。微观分析需要深入地思考各类监管主体的特点、其权力的范围、彼此之间的关系、市场的发展方向、国家经济政策等因素，这是需要很大的精力和篇幅的。当然，笔者在本书中也进行了一番尝试，比如对社会性市场监管权力主体的法律规制问题进行了微观探讨，感觉论证效果很好。然而，受时间和本书篇幅所限，加之笔者现有水平所不逮，现有的这些缺陷也只能让它们暂时存在了，过多的遗憾也只能在今后的工作研究中去弥补了。

第一章 市场监管权及其法律规制

第一节 市场监管权概述

一、市场监管权的概念

（一）市场监管权概念的功能

市场监管权的概念严格来说应该被称为市场监管权的定义。概念和定义原本是不相同的。辩证唯物主义认为，概念是对客观事物本质属性和一般特点的概括和反映，是人类思维的基本方式，具有很高的抽象性和间接性，是人类理性思维的三种基本形式之一。[1]然而，概念本身过于抽象，人们有时候很难明白它到底指的是什么意思。例如市场监管权的概念，尽管大家都在使用，但是在不同经济体制下的具体理解可能并不一样，于是就需要对市场监管权的概念进行定义。何为定义？有逻辑学家将"定义"理解为揭示概念的内包，规定概念的含义，也即把它的客观事物的本质属性揭示出来。[2]德国哲学家阿·迈纳将"定义"的含义视为"确定，特别是本质确定或概念确定；

---

〔1〕 李秀林、王于、李淮春主编：《辩证唯物主义和历史唯物主义原理》（第4版），中国人民大学出版社2004年版，第257页。

〔2〕 陆征麟：《概念》，河北人民出版社1960年版，第25页。

解释，特别是语词解释，概念解释，事物解释，名字解释；讨论；描述；叙述；概念分析；概念综合"。[1]由上所论可见，概念是一种对事物一般本质的静态影像，而定义是对事物一般本质的具体的动态展示。如市场监管权是个概念，市场监管权的定义就应该是具体描述或解释此种监管权的本质特征。但是，我们在文章、著述里经常看到，人们习惯把概念和定义不自觉地画个等号，并没有进行严格区分，在谈论一个学术概念的时候，通常都是从定义的动态角度来讨论。

何为概念？亚里士多德说："定义是表示事物的本质的短语。"[2]黑格尔说："概念是自由的原则，是独立存在着的实体性的力量。概念又是一个全体，这全体中的每一个环节都是构成概念的一个整体，而且被设定与概念具有不容分离的同一性。"[3]在内涵上，概念所包含的自由是必然性的真理，而概念本身是实体性的真理，概念就是存在与本质的真理。[4]德国逻辑学家石里克认为，概念是我们想象的、并赋予严格规定内容的事物之属性的反映；这些属性又被称为概念的特征或特性，通过具体的规定提示出来，这些规定的总和构成概念的定义。[5]我国学者对何为概念是这样认识的，"概念是思维表现的一种形式，它是反映客观事物的本质属性的思维形式"，[6]"概念是反

---

〔1〕 ［德］阿·迈纳：《方法论导论》，王路译，生活·读书·新知三联书店1991年版，第24页。

〔2〕 ［古希腊］亚里士多德：《范畴篇 解释篇》，方书春译，商务印书馆1959年版，第82页。

〔3〕 ［德］黑格尔：《小逻辑》，贺麟译，商务印书馆1997年版，第327页。

〔4〕 ［德］黑格尔：《小逻辑》，贺麟译，商务印书馆1997年版，第322~325页。

〔5〕 ［德］M.石里克：《普通认识论》，李步楼译，商务印书馆2005年版，第37页。

〔6〕 陆征麟：《概念》，河北人民出版社1960年版，第5页。

映事物的范围和本质的思维形式"。〔1〕以上所列概念的定义都有一个共同点，就是把概念视为一种思维所反映的事物本质的体现。区别是该被反映的事物是一种客观存在还是意念产物，在此方面唯心主义和唯物主义学者的观点不同。

明确事物的概念首先具有哲学认识论方面的功能。石里克对概念在人的认知过程中产生的原因做了详细的分析。〔2〕他认为，人的认识过程是一个认识与再认识的过程。在初始认识中，人对外界事物的认识仅是一种表象或意向，没有抓住事物的明确结构，在人的意识中是模糊不清的，人的再认识过程会涉及对两个事物的意象的比较，如果意象是非常模糊不清的，那么这种对事物的结构比较和其相同性的认证上的认识过程也将是不可靠的。这种单纯的意象或观念可以满足人的一般日常生活的认识过程的需要，但是对于严格的和具有确定性的科学知识获取，却是远远不够用的。因此，"科学寻求某种别的东西来代替意象，这些东西要能够清楚地加以确定，具有固定的边界，能够经常完全地加以认同，这种试图用来代替意象的东西就是概念，而概念就是对人的认识对象本质特征的提炼"。〔3〕通过"概念"的使用，在科学研究中人们就不需要用模糊的意象做比较来认识对象，而是通过明确体现客观事物特征的"概念"这把尺子来衡量，这样就能准确地形成对该对象的科学认识。石里克将"概念"比喻成"分布于地球上使我们得以明确地标识

---

〔1〕　中国人民大学哲学系逻辑教研室编：《形式逻辑》，中国人民大学出版社1959年版，第17页。

〔2〕　[德] M.石里克：《普通认识论》，李步楼译，商务印书馆2005年版，第32~45页。

〔3〕　[德] M.石里克：《普通认识论》，李步楼译，商务印书馆2005年版，第37页。

地球表面的任何位置的经纬线",〔1〕离开"概念",人们很难确切地对研究对象进行初步的归类。市场经济中政府参与经济的行为多种多样,其中包含民事经济行为、行政经济行为、经济管理行为,并且在经济管理行为中又包含宏观调控行为和市场规制行为,多种行为混合在一起。如果不从概念上对市场监管权加以定义,就很难从这些经济管理行为中将政府对市场的监管行为分离出来,也就无法对该权力依法进行规制。

另外,明确认识对象的概念还具有社会认识论方面的功能。认识论在传统的研究中成了一门心理学和逻辑学的混合。社会认识论是探讨人的认识的社会性的理论,该理论认为,人的认识活动并不仅仅是一种生理机制或者心理活动,而是一个社会人在社会环境中利用一定的社会工具对一定社会事物的认识活动,整个认识的内容和形式都是社会性的。〔2〕传统认识论主要研究人的认识过程中的心理作用和认识的演绎、推理机制,不关注认识活动的社会文化背景。传统认识论在解释人的认识行为原因时都是单向决定论。如心理活动理论认为人的行为是由人的内在因素,如本能或者需要推动的;特质论主张人的行为受人格特质左右,并把特质称为一种行为倾向;激进行为论认为人的行为是遗传基因和外在环境共同影响的。社会认识论超越了传统认识论,它认为人的行为"既不是内部力量驱动的,也不是被外部刺激直接控制的,人的机能的实现是行为、认知和外在环境三种因素共同作用的"。〔3〕这三种因素的互助配合,

---

〔1〕 〔德〕M. 石里克:《普通认识论》,李步楼译,商务印书馆2005年版,第45页。

〔2〕 欧阳康:《社会认识论——人类社会自我认识之谜的哲学探索》,云南人民出版社2002年版,第44页。

〔3〕 〔美〕阿尔伯特·班杜拉:《思想和行动的社会基础——社会认知论》,林颖等译,华东师范大学出版社2018年版,第44页。

使人具备了使用符号、深谋远虑、替代、自我调节、自我反思五种能力。社会认识论既对传统认识论进行了深化，也将社会历史观引入了认识论研究。[1]依据社会认识论，认识行为不再是一种高级人类的心理反映行为，而是处于一定环境中的社会人作为主体对于社会客体的主动认识，同时，作为社会主体的人又能不断地反思、纠正自己对外在环境的认识偏差。马克思主义认识论对社会认识论做了高度概括。其认为，认识就是"实践基础上主体对客体的能动反映"，[2]"认识是人对自然界的反映"，是通过思维上的不断反思、建构和虚拟，逐渐抓住事物本质的"一系列的抽象过程"。[3]马克思主义认识论是建立在实践论的基础之上的，认为人的认识来自于实践，并以认识的结果来指导人的实践，然后再拿到实践中进行检验，以此反复。

　　以社会认识论来审视市场监管权的本质具有很重要的意义。我国经济发展模式经历了从计划经济到市场经济的转变，人们对政府市场监管权的认识也经历了一个全能型权力观到有限权力观的转变过程，这个认识过程符合社会认识论的行为、认知和外在环境三要素的共同作用理论。人们参与到市场竞争中来，对政府市场监管权力的行使有不断的要求，市场经济大环境又不断刷新人们的认识。现在，有限政府、服务型政府观念已经被广泛接受，但是生产严重过剩、房地产市场过热、制造业衰退、产业转型升级艰难等一系列问题不断出现。要从根本上解决这些问题，就必须重新回过头来审视政府与市场的关系，重

---

〔1〕　欧阳康：《马克思主义认识论研究》，北京师范大学出版社 2017 年版，第297 页。

〔2〕　李秀林、王于、李淮春主编：《辩证唯物主义和历史唯物主义原理》（第4 版），中国人民大学出版社 2004 年版，第 238 页。

〔3〕　《列宁全集》（第 55 卷），人民出版社 1990 年版，第 152 页。

新认识政府市场监管权，理清政府市场监管权的边界。

（二）市场监管权概念的梳理

何为市场监管权？目前研究市场规制法的著述很多，但是论述的要点主要集中在市场监管的必要性、市场监管法的调整对象、市场监管法的性质和特征、市场监管法的体系等方面，对市场监管权概念进行定义的很少。相关研究论述主要是对"市场监管"进行了定义，主要如下：

（1）对市场监管权从内涵和外延两方面进行完整、明确的定义。①市场秩序规制权是指政府为了培育和发展市场体系，维护公平、自由竞争，保护经营者、消费者和其他社会公众的合法权益，而对市场主体的行为进行必要干预的权力。[1]该定义将市场监管权的外延界定为一种权力，将其内涵界定为政府对市场主体的市场竞争行为进行的干预。这是一个少有的对"市场监管权"的明确概念。②市场监管权是一国权力机关、行政机关及其附属职能部门，如财政、税务、审计、工商等经济管理部门，对国民经济活动加以规制与监察之权力，属于宏观调控权的一种。[2]此概念其实指的是"政府经济管理权"，它包括市场秩序规制法中的"市场监管权"和宏观调控法中的"宏观调控权"，而不是一个纯粹市场秩序规制法上的"市场监

---

[1] 该定义将"市场监管权"称为"市场秩序规制权"。在"市场监管"和"市场规制"孰优孰劣上，学者的意见不一。赞同使用"规制"一词的学者认为，"规制"是"干预""指导"的意思，表现了政府经济管理权行使的后发性和指导性，表现了政府干预尊重市场的原则。赞成使用"监管"一词的观点认为，"规制"一词可以被理解为"监管""管制""调节""管理"等，会导致对"市场规制"一词产生理解分歧，多意多疑，不利于学术平台的建设。无论是"市场规制"还是"市场监管"，其实大家针对的对象是相同的。参见李昌麒主编：《经济法学》，法律出版社2007年版，第140页。

[2] 张士元："市场监管权的再认识"，载顾功耘主编：《市场监管法律制度的改革与完善》，北京大学出版社2014年版，第8页。

管权"概念。③把市场监管权称作市场竞争权，认为市场竞争权是"有关国家机关为了维护市场竞争所必须具备的重要权力，有关国家机关通过行使维护市场竞争权力维护市场竞争，从而促进市场经济发展"。[1]该定义揭示了市场监管权的权力本质，符合市场监管要义，但是，它对市场竞争权的定义很广泛，既指的是经营主体的市场经营自主权性质的市场竞争权，也指的是政府公权力行使的维护市场秩序的市场监管权，简单地说就是：市场竞争权=经营者的市场竞争权+政府的市场竞争权。

　　现在研究市场规制法的著述多关注于市场监管法的概念、特征、产生原因，重视对"市场监管"的界定，对"市场监管权"的叙述则不多。[2]虽然研究行业监管的论文不少，但是每个行业监管机构的监管权特点都各不相同，无法拿来说明"市场监管权"的一般规律。[3]其次，对"市场监管"的研究也代替不了对"市场监管权"本身的研究，因为"市场监管"和"市场监管权"在语义和内容上是不同的。市场监管在语义上是一种行为，在内容上主要包括对市场进行监管的必要性；市场监管权在语义上指的是一种抽象事物，主要体现为政府享有的一种权力。另外，经济法对"政府经济职权"的研究也代替不了对"市场监管权"本身的研究，因为"政府经济职权"指的是在市场经济条件下政府具有对市场主体的活动的宏观调控和

---

　　〔1〕　邱本：《经济法通论》，高等教育出版社 2004 年版，第 58 页。
　　〔2〕　在"中国知网"上以"市场监管权"为主题词精确搜索到的专门论述核心期刊文章仅有 3 篇，分别是：盛学军："监管失灵与市场监管权的重构"，载《现代法学》2006 年第 1 期；邱本："论市场监管法的基本问题"，载《社会科学研究》2012 年第 3 期；宋慧宇："论政府市场监管权的合理配置"，载《社会科学战线》2012 年第 12 期。
　　〔3〕　在"中国知网"上以"宏观调控权"为篇名模糊搜索到的专门论述核心期刊文章仅有 19 篇，以主题进行模糊搜索得到 128 篇，以"宏观调控权"为题的硕博论文有 14 篇。

微观管理的权力，这是一种对政府经济干预权的宏观研究。在经济法主体权力（利）范畴中，对市场监管权力本身的确有独立研究的必要性，因为要准确认知经济法中的政府和市场的边界，除了要搞清什么是宏观调控权之外，还应当搞清何为市场监管权。

（2）对"市场监管"的概念进行定义。代表性的概念有：①"市场监管是指法定的国家机构对市场准入与退出以及市场经营主体在其存续期间的运营进行的监督和管理。"[1]②市场监管是政府为了预防市场失灵，依据法律手段和政策措施，对市场主体的市场行为加以规范、引导、监督，从而实现市场秩序健康、稳定和可持续发展的过程。[2]③市场规制是指规制主体为预防市场失灵而依法对市场准入、商品价格、商品质量、财务会计、企业投资等进行的限制性控制。其规制的对象是微观经济活动，不包括宏观调控行为。[3]④市场监管是相关机构对市场中的各类主体及其市场活动进行的监督管理。[4]一个事物的概念形式包括内涵和外延两个层面，内涵反映的是概念所指客观事物的本质特征，外延反映的是该客观事物的范围。"市场监管"虽然不能代替"市场监管权"的概念，但是也基本上明晰了"市场监管权"概念的内涵，只不过缺少外延界定。市场监管权的概念外延是指有关市场规制者所拥有的权力；内涵是

---

〔1〕 杨紫烜："论市场经济监管法的概念以及使用这一概念的必要性"，载顾功耘主编：《市场监管法律制度的改革与完善》，北京大学出版社 2014 年版，第 15 页。

〔2〕 卢炯星："市场准入监管法的问题与对策"，载《福建法学》2014 年第 2 期，第 88 页。

〔3〕 王全兴：《经济法基础理论专题研究》，中国检察出版社 2002 年版，第 584 页。

〔4〕 邱本："论市场监管法的基本问题"，载《社会科学研究》2012 年第 3 期，第 70 页。

指能够对市场主体的市场行为进行监督和管理。在市场监管权的内涵中，监管权的享有主体为"政府""国家机关""规制主体"或者"相关机构"；监管权针对的客体是"市场各类主体的行为"；监管权的内容是"市场准入""依法经营监管""产品质量监管""消费者权利保障"和"市场退出"等；监管权的目标是"防止市场失灵"，维护市场秩序的稳定；监管手段是"法律手段""政策措施""限制手段"；使用的方法是"规范""引导"和"监督"。以上所列举的"市场监管"概念如果加上一个"权力"外延，就构成了完整的"市场监管权"的概念。之所以没有定义"市场监管权"，其原因在于学者们只是关注于市场监管的整体研究，而没有专注在市场监管权力本身。

"市场监管权"概念混乱的主要原因在于法律概念的模糊性和在法的形式逻辑中的起点性的矛盾。我国法律体系具有重视法的体系化的传统，需要将诸多法律规范依照形式逻辑的方法组织成抽象的、一般概念式的互不矛盾的整体，此又被称为"抽象概念式外部体系"。此种体系的演化路径是：首先对不同法律规范所调整的客体的特征进行一般归纳形成类别概念，然后在此基础上借助对客体特征要素的对比形成抽象程度不同的概念，如此通过从低到高的抽象化概念，就可以将纷繁的法律规范"统一"到少数高层次的概念上来，从而达到形式逻辑上的协调。在概念法学看来，这种抽象概念式体系的优点是既可保证立法的形式完整，又可保障法的安定性。法律问题的解决在这种环环相扣的概念体系范畴内就可以简化为形式逻辑推理过程，得出的结论彼此之间也不会矛盾。虽然后来的法学家对概念法学派重视法的形式逻辑、忽视法的目的和法的伦理的做法非常反对，但是概念化的技术手段也给大陆法系的立法和研究带来了体系建构上的系统性。我国学者在市场监管法研究中也要对所遇到的一系列概念加以明确，其中也包括对"市场监管权"的定义。然而，法律概念的模糊性使学者对"市场监管权"概念的定义各不相同，这又削弱了市场监管法律体系的外部逻辑的完整性。法律人在以法律解释现象世界和本质世界的关系时，往往会发现作为路线标志的法律概念是模棱两可、靠不住的，原因在于他们心里面所想的这个法律现象和要说明的那个事物有多大契合度连他们自己都无法把握。奥古斯丁在回答什么是"时间"时说："何为时间？如无人询问，我是自知的，如让我加以说明，我就无能为力了。"[1]美国大法官波特-斯图尔特在被问及什么是"色情作品"时说："我不知道如何界定，但是我一看到它就知道它是。"对于形成法律概念模糊性的原因，有学者认为是法律概念的内涵与边界的二元结构。[2]概念的内涵揭示了定义对象的主要特征，概念边界指明了定义对象的其他方面。从逻辑上看似乎清楚反映欲定义事物共同特质的概念，由于语言的开放性，该概念用语可能会"扩张到只具有部分在正常事例中会一起出现的性质的事例"，[3]造成了概念的边界不断外移，最后导致该概念的含义变得模糊和不确定。如针对市场监管权概念，我们既可以理解成行业性市场监管权，还可以理解成经济市场监管权，也可以从政府角度理解成政府经济管理权。除非你首先对"什么是市场"进行严格定义，否则，前面的三种监管权概念都与市场干预有关，在广义上可以互相代替。

---

〔1〕 ［古罗马］奥古斯丁：《忏悔录》，周士良译，商务印书馆1963年版，第242页。

〔2〕 郑春燕：《现代行政中的裁量及其规制》，法律出版社2015年版，第37页。

〔3〕 ［英］哈特：《法律的概念》（第2版），许家馨、李冠宜译，法律出版社2011年版，第15页。

（三）市场监管权概念的界定

美国著名法学者泰耶尔（J. B. Thayer）曾说：法律越发展，法律术语就越应该明确其含义；社会中的新情况和新难题不断出现，原有的那套概念、区别和术语就应该及时修改，若常用的法律术语不能正常使用，将使我们不易理解问题本身。[1]中国经济市场化改革已经 40 多年，人们对市场监管权的理解也在不断加深。从原来的经济行政权、政府经济管理权到市场监管权，从广义的市场监管权到狭义的市场监管权，研究者对对象的概念界定日益准确、完整。经过对以上所述之市场监管权概念的分析，秉持突出本质特征和术语表述明确性的原则，本书将市场监管权定义为：为了保障市场的自由、公平竞争，维护市场主体的合法权益，预防和制止各种违反市场竞争法律秩序的行为，而依法赋予行政机关和社会性组织对市场主体的经营活动进行监督、管理的权力。市场监管权的内涵包括如下几点：

（1）市场监管权在本质上是一种在经济市场中运用的公"权力"。对于什么是"权力"，外国政治学者作出了很多解释。马克斯·韦伯在论述"统治"和"权力"的关系时说："一般意义上的权力中的统治，是指将一个人的意志设置于在其他人的行为之上的可能性。"[2]《简明大英百科全书》将权力定义为："是一个人或者许多人的行为使另一个人或者其他许多人的行为发生改变的一种关系。"[3]帕森斯在论述权力主体之间的对立和统一关系时将权力定义为："一种保证集体组织系统中各个

---

〔1〕［美］霍菲尔德：《基本法律概念》，张书友编译，中国法制出版社 2009年版，第 27 页。

〔2〕［德］马克斯·韦伯：《论经济与社会中的法律》，张乃根译，中国大百科全书出版社 1998 年版，324 页。

〔3〕严家其：《首脑论》，上海人民出版社 1986 年版，第 10 页。

单位履行具有约束力的义务的普遍化能力。"[1]市场监管权既然是权力的一种，那么监管主体就有权要求监管受体无条件接受合法的监管，监管权力的拥有者具有行为上的主动性和自为性，在立法上必须对政府经济管理机关明确授权，以维护其权力行使的通畅性。另外，正因为市场监管权是一种行政权力，所以我们必须时刻谨记孟德斯鸠那句"不受约束的一切权力最终都会走向腐败"的名言，因为权力的行使可以为行使人带来无穷的利益。"精神的和物质的报酬存在于权力的所有和使用中"，[2]权力拥有者在"市场经济人"理性的驱使下也有可能利用监管市场的机会牟利。所以，在市场监管权的建构中，既要合理赋予、分配经济管理权，同时也要防止权力滥用。

（2）市场监管权行使主体以行政机关为主，社会性组织为辅。对于扰乱市场竞争秩序行为的监督管理，应该由一个客观、中立的主体来实施，这个角色主要由政府承担。因为政府作为一国政权的象征，其成立的目的就是代表全社会的利益以"调节全社会成员的行为并责成他们促进实现社会意志的目标"。[3]社会契约论将政府成立的原因归纳为社会成员的权利让渡，让渡的目的是防止出现由非理性造成人群彼此之间的伤害。虽然权利让渡使个人的自由受到了一定的限制，但是政府通过被授予的管理权力来协调大家的行为，使个体的收益大于权利的损失。政府权力来自于社会成员，其权利存在的合理性和道德性必须要体现全社会的公共福利。虽然政府权力在监督机制不完

---

〔1〕 ［美］塔尔科特·帕森斯：《社会行动的结构》，张明德、夏翼南、彭刚译，译林出版社2003年版，第134页。

〔2〕 ［美］约翰·肯尼思·加尔布雷思：《权力的分析》，陶远华、苏世军译，河北人民出版社1988年版，第8页。

〔3〕 ［法］霍尔巴赫：《自然政治论》，陈太先、眭茂译，商务印书馆1994年版，第45页。

善的情况下会发生异化，背离社会公共利益，但是在目前的社会体制下，我们还没有找到更好的能代替政府角色的其他主体，所以，市场监管权由政府行使还是一个最好的选择。也有学者强调发挥社会中间层组织对市民社会的管理、监督作用，但是，社会自我管理由于资金、人员素质和执行力的问题，还无法代替政府的社会管理主导角色，只能起到配合作用。与社会组织的自我管理相比，法律总是把关键的市场监管权力赋予政府，而将辅助性的权力交给市场社会组织主体自我管理。

（3）市场监管权的监管对象是具体市场中的市场主体的具体市场行为，属于微观市场监管权。学者所给定的概念都指明了监管权存在的空间为"市场"，但是，"市场"包括"宏观市场"与"微观市场"，经济管理权力在不同市场中的行使内容大不相同。按照经济学的理解，宏观市场是将一国经济整体作为一个市场来看待的，经济管理机关在此领域的职权目标主要是调控"经济增长以及总产出的周期性波动、失业率和通货膨胀、货币供给和预算赤字、国际贸易与国际金融"，[1]我们把它称为宏观调控权。宏观调控权不针对具体的市场主体，也不针对某个具体的市场行为，其调控的对象是市场整体的供需总量平衡和机构合理，采取的手段是间接引导式的。同样，按照经济学的解释，微观市场指的是具体商品市场或者单一商品市场，微观经济学研究的重点是各个具体市场中家庭和企业的行为细节，如"单个产品的价格、数量和市场"[2]，"产品的定价或者垄

〔1〕〔美〕保罗·萨缪尔森、威廉·诺德豪斯：《经济学》，萧琛等译，华夏出版社1999年版，第48页。
〔2〕〔美〕保罗·萨缪尔森、威廉·诺德豪斯：《经济学》，萧琛等译，华夏出版社1999年版，第48页。

断对个别市场的影响"。[1] 经济管理机关在此领域的职权目标是维护市场竞争秩序，预防和制止生产经营者的垄断和不正当竞争行为，保护消费者权益，我们将此权力称为市场监管权或者市场规制权。与宏观调控权相比，市场监管权的监管对象是具体市场中的具体参与者的具体市场行为，监管的手段主要是直接干预性的。我们从前面列举的"市场监管权"定义中可以看到，因为对两种市场没有区分，所以有些市场监管权定义内容模糊，既可以被当作宏观调控权概念使用，也可以被当作微观市场监管权概念使用，成了经济管理权概念的另一种说法。在本书论证中，市场监管权概念的外延空间被严格界定为"微观市场"，以与政府针对"宏观市场"的宏观调控权加以区别。

（4）市场监管权监管的行为是违反市场竞争法律和扰乱市场竞争秩序的行为。在上文列举的概念中，学者将市场监管权规制的行为表述为"市场主体的行为"，而笔者所下的概念强调了监管权所监管的行为是各种违法或者违反市场竞争秩序的行为，舍弃了原有市场监管权概念对各种市场行为的简单概括。然而，为什么在这里对"市场主体的行为"作出不同表述？这涉及一个问题：市场监管权是不是需要监管所有类型的市场行为，包括违法行为和不违法行为？市场监管权作为政府干预经济的权力的一种，必须服务于市场经济发展，权力的运行必须符合市场竞争规律。市场监管权的行使是为了维护市场经济的自由竞争，不是为了以权力代替市场对资源的配置作用。与计划经济相比，市场经济的最大优点就是尊重个人选择，将生产和消费的决策权交给了个人，所有人都有经济个体发展自由，享有契约自由、竞争自由、消费自由、生产自由、经济数据信

---

〔1〕 ［美］B. L. 杰菲编著：《宏观经济学与微观经济学的应用》，程守洙、顾耀明译，机械工业出版社1985年版，第135页。

息自决自由、经济自由等。[1]对于市场主体作出的有利于市场效率提高的市场行为，政府不能以监管权的名义加以干涉。只有在市场失灵的情况下，为了维护市场竞争秩序，政府才能伸出"有形之手"规制垄断和不正当竞争行为，除此之外政府不能干预市场主体的正常竞争行为。从分析法学角度来说，市场主体的市场行为既是一种民事法律行为，也是一种经济法律行为。民事法律行为的评价标准是有效与无效，经济法律行为的评价标准是合法与违法，市场行为在实施过程中可能会表现为"法律行为有效但是不合法，法律行为无效但是不违法"。[2]市场监管法作为经济法，其监管的对象首先是违反经济法律规定的不合法的市场行为；对于没有违反经济法律规定的合法行为，无论其民事法律效果有效与否，市场监管权力主体都不能以"监管"的名义干涉行为主体的"经济自主权"。但是，有些市场行为并没有违反民事法律的有效性，也没有违反经济法律的禁止性，然而在其影响力达到一定程度的时候，却会使市场经济秩序变得紊乱，触犯经济法。如企业合并行为，其作为经营自主权的表现本是一个纯粹的民事法律行为，市场监管也不会干预、禁止企业合并，但是，形成垄断的企业合并就会受到竞争法律的关注。基于以上原因，将"市场监管权"概念针对的市场行为界定为"违反市场竞争法律和扰乱市场竞争秩序的行为"就显得既完整也准确了。

---

〔1〕［德］罗尔夫·施托贝尔：《经济宪法与经济行政法》，谢立斌译，商务印书馆 2008 年版，第 131 页。

〔2〕陈永强："分析法学视角下的法律行为'合法性'"，载《北方法学》2012 年第 1 期，第 63 页。

二、市场监管权的历史镜像

（一）古代市场监管权的产生

从历史起源来看，自国家产生的早期政府就已经开始了对市场的监管。中国最早的夏朝时期，制陶、造酒、造车、纺织等手工业生产水平有了一定的提高，手工业生产分工逐渐细化，已经有了不同的部门区分。当时手工业生产的形式都是"官营"，生产者都是官府的奴隶，官府派遣官吏对手工业进行管理。文献记载"夏后氏百官"，此时国家已经任命各种官吏管理社会各项事务。学者推测，在管理手工业生产过程中，"制定简单的手工业生产管理法规就是可能的"。[1]夏代还处于商业活动的早期形态，专门的"自由商人"和市场还没有出现，官营手工业可能是市场监管的萌芽时期。到了商代，"殷人重商"，商人阶层产生，随着城市兴起，专门的买卖市场开始出现。史载"殷君善治宫室，大者百里，中有九市"，[2]商业很兴盛。为了维护正常商业活动，商朝政府必然任命官员管理市场，并制定相关法律来调整各种经营纠纷。历史进入西周后，奴隶制经济进入鼎盛时期，农业、手工业、商业都比前代有了较大发展，由于文字的记载比较多，我们可以了解到彼时市场管理法律的大致状况。《周礼·地官·司徒下》记载，当时国家设立有专门管理市场的机构，由贾师掌管市场货物定价；胥师负责查处出售假冒伪劣产品和哄抬物价者；肆长掌管货物的摆放，以防假冒；廛人负责市场货物征税；质人负责在商品交换过程中订立契约。另外，《周礼》还记载了市场的设置方式和规制，对进入市场进行出售的商品的限制规定，对商品的价格管理和对市场

---

[1] 张晋藩等主编：《中国法制通史》，法律出版社1999年版，第115页。
[2] 具体见《六韬》。

34

货源的价格调控方法。[1]从夏商周之后，历代政府对市场经营进行法律监管成为通例。典型的有：汉代的"盐铁官营法""均输平准法""酒类专卖法"，宋代的"榷场""均输法""市易法""禁榷法"。《唐律疏议·杂律》《大明律·户律·七市廛》与《问刑条例·户律·市廛》集中记载了其所代表的那个时期的市场监管法律规定。从外国法制史来看，世界第一部成文法律《汉谟拉比法典》在 3700 年前就有了针对市场监管的相关法律规范。其中对手工业管理的规定有，为他人有偿建房不牢固导致倒塌压死人的，因为他人造船漏水而沉没的，卖酒掺水的，都应受到处罚。[2]对于商业行为的管理，该法的规定有，货物行销获利与运输风险承担，禁止买卖欺诈，租赁车辆、船舶或者牲畜的价格，雇工市场的价格。[3]历史演进到罗马法时期，罗马私法作为"简单商品生产即资本主义前的商品生产的完善法律"，[4]主要以"契约"制度来对市场行为进行调整。罗马法的特点是重实际而不专尚理论，当理论与实际发生矛盾和冲突时，罗马法总是舍弃纯理论的要求而致力于满足实际的需要，[5]因此不同于后世民法和经济法之间的公私法区分，当时的商品经济规模足以用罗马私法调整完成，国家对市场的管理就蕴含在罗马私法之中。

　　市场监管之所以在国家产生的早期就开始存在，其原因与

---

〔1〕　张晋藩等主编：《中国法制通史》，法律出版社 1999 年版，第 324~325 页。

〔2〕　《汉谟拉比法典》第 228~233 条关于建房不固之规定；第 235~236 条关于船工为自由人造船不固漏水、沉没之规定；第 108 条关于酒妇卖酒掺水之规定。参见《世界著名法典汉译丛书》编委会译：《汉谟拉比法典》，法律出版社 2002 年版。

〔3〕　《汉谟拉比法典》第 273~274 条为雇工市场价格，第 268~272 条、第 275~277 条为租赁合同价格，第 237 条和第 240 条为运输风险承担规定。

〔4〕　《马克思恩格斯全集》（第 36 卷），人民出版社 2005 年版，第 169 页。

〔5〕　周枏：《罗马法原论》，商务印书馆 2001 年版，第 10 页。

国家的自身职能密切相关。按照恩格斯的观点，国家的产生源自于经济发展的需要，社会化大分工和私有制的出现极大地刺激了人们的生产积极性，原有的氏族体制不再能够满足人们的需要。社会需要一个能够保障个人获得的新财富不被氏族共有制传统侵犯，将私有财产保护作为自己存在目标而且还能给不断发展起来的新的财富获得形式予以保护的新的社会组织结构，此时，国家就被发明出来了。[1]国家从一诞生起，就具有政治统治和社会管理的双重职能，而且政治统治职能只有在国家首先执行了社会职能之后才能进行下去，[2]经济管理就是其社会职能的重要方面之一。在经济管理职能中，很重要的一个方面就是对市场经营活动的管理，因为"人们要想创造历史，必须能够生活"，其第一个历史活动就是生产物资生活本身，以满足吃喝住穿的需要。[3]物质资料的再生产分为生产、交换、分配和消费四个环节，交换的频繁发生就形成了市场交易，国家为了保护社会再生产的延续就必须对交换市场进行必要管理。再则，国家履行各项政治和社会职能需要大量开支，为了获得财政收入也必须重视对商业市场的管理。众所周知，国家组织与旧氏族的区别有二：一是按地区划分国民、组织国民，而不再按照血缘，使国民可以自由流动；二是建立公共权力以取代传统的居民自发的武装组织，并为维持该公共权力向国民征纳税款。[4]捐税是以前的旧氏族社会完全没有的，捐税是将国家机构的开支摊派给每一个国民的方式，来适应旧氏族社会财产公

---

〔1〕 ［德］恩格斯：《家庭、私有制和国家的起源》，人民出版社 1972 年版，第 106 页。

〔2〕 《马克思恩格斯选集》（第 3 卷），人民出版社 1995 年版，第 219 页。

〔3〕 《马克思恩格斯选集》（第 2 卷），人民出版社 1995 年版，第 169 页。

〔4〕 ［德］恩格斯：《家庭、私有制和国家的起源》，人民出版社 1972 年版，第 168~169 页。

有制消失后的公共开支问题，并且通过征税权向全体成员展示官吏神圣不可侵犯的权力。从历代税法来看，手工业税和商业税都是各个时期的重要税种，为保证税源稳定，统治者必然要对市场进行监管，虽然这种监管在古代社会重农抑商的传统下有时可能仅仅是出于获得更多税源的目的。

（二）市场监管权的近现代演化

市场监管权出现的历史虽然很久远，但是，现代经济法中的市场监管权与古代的市场监管权之间具有不同的价值选择。现代市场监管权仅具有古代市场监管权的外形，在本质和理念上已经成为两个相去甚远的概念。

古代市场监管权产生于重农抑商的小农经济体制下，现代市场监管权产生于发展市场经济的内在需要。在古代社会的经济领域，统治阶级并不关心物质财富的生产，而是专注于利用权力攫取社会财富，这就决定了市场监管的目的是控制整个社会，维护王权和贵族的统治。[1]在古代专制社会，商品经济是统治阶级的死敌。因为商品经济，一是能够打破地域限制，造成资源的流动性；二是能够使社会成员之间建立起相互联合的经济共同体；三是能够以经济动力不断改变人的观念，推动社会结构的进步，而专制统治希望以小农经济将社会隔离成一个个单一的原子体，使社会阶层固化、经济结构固化。[2]小农经济的稳定性更符合封建统治者的要求，商品经济造成的社会变动性会给统治权的行使制造很大的麻烦。古代专制社会与现代民主社会相比，是一种少数人对多数人统治的社会。在奴隶社

---

〔1〕刘泽华、汪茂和、王兰仲：《专制权力与中国社会》，天津古籍出版社2005年版，第151页。

〔2〕刘泽华、汪茂和、王兰仲：《专制权力与中国社会》，天津古籍出版社2005年版，第163页。

会表现为少数奴隶主阶级对广大奴隶的统治，在封建社会表现为少数地主阶级对广大农民的统治。在东方国家表现为君主的中央集权统治，在西方国家表现为以国王、贵族和教会对自耕农、佃农和手工业者的统治。在少数统治者眼里，如何保有统治地位是政府施政的着眼点，发展经济、改善民生处于次要地位。马克斯·韦伯在谈到传统型支配社会中的经济活动时说："统治者通常以赋税制为基础，通过征收实物、人，如纳贡及徭役的方式，来维持自给自足的'庄宅'。在此情况下，经济关系受传统的严格束缚。市场的发展受到阻挠，货币的利用主要是消费性，资本主义制度不可能发展。"〔1〕封建君主为了掌控市场，往往采用三种方式：一是通过官营工商业占据市场主导地位，压制民营工商业；二是通过禁榷制度，谋取暴利；三是通过建立各种官府机构，广设关卡，盘剥课税，限制私人商业。甚至在感到私人商业与统治秩序不吻合时，直接以行政手段将其置于死地。〔2〕在古代社会，社会经济活动无法摆脱统治者的监管，简单商品经济关系只能在专制的行政权夹缝中缓慢成长。

奥地利马克思主义法理学家卡尔·伦纳在讨论法的变迁时认为："法律能够适应变化的社会情势，而无须改变其自身的形式或结构。当法律的社会功能发生根本性变化时，法律的概念仍可以保持原有形式。"〔3〕历史进入资本主义商品经济社会后，人们对于政府市场监管权的理解发生了翻天覆地的变化。启蒙思想家以自然法和社会契约论论证了国家是为了满足人民的需

〔1〕［德］韦伯：《经济与历史；支配的类型》，康乐等译，广西师范大学出版社2004年版，第345页。
〔2〕［德］韦伯：《经济与历史；支配的类型》，康乐等译，广西师范大学出版社2004年版，155页。
〔3〕［英］罗杰·科特威尔：《法律社会学导论》，潘大松等译，华夏出版社1989年版，第57页。

要才产生的。权力属于人民，政府权力来自于人民的委托授权。执政者执政的目的是保护人民的权利和自由，人民通过组织议会作为国家最高权力机关，享有"商讨重大事件的充分权力和权威"。[1]政府的权力通过人民制定的宪法获得授权和正当性，人民可以扩大、减少或者重新确定政府权力。人民作为政府任务的委托人，能够单独说明任务的真正意义，并能强迫政府执行。在受到政府侵犯时，人民可以依据宪法维护自己的权利。[2]君主专制统治宣扬"君主们根据亲权继承对最高权力的行使"，"生杀之权、宣战媾和之权都为他掌握"，"在一个君主制度的国家中，君主必须超出法律之外"，"一个完善的王国就是君主依照其个人意志进行统治的王国"。[3]资产阶级主权在民思想直接颠覆了专制王权。市场监管权在资本主义市场经济建立后依然存在，但是它已经由君主统治者的权力变成了人民的权力。亚当·斯密将政治民主引申到经济领域，提出以看不见的市场之手来调节资源分配，政府应该尊重每一个人的经营自主权。[4]古典经济自由主义认为，国家的意义是从属性的，它的角色仅仅是提供国防安全、建立司法行政、维持好市场竞争秩序。在任何情况下，所有经济主体的基本经济自由，如自由择业、自由竞争和自由贸易等，都应得到保证。[5]"任何人的经济活动都

---

〔1〕　[英] 约翰·弥尔顿：《为英国人民声辩》，何宁译，商务印书馆 1978 年版，第 177 页。

〔2〕　[美] 汉密尔顿、杰伊、麦迪逊：《联邦党人文集》，程逢如、在汉、舒逊译，商务印书馆 2011 年版，第 258 页。

〔3〕　[英] 洛克：《政府论》（上篇），瞿菊农、叶启芳译，商务印书馆 1982 年版，第 7 页。

〔4〕　[英] 亚当·斯密：《国富论》（下册），郭大力、王亚南译，译林出版社 2011 年版，第 27 页。

〔5〕　[德] 海茵茨·笛特·哈德斯等：《市场经济与经济理论——针对现实问题的经济学》，刘军译，中国经济出版社 1993 年版，第 13 页。

是他个人的私人事务，政府想干预就是侵犯个人自由。一切经济活动都在自然状态中自生自灭。"[1]自由竞争经济和政府不干涉主义推动了工业革命的大发展，在此过程中，政府市场监管权被法律限制在一个非常狭小的范围内，政府被剥夺了对私人经济活动的指导权和管理权。[2]

时间跨度一百多年，从英国自由经济学说指导本国工业革命开始，市场竞争排除政府干预的思想一直为资本主义各国所信奉，直到工业革命完成。19世纪末期资本主义进入垄断阶段后，政府的有形之手对市场竞争的干预重新增长起来，其原因就是市场垄断的出现和市场自我调整机制的失灵。经济垄断组织的出现虽然是市场自由竞争的结果，但是，不受限制的垄断行为将会带来严重的社会危机。无限制的垄断行为排除了市场竞争机制，侵害了广大市场主体的权利，通过控制国家经济将整个社会掌控在资本寡头手中。美国19世纪90年代的大托拉斯曾被形容为"一种新型的正在引起社会动荡的暴政"。[3]传统的调整市场交易关系的法律，如民法和普通法，"没有限制诸如托拉斯、控股公司以及通过合并或削价获得市场力量的非合同限制"的规定，[4]而且其秉持的"契约自由""意思自治""所有权绝对化"原则，又恰恰是造成垄断的原因之一，最终迫使政治领袖以国家干预的形式，出手制止托拉斯这一经济上的庞

---

〔1〕 储东涛主编：《西方市场经济理论》，南京出版社1995年版，第45页。

〔2〕 王红玲编著：《当代西方政府经济理论的演变与借鉴》，中央编译出版社2003年版，第17页。

〔3〕 Phillip Areeda & Louis Kaplow, *Antitrust Analysis, problems, Texts and cases*, Aspen Publishers Inc, Fifth Edition, 1997, p. 42.

〔4〕 Ernest Gellhorn & William E. Kovacic, *Antitrust Law and Economics in A nutshell*, Fourth Edition, p. 13.

然大物。[1]美国反垄断法的颁布是政府市场监管权在经历一百多年资本主义自由主义思想之后的复活，并在1932年罗斯福新政和第二次世界大战后的各国重建中成为共识。现代经济学家将国家干预市场的原因概括为防范"市场失灵"的需要，并将市场失灵的原因大致归纳为：垄断导致竞争机制失灵，不正当竞争行为导致企业和消费者权益受损，成本的外部性导致市场经营者将损害转嫁给其他主体或社会，盲目竞争导致严重经济危机，公共产品的非排他性导致公共服务缺乏，环境污染和高科技产品缺陷导致新型侵权等。有学者通过对比现代经济法与古代经济法的价值理念、时代背景和追求目标认为，经济法实现了市场经济影响下的现代性改造，既包含了原有法律的合理性因素，又实现了思想和理念上的质的飞跃。[2]其实，这种经济法现代性的观点也同样适用于对市场监管权现代化发展历史的理解。

（三）市场监管权的当代中国语境

中国经济法中的市场监管权的讨论具有不同于外国现代市场监管法律的背景，这一点是很重要的。不同的制度起源，造成了对市场监管权产生和本质理解的不同，也造成了对该权力未来走向的不同选择。

首先从外国市场经济法制来看，市场监管权是随着资本主义商品经济从开始到发达这一过程而逐步产生的，其本身是一个自然进化的过程，政府在其中的作用是间接的引导作用。14世纪晚期，资本主义生产方式产生，封建经济逐步瓦解，工商

---

[1] 吴玉岭：《扼制市场之恶——美国反垄断政策解读》，南京大学出版社2007年版，第45页。

[2] 张守文："论经济法的现代性"，载《中国法学》2000年第5期，第56~64页。

业开始兴盛。商品经济的发展需要不断的资本投入，催生了对金银货币的大量需求。与此同时，西欧各国建立起了中央集权制的封建民族国家，官僚机构的膨胀需要大量的财政开支，这些都需要通过工商业的营利来获得资金。这一时期的经济政策就是重商主义，希望国家干预经济生活来为新兴的民族国家积累财富。中央集权国家在新兴工商贵族的支持下，扫清了国内封建壁垒，废除了地方领主的苛捐杂税，建立了统一的国内商品市场；同时，在这一过程中，国王也逐步废除了地方割据，掌握了全国的政权。国家干预经济的理论在重商主义者和王权中得到共同认可。1770 年之后，经济自由主义大行其道，亚当·斯密以经济人理性、自由竞争和反对国家干预的理论开启了工业化革命时代。国家市场监管权力所剩无几，仅仅局限于执行维护契约自由的私法权力。法国学者萨伊在其著名的《政治经济学概论》中写道："如果政府当局不做掠夺，那就是人民最大的幸福，财产就可以得到保护，不遭受别人掠夺。"[1]政府干预市场只会"把国家的一部分生产力引到次要东西的生产，使人们所更迫切需要的东西的生产大吃其亏"。[2]"干涉本身就是坏事……一个仁慈的政府应该尽量减少干涉。"[3]欧洲各国自由贸易派的旗帜法国学者巴师夏提出了经济和谐论，认为自由交换制度应该是一种合乎自然状态的制度，财产私有和经济自由下的经济和谐是上帝的安排，这是资本主义经济制度优越性

〔1〕 〔法〕萨伊：《政治经济学概论——财富的生产、分配和消费》，陈福生、陈振骅译，商务印书馆 1963 年版，第 140 页。

〔2〕 〔法〕萨伊：《政治经济学概论——财富的生产、分配和消费》，陈福生、陈振骅译，商务印书馆 1963 年版，第 155 页。

〔3〕 〔法〕萨伊：《政治经济学概论——财富的生产、分配和消费》，陈福生、陈振骅译，商务印书馆 1963 年版，第 199 页。

的表现。[1]其他著名的主张自由经济的学者还有李嘉图、马尔萨斯、约翰·穆勒等。19世纪的经济学者，大多对国家在市场经济中的作用给予了否定性评价，认为国家干预是财富增长和自由贸易的障碍。[2]资本主义国家的第一次工业革命可以称得上是经济自由竞争体制的胜利，它使人类的生产力得到极大提升。马克思在《共产党宣言》中说："资产阶级在它不到100年的统治中所创造的生产力，比过去所有时代创造的生产力还要大，还要多。"英国在19世纪中期成为日不落帝国，美国在19世纪末期成为全球第一经济强国。在这一时期，体现保护市场主体经营自主权反对国家干预的法律，就是资产阶级的宪法和民法。英国的《权利请愿书》、美国的《独立宣言》和法国的《权利法案》积极倡导公民权利保护和反对公权力的迫害；《法国民法典》以契约自由、私有权利不可侵犯、过错责任的三原则构建了公民权利保护的法律框架。这些法律成了后起资本主义国家的立法范本。在这种背景下，政府公权力对市场的管理是受到极大限制的，主要集中在物权认定和合同纠纷的裁决上。事情的变化发生在垄断资本主义开始后，大型托拉斯和卡特组织利用自己的市场优势排除限制竞争，自由竞争经济几乎名不副实。经济危机不断加重，社会经济动荡，垄断资本把持了国家经济命脉后又开始通过代理人影响国家政治走向，使得资本主义社会面临经济和政治的双重危机。资本主义国家被迫开始放弃一贯坚持的自由放任信条，采取国家干预手段克服经济危机。在经济学领域，向经济自由主义思潮发出挑战的国家干预

---

〔1〕　晏智杰主编：《西方市场经济理论史》，商务印书馆1999年版，第162页。
〔2〕　李新宽：《国家与市场——英国重商主义时代的历史解读》，中央编译出版社2013年版，第2页。

主义思想开始出现，[1]随之我们看到的就是一系列市场监管法律的出台。早期的有，美国 1890 年的《谢尔曼法》和 1914 年的《克莱顿法》，德国在第一次世界大战时期的战时经济统制法，20 世纪 30 年代罗斯福新政时期的一系列国家干预经济的法律。第二次世界大战以后直到现在，国家干预市场运行成为常态，只不过存在什么时候干预、干预多还是少的问题。凯恩斯的经济学说为资本主义国家干预市场的合理性提供了理论支持。

与资本主义国家市场监管权与市场经济自始至终相伴而生不同，我国现代市场监管权的发展历史是一个从无处不在、无所不能到逐步减弱的过程，具有很强的政府主导性。中华人民共和国建立后，在 1956 年以前实行的是混合经济模式，国有、私人经济并存，1956 年社会主义公有制改造之后，私营经济成分大大萎缩，后经过"大跃进"和人民公社化运动，私营经济基本消失。在该时期，全国的经济模式是一种权力高度集中的计划经济，政府权力掌握了经济生产的方方面面。在国家取消了商品市场的情况下，农产品由政府统购统销，企业生产严格按照经济管理部门的指令性计划进行生产，政府行政权力完全代替了市场竞争机制。在这一时期，整个社会经济均没有商品市场存在，政府市场监管权是以无所不在的行政管理权体现的。自党的十一届三中全会之后，我国开始把以经济建设为中心作为政府工作的要点，商品经济开始回归。从 1984 年的确立有计划的商品经济体制逐步发展到 1994 年党的十四大正式提出建设社会主义市场经济体制。在这一过程中，政府市场监管权逐步开始恢复本来面目，即由政府代替市场、主导市场再到服务市场，市场机制从无到有。资本主义国家是先有市场再来谈论市

---

〔1〕 刘长龙、赵莉主编：《市场经济思想史纲》，首都师范大学出版社 1999 年版，第 46 页。

场监管权，我国则是先有政府经济管制权再有市场监管权。我国政府在推进经济改革时，一直是一手抓市场主体的培育，解决企业、个人与国家的关系，提高经济效益；一手抓市场体系的建设，让市场在经济发展中起到应有的作用。[1]

　　根据以上不同国家市场经济的发展历史，我们可以看到市场监管权的作用在不同维度下是相异的。资本主义市场经济体制的形成是一个渐进自发的过程，政府在其中主要起着间接引导的作用。虽然国家对市场的干预在世界各国成为常态，但是，资本主义哲学和政治经济学对政府的不信任传统，使政府对市场的监管权一直受到法律的严格约束。新制度经济学将政府对市场的监管称为一种悖论，认为国家的存在既是经济增长的关键，同时又是经济衰退的原因。[2]以哈耶克为代表的新自由主义经济学派更是认为通货膨胀、财政赤字和大规模失业其本身就是国家干预市场造成的。市场监管权在资本主义国家基本上是一个自发产生的过程，权力的有无和大小受到市场竞争机制的约束。与此相反，我国经济法中的市场监管权的演变是一个政府不断放权给市场的过程，从政府的经济统治权一步步地退回到服务于市场竞争，形成政府原有权力的不断向外让渡。市场监管权在我国市场中的有无和大小在很大程度上取决于政府的意愿。从法律上看，资本主义国家市场监管权的立法注重的是赋予政府权力，使政府从无权到有权；我国的立法更主要的是限制政府的权力，使政府只能在给定的权限范围内行事，不能像以前那样漫无边际。

---

　　〔1〕　龚关主编：《中华人民共和国经济史》，经济管理出版社 2010 年版，第216 页。

　　〔2〕　［美］道格拉斯・C. 诺斯：《经济史中的结构与变迁》，陈郁等译，上海三联书店、上海人民出版社 1994 年版，第 35 页。

第二节　市场监管权的基本特征

一、市场监管权内容上的经济性

市场监管法是调整以市场主体的经营性行为为内容的特定社会经济关系的法律，市场监管权具有鲜明的经济性特征。"经济性"可以被理解为，通过对市场主体竞争行为的监督，形成公平竞争的市场秩序，使资源得到合理配置，降低竞争成本，促进经济发展。

（一）权力本质上的经济性

市场监管权的经济性首先表现为，"权力"本身已经成为现代经济增长中的一个要素。社会生产的发展是各种要素不断投入产出的过程，不同时期所需要的变量是不同的，并代表着不同的生产力发展水平。在农耕社会，自给自足的经济决定了生产要素很单一，仅为劳动和土地。资本主义生产出现后，18世纪法国经济学家萨伊将商品的价值决定因素归纳为：资本、劳动和土地，三者共同决定了生产的效用。其中，资本的生产性服务在三要素中是第一位的，因为资本推动了劳动和生产资料的结合，否则，单一的劳动本身"并不能生产什么东西，资本必须和劳动结合，这个协作被称为资本的生产作用"。[1]萨伊的生产三要素理论虽然否认了劳动创造价值，否认了资本家对工人的剥削，但是作为对资本主义生产方式的条件的描述，该理论还是有其合理意义的。英国经济学家马歇尔在批判吸收萨伊三要素理论的基础上，又将"企业家精神"加入到了对经济增

〔1〕［法］萨伊：《政治经济学概论——财富的生产、分配和消费》，陈福生、陈振骅译，商务印书馆1963年版，第62页。

长的分析当中。他认为企业家以自己独特的眼光，寻找商机，创造各种商业机会，将资本、劳动和土地三要素激发起来。[1] 20世纪80年代以后，西方主流经济学又进一步将其他因素也考虑进经济增长的函数，如技术进步、生产效率提升、人力资本的提高、经济结构优化。制度经济学家在承认这些生产要素作用的基础上，认为"制度"在促进经济运行方面也起着重要作用。制度的功用在于通过组织建设和组织运行规则，使社会的个人能够按照共同的原则和标准来采取自己的行动，而不会各行其是，如此就能在保护他人利益的同时对自己也有利。[2]人类在长期的经济活动中认识到市场是配置资源的最佳手段，但是，很多国家在利用市场调节手段的过程中，并没有发挥出市场的应有作用，其原因何在呢？就是因为这些国家在拥有资源的同时并没有在国内建立起保障市场运行的制度规则。[3]在制度建立起来之后，还需要注意到制度背后隐藏的权力，它决定着制度有效、无效和运行状态。有学者认为，现实中的资源配置是由权力主体来完成的。商品生产和再生产，资源得到一次次的调配，权力始终掌握着配置的走向，制度仅仅是权力的一种表现和反映形式。权力对资源的控制力，使其成了一种重要的生产要素。[4]此种权力的类型可分为：政府权力、企业家权力和个人权力。政府权力在于以计划、政策和法律来调整资源；个人权力在于配置其私人收入和劳力；企业家权力在于配置生

---

〔1〕 [英] 马歇尔：《经济学原理》（下卷），陈良璧译，商务印书馆1997年版，第62页。

〔2〕 [美] 康芒斯：《制度经济学》（上册），于树生译，商务印书馆1962年版，第87页。

〔3〕 汪洪涛：《制度经济学——制度及制度变迁性质解释》，复旦大学出版社2003年版，第7页。

〔4〕 朱启才：《权力、制度与经济增长》，经济科学出版社2004年版，第24页。

产要素，决定投资。市场监管权通过对市场主体行为的干预，可以影响企业的投资决策，影响资源的配置。因此，其符合以上所论述的权力成为一种生产要素的特征。举例来说，反垄断的领域和力度变化必然对企业的生产和投资方向产生重要影响，显示出反垄断执法权的经济性特征。当然，我们在此论述市场监管权的经济性特征，并不是否认它的政治性，因为监管权的行使是建立在国家政治权力的权威性上的，只不过市场监管权的经济目的性更加明显。

（二）市场监管权行使上的经济性

市场监管权作为法律规定的监管职权，从行使的领域、调整对象、调整手段等诸方面考虑，都具有经济性特征。其旨在规范市场主体经营行为，促进市场竞争的健康发展，实现市场经济的繁荣。市场监管权行使上的经济性表现在以下几点：

（1）市场监管权调整的是特定的市场经济关系，其权力行使的范围属于商品交易活动领域。没有市场经营活动，就没有市场监督的权力产生。权力是为商品经营活动服务的。无论是该权力的主体、客体、内容，都体现了维护市场竞争、繁荣市场的需要。

（2）市场监管权的行使要反映经济规律。市场监管权如果要获得市场主体的认可，实现保障市场竞争机制顺利运转的目标，就必须按照市场经济规律办事。监管权的行使范围、力度和手段必须符合市场公平竞争的要求，既不能压制市场，也不能疏于管理，放任自流。

（3）市场监管权的行使具有较多的经济性内容。如反垄断法中的经营者集中的申报标准要求，要求合并企业的市场占有率和销售金额必须达到一定标准，如对特定行业进入门槛的资本要求、对金融机构审慎监管的资本充足率等方面的要求。最典型的是监管受体承担的违法责任更是以经济责任为主。这主要体现了经济问题以经济手段解决的思想，使市场主体通过经济成本核算自觉遵守市场监管权的要求。

(4) 市场监管权的行使追求的是整个市场经济效益的实现。垄断、不公平竞争和侵害消费者权益的行为既造成了市场秩序的混乱，也造成了市场主体经济行为的成本增加。市场监管权通过维护市场主体的合法经营行为，既保护了个体经营者的利益，又带动了整个市场的经济效益。有序、公平的市场竞争环境大大降低了市场参与者的经营成本，防止了整个社会资源的低效浪费。

二、市场监管权功能上的规制性

市场监管权作为一种外在的对市场竞争行为进行监督的权力，相对于被监督对象，是一种规制性权力。何为"规制"？学者对其下的定义很多，并且基本的含义相差不远。譬如，"规制"是国家以经济管理的名义对宏观经济进行调控，对企业的生产、销售和价格等行为加以控制。[1]"规制"是政府对个人或组织的自由决策以制裁的手段进行干预的强制性限制。[2]"规制"是行政机关对私人以及经济主体行为的管制、制约。[3]"规制"是政府采取命令的手段，通过法律和规章，控制企业的价格、销售和投资决策，以影响和改变企业的经营活动。[4]这些定义

〔1〕 [英] 约翰·伊特韦尔、默里·米尔盖特、彼得·纽曼编：《新帕尔格雷夫经济学大辞典》（第4卷：中译本），经济科学出版社1996年版，第134页。

〔2〕 W. K. Viscusi，J. M. Vernon，J. E. Harrington，*Economics of Regulation and Antitrust*，Cambridge：The MIT Press，2005：375.

〔3〕 [日] 植草益：《微观规制经济学》，朱绍文等译校，中国发展出版社1992年版，第1~2页。

〔4〕 [美] 保罗·萨缪尔森、威廉·诺德豪斯：《经济性》（第18版），萧琛主译，人民邮电出版社2008年版，第23页。

的共同点是：政府是规制权的主体；各种经济主体是被规制者；规制的手段是法律所赋予的监督、制裁权；规制的对象是市场经营行为。

由于社会组织也参与到市场监管中来，市场监管权的主体既包括政府也包括社会组织，所以我们对规制性的理解稍有不同。市场监管权的规制性，是指政府和承担市场监管职责的社会组织在法律的授权下，采取行为标准、行为限制、行为禁止的手段对市场主体的经营行为进行监督管理。在市场监管权行使所形成的市场规制关系中，政府和承担市场监管职责的社会组织一方是规制者，以企业为主的市场主体一方是被规制者，双方权利义务并不平等。政府和承担市场监管职责的社会组织是规则的执行者，企业如果违反市场竞争法律，政府和承担市场监管职责的社会组织有权强制企业遵守法律规定。与公权力在民法中的地位不同，在民事法律关系中，如果政府和承担市场监管职责的社会组织以一般经济主体身份参与商业交往，那么，政府和承担市场监管职责的社会组织就是一般市场主体，"是公权力的服从者，而不是行使者"，[1]他们与交易相对人之间是平权关系，不能违背公平交易、等价有偿原则要求对方承担额外义务，双方之间没有规制与被规制的关系。另外，市场监管权与政府在宏观调控关系中的宏观调控权也不同。在权力行使方式上，市场监管权通常采用直接规制的手段，监管权的对象是具体的市场主体，监管内容明确具体，对于违反监管规定的行为可以直接依法进行处罚，显示出权力行使的强制力与约束力。而宏观调控权一般采取间接的财政、金融、税收等利益利诱手段，引导市场主体经营行为符合国家宏观调控政策的

---

[1] 许明月："市场、政府与经济法——对经济法几个流行观点的质疑与反思"，载《中国法学》2004年第6期，第111页。

要求，调控对象是整个国民经济或者某个产业而不针对具体企业或个人。对于符合政策的行为可以给予经济优惠鼓励，对于不遵守宏观调控政策的企业行为，调控机关一般并没有相应的处罚措施。作为硬法的市场监管法律与重协商、非强制和讲沟通的软法相比，具有"权限明确、程序规范、形式固定、效力有保障"[1]的特点，所以相较于软法色彩较浓的宏观调控法，市场监管权的规制性力度要远大于彼。

市场监管权的规制性与其经济性之间形成了目的和手段的关系，经济性目标的实现是权力行使的目的，市场监管权的规制性是经济目标实现的手段。如大型企业的垄断行为、扰乱市场的不正当竞争行为、产品质量危害行为、侵害消费者权益行为等，这些故意破坏商业竞争和道德的行为，靠协商、劝说是根本不行的，还必须依靠市场监管权的强制和制裁手段。另外一方面，市场监管权的行使是为了达到繁荣市场经济的目标，所以其规制性要体现出经济性。监管权的行使要符合市场竞争机制的要求，服务于市场经济，要讲求必要性、适度性、合理性和效益性。市场监管权的行使要符合全体市场主体的整体利益，以社会公共利益为本位，而不是以国家利益为本位。

三、市场监管权监管手段的综合性

在现代市场经济条件下，监管机关所采用的监管手段是多种多样的。根据不同时期的产业政策、市场竞争秩序状况、各个行业的不同特点，市场监管机关采取的监管手段是多样化的。常用的监管手段有：禁止；特许；价格、费率和数量限制；产品标准；技术生产标准；绩效标准；补贴；信息提供；产权与

---

[1] 罗豪才、周强："软法研究的多维思考"，载《中国法学》2013年第5期，第106页。

权利界定等。[1]概括说来，市场监管手段主要有以下类型：

（1）市场准入监管。是指政府在一些涉及国民经济命脉和与人民基本生活相关的关键行业，为保持经济安全、提高经济效益和人民生活稳定，通过设定一定的资质和程序要求，对市场主体进入相关领域的经营行为进行限制。市场准入监管包括一般市场准入监管、特殊市场准入监管和涉外市场准入监管。[2]市场准入监管主要存在于两类行业：一是自然垄断性行业，如邮政、航空、电力、通信、城市供水和交通等公共事业；二是银行、证券、保险等金融行业。自然垄断的原因是受制于市场的自然条件，企业的竞争会导致资源浪费和市场的混乱。金融垄断主要是因为信息不对称，有保护金融消费者利益的需要。市场准入采用的监管手段有：国家垄断、许可、申报、审批、营业执照、标准设立等。[3]

（2）行为监管。市场监管权主要针对的对象还是市场主体的日常经营行为，如对不正当竞争行为、垄断性行为、侵害消费者权利行为的监管等。不正当竞争行为属于最常见的扰乱市场秩序的行为，而且无论经营者实力大小，都可以实施，也最普遍和广泛。《反不正当竞争法》[4]列举了九项不正当竞争行为。破坏市场竞争态势的垄断行为，是市场监管权的重点关注对象，《反垄断法》明确列举了四种行为要接受执法部门监管。在市场监管法制度中，每一部行业单行法律都明确规定当事企

〔1〕陈富良：《放松规制与强化规制》，上海三联书店2001年版，第24页。
〔2〕李昌麒主编：《经济法学》（修订版），中国政法大学出版社2002年版，第149页。
〔3〕吕忠梅、陈虹：《经济法原论》（第2版），法律出版社2008年版，第276页。
〔4〕《反不正当竞争法》即《中华人民共和国反不正当竞争法》，为论述方便，本书涉及的中国法律直接使用简称，省去"中华人民共和国"字样，全书统一，后不赘述。

业禁止、限制从事的经营行为，如《广告法》《食品安全法》《产品质量法》等，其中经营行为基本规则部分基本都是明确、具体的。典型的如《消费者权益保护法》从正反两面规定了消费者的权利和生产者的义务，明确要求生产者不能侵犯。如消费者"安全权"，就等同于告诉经营者不得有侵害消费者生命财产安全的行为"。没有行为监管，市场监管法律制度框架就搭建不起来。

（3）技术监管。是指以技术监督法规和标准为依据，计量检测仪器为手段，对产品（包括工程、环境）质量进行监督的技术管理工作。[1]技术监管的目的是使生产的产品符合国家标准、行业标准，保证产品的服务质量，既可以节约企业生产成本又可以使消费者得到质优价廉的商品。典型的技术监管法律有《食品安全法》《产品质量法》《计量法》等。可以说，每一个行业的产品都有相关的国家标准或者行业标准规范，这是现代工业生产"确保科学、技术、经济和行政合理性"[2]的要求。

（4）审慎监管。金融行业具有垄断性、高风险性、指标性、效益依赖性和高负债经营性，监管机构对其进行监管的手段与其他行业显著不同。其主要的监管方法有：审慎性监管、逆周期监管、流动性监管，其中审慎性监管是核心。我国银行业监督管理机构制定了一系列审慎性监管规制，主要包括资本充足率、风险管理、内部控制、损失准备金、资产流动性、风险集中、资产质量、关联交易等。金融监管手段与其他监管手段不同的地方在于，这些监管规则既是一种标准规制，同时也是一

---

〔1〕　洪生伟、钱高娣：《市场经济与企业标准化》，中国计量出版社1994年版，第24页。

〔2〕　［日］古川光等：《标准化》，李自卫、周学敏译，中国标准出版社1984年版，第2页。

种行为规制，而且这些标准还具有动态性。比如，对资本充足率的规定，它既是行为的标准，也是对行为的描述，所以，笔者在此将金融监管单独作为一类监管权手段予以介绍。

当然，学者对市场监管权手段进行了其他类型的分类，如根据监管手段的主体、强度和特征的不同，将其划分为命令控制型规制工具、合作治理型规制工具和制度激励型规制工具。[1]此种分类认为市场监管是市场规则的下位法，市场规则手段既包括市场监管的强制性手段，也包括柔性调节手段。但是，大多数研究者均认为监管、规制、管制名称不同，实质相同。

四、市场监管权关系主体的多样性

任何权力（权利）的行使都是存在于相对法律主体之间的，因为权力本身是一种社会关系的体现，因此，市场监管权也是发生在法律主体之间的一种权利义务关系。根据权力（权利）关系双方的地位不同，我们可以将市场监管权发生的关系主体区分为市场监管权力的行使者和受动者。[2]不同于民法主体概括化的特点，经济法主体最大的特征就是具有多样性，[3]可以按照不同的标准进行分类。经济法主体的多样性特点最典型的反映是在市场监管法律制度中。

（1）市场监管权的行使主体多样化。市场监管权的行使主体，又称市场监管主体、"规制主体"，是指市场监管法律的实

---

〔1〕 史际春主编：《经济法学评论》（第15卷），中国法制出版社2016年版，第65页。

〔2〕 张守文教授将市场规制法的主体划分为：规制主体和规制受体。参见张守文："略论经济法上的调制行为"，载《北京大学学报（哲学社会科学版）》2000年第5期，第90~98页。

〔3〕 杨紫烜主编：《经济法》（第5版），北京大学出版社、高等教育出版社2014年版，第34页。

施者，监管行为的发动者。现代经济分工复杂，行业种类越来越多，而且各个行业的经营特点各不相同。所以，市场监管机构也是多样化的，没有哪一个部门能够独立承担起市场监管的责任。有学者将市场监管权行使主体归纳为：国家、狭义的政府、行业协会；[1]有学者将监管权力主体分类为：权力机关、独立执法机关、行政机关和非政府组织；[2]还有的学者将市场监管权主体区分为：国家经济行政机关、政府及其下属的经济管理职能机关和部门行政管理机关、法律法规及规章授权的组织。[3]

（2）市场监管权的受动主体多样化。市场监管权的受动者，又被称为规制受体，是指接受市场监管机构依法监管的市场主体。经济法是以社会本位为原则的部门法，追求的是市场主体之间的实质公平，所以在立法上表现出显著的以"主体资格"为标准的权利义务模式。这种立法必然要求对权利义务主体的类型进行细分，以达到量体裁衣的制度设计。比如，消费者权益保护法将生产者与消费者二元区分，以消费者权利和生产者义务的偏颇规定，达成扶持消费者弱者地位的目的。又如，产品质量法将法律主体分为消费者、销售者、生产者三类，分别给予权利或者义务，达成产品质量法以产品质量规范保护消费者的目的。反垄断法将法律主体类型分为垄断性企业与中小企业。广告法以广告主、广告发布者和广告商来划分广告法律关系的主体类型。

五、市场监管权的法定性

权力最大的问题就是滥用，孟德斯鸠曾经说过，一切有权

---

〔1〕 张守文主编：《经济法概论》，北京大学出版社2009年版，第332~334页。

〔2〕 韩志红等：《经济法权研究》，武汉大学出版社2012年版，第32~34页。

〔3〕 张雪樵：《经济行政权的法律监督：利益衡平的视角》，北京大学出版社2012年版，第25~26页。

力的人都容易滥用权力，所以必须建立防范权力滥用的机制。"权力具有侵犯性质，应该通过给它规定的限度在实际上加以限制。""给每种权力规定若干实际保证，以防止其他权力的侵犯。"[1]市场监管权作为一种政府经济管理权，从本质意义上说，它具有行政权的拘束力、确定性、执行力等特性，同样需要依法规范，以保护人民的经济民主权利和保证监管权的实施。

（1）市场监管权力主体法定。市场监管法律明确规定了享有市场监管权的各级各类经济管理机关和非政府组织。比如，《反垄断法》规定的垄断行为监管主体有：反垄断委员会、反垄断执法机构。反垄断执法机构又包括：国家市场监督管理总局反垄断局、国家发改委、商务部。《产品质量法》规定的监管机构有：质检部门、市场监督行政机关、认证机构。

（2）对象和职权范围法定。市场监管权行使的范围取决于政府和市场的边界在哪里，每一个市场对政府的干预要求都不一样，因此，市场监管权的权限范围是有限的。如金融监管机构采用分业式监管，银保监会、证监会的监管对象和职权范围各不相同，法律对此作出了明确规定。如根据《银行业监督管理法》的规定，银保监会的监管对象是银行业、保险业市场，职权范围是：银行、保险机构的市场准入和退出、审慎经营。

（3）监管手段法定。法律对监管机构的监管手段作出明确规定，是合法性与合理性原则的体现，代表了监管力度的大小。如银保监会为了维护银行业、保险业的健康发展，防范金融风险，对银行、保险机构的监管手段可以采用现场监管、非现场监管、监督管理谈话、接管、重组、撤销等。监管手段是市场监管权力的体现。

---

〔1〕［美］汉密尔顿、杰伊、麦迪逊：《联邦党人文集》，程逢如、在汉、舒逊译，商务印书馆1980年版，第252页。

（4）监管程序法定。执法程序对于市场监管权的行使具有重要意义，其"可以保证权力的运作不背离法律宗旨，并且扩大了行政相对人的救济范围和理由"。[1]市场监管的每部法律都规定了明确的监管机构的执法程序，以使监管规则落到实处。如《反垄断法》第六章"对涉嫌垄断行为的调查"，其程序为：①向反垄断执法机构主要负责人书面报告并经批准→调查→核实→处理决定；或者，②向反垄断执法机构主要负责人书面报告并经批准→调查→中止调查（经营者承诺）→终止调查/恢复调查→核实→处理决定。可以说，程序规则既是监管权有效行使的保障，也是对监管权相对人的权利保障。

（5）监管法律责任法定。市场监管权之所以对监管对象有说服力，关键在于监管机构可以依法追究市场主体的法律责任。监管机构可以采取的法律制裁形式有财产性责任和非财产性责任。财产性责任包括赔偿、强制超额赔偿、罚款和罚金；非财产性责任包括自由罚、声誉罚、资格罚。宏观调控权与此相比，最典型的就是没有对不遵守宏观调控政策的市场主体的处罚规定，而仅存在对各级宏观调控权行使机关的违规行政责任的规定。

第三节　市场监管权的法律规制

一、市场监管权法律规制的概念

（一）规制的含义

从语义学上看，规制一词有多个意思。汉语字典将规制作

---

　　[1]　章剑生：《行政程序法学原理》，中国政法大学出版社 1994 年版，第 14~15 页。

为名词解释，其含义为"规则、制度"。规制（regulation）在英文中的解释比较丰富，有作动词讲的"以规则来控制一种行为或者过程"，也有作名词解释的"规则、法令、管制、管理"等意思。无论从名词还是动词来理解规制都是可以的，因为动词的规制表明的是用规则或者法令来控制某种行为或者某一过程，规制的标准是法令和规则。从名词意义上理解，规制作为管理或者管制，其内涵是通过规则或者法令来形成对行为或者行为过程的管理。两者是互为彼此的关系，一个是对规制行为的动态描述，一个是对规制行为的结果描述。

在经济学上，规制被用来指代"政府为实现某种公共政策目标，对微观经济主体进行的规范和制约"，或者简单地说是"政府对经济的干预和控制"。[1]日本经济学者是最早将英文的"regulation"一词翻译成"规制"的，日本学者植草益将规制解释为"依据一定的规则对特定社会的个人和构成特定经济的经济主体的活动进行限制的行为"。[2]植草益将规制分为"私人规制"和"公的规制"，私人规制是指私人进行的规制，公的规制是指社会公共机构依照一定的规则对企业的活动进行限制的行为。《新帕尔格雷夫经济学大辞典》将规制解释为两种：一是国家以经济管理的名义进行的干预；二是政府对市场主体企业经营行为进行的干预或者控制。[3]

经济学家认为规制的主体具体可以包括政府规制机关、国家组织、区域性组织和行业自律性组织，其中政府规制主体是规制经济学研究的重点和中心。规制经济的理论发展还演变成

---

〔1〕谢地主编：《政府规制经济学》，高等教育出版社 2003 年版，第 3 页。

〔2〕［日］植草益：《微观规制经济学》，朱绍文等译校，中国发展出版社 1992 年版，第 1 页。

〔3〕［英］约翰·伊特韦尔、默里·米尔盖特、彼得·纽曼编：《新帕尔格雷夫经济学大辞典》（第 4 卷，中文版），经济科学出版社 1996 年版，第 134 页。

了一门专门的学科"政府规制经济学"，该学科旨在利用经济学原理和方法对政府规制经济的活动进行系统性研究。

（二）法律规制的含义

不知曾几何时，"规制"一词被用到了法学研究的表述上。在中国知网上以"法律规制"为主题词搜索后笔者发现，最早的以"法律规制"为标题的文章是 1989 年发表在《当代法学》第 1 期上的高峰、刘鹏的文章——《企业兼并法律规制浅议》，以及发表在《当代法学》第 2 期上的李淳的文章——《也谈企业兼并的法律规制——兼与高峰、刘鹏同志商榷》。自此往后，"法律规制"一词出现在"知网"文章标题中的次数越来越多，如 2002 年以前每年不到一百篇，之后以每年百篇的速度递增，2017 年全年发表达到 1038 篇。"法律规制"一词所使用的领域也非常广泛，经济法、民法、商法、行政法、劳动法、体育法、家庭婚姻法、诉讼法等领域普遍使用这一词语。在这些文章中，对规制一词的含义可以做规范、控制、管理、监督等多种意思讲。如通过法律对某一主体的行为或者某一现象进行规范，使得社会主体的法律行为有法可依；通过法律规制使得政府能够依法对某一主体的行为或者现象进行管制；通过法律规制对某一主体的行为加以限制。

这些文章对法律规制的使用既与上述规制的含义有相同之处，也有在使用上的泛化之处。相同之处是，法律规制也包含了依据规则来规范控制一种行为或者过程的本来含义；不同之处是法律规制并不单纯是政府经济规则，规制手段可以被使用到其他非经济领域。不过，从中国知网的文章来看，以法律规制冠名的文章绝大多数还是在谈论政府对经济市场行为的规制，其使用的主要范围还是与规制经济学的研究对象较为一致的。

（三）市场监管权法律规制的含义

依照以上所述，市场监管权法律规制也可以做多角度解释。一是可以解释为依法对市场监管权进行规范、监督、控制、制约等。如研究最多的对金融行业进行法律规制的一系列博士论文，主要的研究内容就是对金融机构主体的行为进行制度设计，以使其金融经营行为有法可依，防止经营风险的发生。二是可以如一些论文所说的，"法律规制"注重的是某一领域法律主体行为的控制研究，目的在于防止主体的行为滥用或者不当行使。本书在此以"市场监管权法律规制研究"为标题，其中"法律规制"的含义当从"控制"或者"限制"来讲，研究的目的是防止市场监管者在行使市场监管权之时，滥用自己的权力，扰乱市场机制。

如果要给它下一个定义，我们可以这样说：市场监管权法律规制是指通过法律制度约束，使市场监管者的监管权行使依法有序进行，不越权、不滥权，以保障市场经营主体的经营自主权，维护公平市场竞争机制的正常运转。

二、市场监管权法律规制的研究意义

（一）市场经济体制的内在要求

市场经济是市场在资源的配置中起着决定性作用的经济发展模式，或者说，是以供需、价格等竞争性因素来调配社会经济资源的一种经济运行方式。《麦克米兰现代经济学辞典》将市场经济定义为："市场经济是一种以价格为基础来做出关于资源配置和生产决策的经济体制，而价格是在生产者、消费者和生产要素的所有者之间自愿形成的。"市场经济与计划经济的不同之处在于，市场经济以供需变动引起的价格变动来进行市场资源的调配，计划经济的资源配置是通过行政命令、指标分解、直接调拨来实现的。由此，政府在两种经济发展模式中的作用是不同的，市场经济中的政府作用主要是公民权利的保护和市场竞争秩序的维护，计划经济中的政府是经济活动的唯一参加者、组织者，个人是国家经济行为的客体，国家有权给个人分配任何任务，个人对经济生活的运转不具有任何影响。人们经常把市场经济中的政府角色比喻为裁判员，以公正的中间人的地位来裁判市场主体之间的纠纷解决；而把计划经济中的政府看作运动员和裁判员的双重身份。在市场经济的条件下，政府对市场的干预必须在法律的严格约束之下进行，无法律依据即为违法；而在计划经济中，政府自己是经济活动的唯一主体，自己给自己立规矩。政策和命令是其常用的管理经济手段，法律不是主要的规则标准，仅仅是为了保证计划的实现。

市场经济的培育和发展需要法治社会作为基础，而法治社会建设必须对国家权力进行约束和监督，"法治的核心是确定政府与经济人之间保持距离性关系以有利于经济的发展"。[1]法治对政府进行约束的原因在于国家对市场的过多干预会破坏正常的竞争秩序。新自由主义经济学派深刻地指出，由于信息的不完全和政策的迟滞，政府的干预往往加大了经济的波动；政府由于不以营利为目的，在缺乏营商成本的观念下，会超额提供公共服务，导致公共服务的过剩生产和提供，造成社会财富浪费。[2]约瑟夫·斯蒂格利茨在论述其"使政府干预变得更美好的"五个原则时阐明了限制政府干预的原因，分别是减少权力寻租、减少政府对竞争的限制、减少政府对经济信息的封锁和传播限制、降低公众参与政治决策过程的壁垒、防止政府干预

---

〔1〕　钱颖一："市场与法治"，载《经济社会体制比较》2000 年第 3 期，第 11 页。

〔2〕　张银杰：《市场经济理论与市场经济体制改革新论——社会主义市场经济理论疑难问题探索》（第 2 版），上海财经大学出版社 2012 年版，第 60 页。

过程失衡并推卸责任。[1]市场经济的自由竞争秩序与政府的过多权力干预是不相容的，权力本位与市场经济不能共存。有学者将当前我国深化市场经济体制改革背景下的政府与市场关系描述为从"限定市场，余外政府"模式向"限定政府，余外市场"模式的转变，要通过限定政府权力，在市场能够自己解决问题的情况下，防止政府对市场的不当干预，把政府促进和保障市场的权限关在笼子里发挥作用。[2]

(二) 我国经济体制改革的客观要求

市场监管权法律规制就是一个国家在经济治理上简政放权、依法行政的过程，表现为市场逐步从政府手中取得了经济发展的资源的配置权，政府面对市场逐步退缩，回归其服务市场的辅助角色。这一点可以从我国40多年前的改革开放历史中看清。

政府与市场的关系在我国经过了两个阶段。第一阶段大致从党的十一届三中全会开始到党的十四大，在此期间我国的经济发展体制经历了从计划经济、有计划商品经济、计划经济与市场经济相结合、社会主义市场经济共四个阶段的演变。这一时期经济体制改革的重点如表1-1所示，[3]是约束政府对企业

---

〔1〕 约瑟夫·斯蒂格利茨的"使政府干预变得更美好的"五个原则的具体内容为：①在利益集团具有很强影响力的领域，应该要限制政府干预；②应该强烈反对政府采取限制竞争的行动，而且要强烈支持政府采取促进竞争的行动；③应该强烈支持政府进行开放而要反对封锁消息；④政府应该鼓励私人部门（包括非政府组织）提供公共物品，这不仅可以使其自身面对有效的竞争，并对其产生约束，同时还可以有效地传递各种声音。⑤政府要在专家意见及其民意与责任之间找到恰当的平衡点。参见［美］斯蒂格利茨：《斯蒂格利茨经济学文集》（第6卷下册），纪沫、仝冰、海荣译，中国金融出版社2007年版，第354~359页。

〔2〕 陈甦："商法机制中政府与市场的功能定位"，载《中国法学》2014年第5期，第46页。

〔3〕 该处两个表格的内容来自于中国共产党第十一次到第十九次全国代表大会报告和期间的有关经济改革专门决定。

经营自主权的不当干预，使企业成为自我决策、自负盈亏、自己承担责任的独立责任主体。这一时期政府对自己在发展商品经济中的作用还处于一个早期认识阶段，尚达不到如后来市场经济体制目标确立之后对自己角色的透彻认识。在当时的计划经济还没有被抛弃的情况下，政府只能是较少地去干涉企业的经营活动，减少指令性计划和直接指挥，让企业掌握更多的自主权，让价值规律更多地发挥作用。但是，这一时期是政府从全能型政府向有限政府退却的开始，这较之有政府无市场的计划经济过往是一个巨大转变，政府的经济管理权从此开始真正地受到法律和政策的约束，市场的自由竞争力量开始逐渐迸发出来。

表1-1　十一大至十四大我国经济体制改革目标与经济管理模式变革

党代会	经济体制改革目标	经济管理模式变革
十一大	结束全国范围的群众运动，把全党工作的着重点和全国人民的注意力转移到社会主义现代化建设上来，实现农业、工业、国防和科学技术的现代化。	下放经济管理权，让地方和工农业企业在国家统一计划的指导下有更多的经营管理自主权；大力精简各级经济行政机构，把它们的大部分职权转交给企业性的专业公司或联合公司。
十二大	建立公有制基础上的有计划商品经济。	就政府和企业的关系来说，今后各级政府部门原则上不再直接经营管理企业。至于少数由国家赋予直接经营管理企业责任的政府经济部门，也必须按照简政放权的精神，正确处理同所属企业的关系，以增强企业和基层自主经营的活力，避免可能由于高度集中带来的弊端。

续表

党代会	经济体制改革目标	经济管理模式变革
十三大	建立适应有计划商品经济发展的计划经济与市场调节相结合的经济体制和运行机制。	进一步下放权力。在中央和地方的关系上，逐步划清中央和地方的职责，做到地方的事情地方管，中央的责任是提出大政方针和进行监督。在政府同企事业单位的关系上，要按照自主经营、自主管理的原则，将经营管理权下放到企事业单位。
十四大	经济体制改革的目标是建立社会主义市场经济体制，以利于进一步解放和发展生产力。	加快政府职能的转变，实现政企分开。凡是国家法令规定属于企业行使的职权，各级政府都不要干预。下放给企业的权利，中央政府部门和地方政府都不得截留。

　　第二阶段是在十四大确立了我国市场经济体制的地位之后，政府才真正摆正了自己与市场的关系，将自己定位为市场经济的培育者、市场竞争秩序的维护者和市场纠纷的调节者这样的服务型角色。如表1-2所示，在十四大之后，行政体制改革主要转向了经济管理体制和经济职能改革，经营权被完全交给了企业，政府主要开始为构建一个宏观的大的市场经济环境而努力。行政体制改革内容所展现的是政府机构改革越来越以经济发展为导向，改革侧重以经济管理部门为重点，改革的标准以高效、廉洁、服务为原则。在这一时期，政府与市场的关系是市场取得了配置资源的决定性地位，国家致力于创建服务型政府，以服务于市场经济体制。十四大以来我国市场经济改革一直处于进行时态，直到今天市场经济体制改革还在不断深化完善。尤其是在十八大之后，中央政府推行的简政放权、放管结

合、优化服务的政治体制改革，更是将政府的市场服务职能从制度和机制上加以具体落实，对政府市场监管权力依法规范行使的必要性和迫切性给予了明确指示。

表1-2 十五大至十九大我国经济体制改革目标与经济管理模式变革

党代会	经济体制改革目标	经济管理模式变革
十五大	坚持和完善社会主义市场经济体制，使市场在国家宏观调控下对资源配置起基础性作用。	转变政府职能，实现政企分开，把企业生产经营管理的权力切实交给企业；根据精简、统一、效能的原则进行机构改革，建立办事高效、运转协调、行为规范的行政管理体系；把综合经济部门改组为宏观调控部门，调整和减少专业经济部门，强化执法监管部门，培育和发展社会中介组织。
十六大	加快建设全国统一市场，促进商品和各种要素在全国范围自由流动和充分竞争。大力发展资本和其他要素市场。	深化行政审批制度改革，切实把政府经济管理职能转到主要为市场主体服务和创造良好发展环境上来。推进依法行政，严格按照法定权限和程序行使权力、履行职责。按照权力与责任挂钩、权力与利益脱钩的要求，建立权责明确、行为规范、监督有效、保障有力的执法体制，防止和纠正地方保护主义和部门本位主义。
十七大	加快转变经济发展方式、完善社会主义市场经济体制，更好发挥市场在资源配置中的基础性作用。	加快推进政企分开、政资分开、政事分开、政府与市场中介组织分开，把不该由政府管理的事项转移出去，把该由政府管理的事项切实管好，从制度上更好地发挥市场在资源配

党代会	经济体制改革目标	经济管理模式变革
		置中的基础性作用,更好地发挥公民和社会组织在社会公共事务管理中的作用,更加有效地提供公共产品。
十八大	深化经济体制改革,坚持和完善基本经济制度,加快完善现代市场体系、宏观调控体系、开放型经济体系,加快转变经济发展方式,加快建设创新型国家。	深入推进依法行政,加快建设法治政府。建设职能科学、权责法定、执法严明、公开公正、廉洁高效、守法诚信的法治政府。
十九大	贯彻新发展理念,建设现代化经济体系。	统筹考虑各类机构设置,科学配置党政部门及内设机构权力、明确职责。转变政府职能,深化简政放权,创新监管方式,增强政府公信力和执行力,建设人民满意的服务型政府。

　　回顾历史可以看到,对政府经济管理权力的法律约束和不断加大对市场自由经营的权利保障是我国经济改革不断取得成功的宝贵经验。本书对市场监管权法律规制的理论研究也是根源于这个经济管理体制改革实践的。

第二章　市场监管权法律规制的模式选择

霍姆斯曾说："法律的生命不是理性而是实践。"我们在本书开篇之处谈论市场监管权规制的理论问题似乎显得故弄玄虚。然而，实践与理性相比具有自己的弊端，因为与实践有关的事实很多时候很难取得，而且，对已经掌握的事实也需要按照一定的方法进行解释，才能理解和把握。况且，事实本身的含义并不是不言自明的，我们需要理论的帮助才能对其作出解释和评价。"好的理论能够帮助我们理解事实，并有助于对其作出合理解释以及对未来发展的正确预测。"〔1〕有学者在谈到法律理论的重要性时说："拥有一种法律（性质）的理论是假设存在一个可以进行理论探讨的对象或者'法律'范畴。法律理论告诉我们使得某些规则（规范）、规则（规范）体系、实践或者制度成为'法律'或'非法'的原因是什么。"〔2〕美国哲学家纳格尔对理论的作用也表达了相似的观点，他说理论就是"在一系列变量中确定性关系的明确性表述，借助此表达，大部分经验

---

　　〔1〕〔美〕D. P. 约翰逊：《社会学理论》，南开大学社会学系译，国际文化出版公司1988年版，第8页。

　　〔2〕〔美〕布赖恩·比克斯：《法理学：理论与语境》（第4版），邱昭继译，法律出版社2008年版，第9页。

上可确定的规律性或者规律可以被阐释"。[1]人们可以通过理论对具有规律性的命题加以推理，从而对其进行阐释和预测。由于不正当竞争和市场失灵的存在，经济管理机关对市场进行监管在目前看来是必不可少的，但是，政府对市场的监管也不是处处都能解决问题的。多年以来，围绕政府监管市场就一直存在着争议，管制、放松再管制成了政府监管市场的矛盾选择。需要监管的理由是基本相同的，可以归结为"市场失灵"；对政府监管权力进行约束，要求放松监管的理由却是多样的，而且各国因国情而有所不同。本章将对市场监管权法律规制理论进行分析，以便更加清楚地认识市场监管权的特点，从而为后面章节的论述提供阐释基础。

第一节　市场监管权法律规制的基本理论

从现有已发表的经济法领域"市场监管"的硕博论文来看，研究论述基本集中在解释"政府监管权"存在的必要性上，而且论文选题基本是某某产业领域的市场监管问题，理论基础部分也是围绕该产业的特点来论述对其"监管"的必要性，全部文章都是在努力编制一张"市场监管权力之网"。

从宏观角度论述市场监管的国内文章、著作和硕博论文来看，一是与"行业监管"相比数量很少；二是还是集中在对"政府市场监管必要性"的讨论上；三是在论及"市场监管权力"本身规制问题上，是直接从监管机关的组织人事、立法确权、程序保障、法律责任等方面开药方，对规制的理论原因写得很少。当然，市场监管权法律规制的理论阐述数量少并不代

---

〔1〕　转引自［德］阿图尔·考夫曼、温弗里德·哈斯默尔主编：《当代法哲学和法律理论导论》，郑永流译，法律出版社2002年版，第456页。

表相关研究很缺乏，学者基本上将"市场监管权"规制的原因归结为"权力滥用"或者"权力腐败"。只不过存在的问题是，经济法学者对市场监管权规制的理论基础的论述数量太少，论证过程太简单，似乎觉得这是大家都懂得的不言自明的道理。其实，权力滥用、权力腐败或者权力异化，都是政治学的理论观点，在经济法上的运用还需要结合政府与市场的关系来论证。语境不同，对问题的理解也将发生变化。

一、市场监管权法律规制的社会契约论理论

现代政治学和法学对权力的规制理论基本上是建立在西方哲学和政治经济学基础之上的。远在古希腊和罗马时期，当时的思想家就开始讨论政体、权力与法律之间的关系，并对权力拥有者的可信性进行了怀疑。资本主义启蒙思想家继承和发展了这一权力制约理论，在反对中世纪宗教、封建社会的过程中，以社会契约、人权保障和分权理论为核心，奠定了近现代权力制衡政治体制的理论基础。

霍布斯认为，国家的性质在本质上是一个社会全体成员之间的契约，人们将自己的权利让渡给一个公共机构代为行使，就形成了国家。在国家之前，人类还处于自然法起作用的时期。因为没有外在的强制力量存在，人们之间的信约完全靠个人自觉来维持，这导致了人们之间的关系充满了私心、自傲和报复等情绪，彼此的生命安全随时处于危险之中。这是一个人人互相为敌的蛮荒时代。为了抵御外来侵略和避免互相伤害，人们必须建立一种共同权力，以使人们今后能够依靠自己的劳动收获快乐的生活，唯一的选择就是：把大家的权利和力量委托给某一个人或一个能够通过多数的意见把全体意志化为一个意志

的多人组成的组织。[1]霍布斯提出了一个国家形成原因的框架理论，为后来的资本主义人民主权和权力制衡思想打下了基础。当然，霍布斯的社会契约论还称不上是资本主义政治民主理论，因为他在自己的学说中将"大家所有的权利和力量"都托付给了"君主"。而一旦契约签订，君主的臣民，如果得不到君主的许可，就不能抛弃君主政体去重新返回乌合之众的混乱状态，也不得改与他人订约。如果臣民企图废黜主权者，还将会受到惩罚或斩杀，而且被惩罚者不能有怨言，因为这种实施惩罚的权力他已经通过社会契约授予了主权者行使。霍布斯还认为君主作为主权者是不会犯错的，因为社会契约是众人对"主权者"的单方面授信，所以主权者既不会违反信约，也不会做出任何伤害臣民的事情。[2]从总体上说，霍布斯的社会契约论并没有反对君主统治和专制政体，他本人是提倡"开明专制的"。在他看来，最坏的君主制也比国家产生之前的那种无政府的自然状态好得多，最起码个人和国家的安全受到了保护。与后来产生的资本主义民主、人权思想相比，霍布斯的"君主主权者"论在政治上是反动的，他要求人们基于契约而必须屈服于统治者的压迫。但是，霍布斯在其思想的潜意识里是革命的，因为他把当权者的统治权的来源说成是"按约建立的主权者的权利"，这就从根本上否定了封建统治者所宣扬的"君权神授"的思想，抽掉了专制制度脚下最坚固的一块基石。

在霍布斯的社会契约论的基础上，卢梭和洛克提出了"人民主权"和"分权制衡"的理论。洛克对人们根据社会契约让

---

〔1〕［英］霍布斯：《利维坦》，黎思复、黎廷弼译，商务印书馆1985年版，第128~132页。

〔2〕［英］霍布斯：《利维坦》，黎思复、黎廷弼译，商务印书馆1985年版，第133~136页。

渡的个人权利的内容提出了新看法。他认为，人们授权给统治者的个人权利不包括人的生命、自由和财产权等基本权利。国家权力除了保护社会成员的生命、权利和财产之外，不能再有别的目的和尺度，所以它不是一种支配人们生命、财产的绝对专断的权力，因为生命和财产是应该绝对地受到保护的。能够随意剥夺他人生命的绝对专断的权力既不是一种自然授权，也不可能是一种契约授权，它只存在于战争状态下，因为人不可能和一个不能主宰自己生命的人订立契约。[1]洛克的思想最关键的一点是，他否定了霍布斯要求人们无条件地忍受君主专制的观点，认为如果政府不能再保护人民的自然权利，则人民可以收回授权，并"可以重新把它授予他们认为最有利于他们的安全和保障的人"。[2]对于国家权力行使的方式，洛克提出了"权力分治"的思想，将国家权力分为立法权、执行权和对外权，立法权必须与执行权和对外权相分离，由不同的人来行使；执行权和对外权则可以由相同的人统一行使。洛克认为，如果同一批人同时拥有制定法律和执行法律的权力，权力的诱惑会使他们动辄就攫取权力，以求使自己免于服从他们所制定的法律；并在制定和执行时服务于自己的私人利益，使他们成为不同于社会普通成员的特权阶层，这就违反了当初授权的目的，危害了社会和政府。[3]

　　法国启蒙思想家卢梭认为，在社会契约的签订中，个人签订社会契约的相对人并不是君主，而是和其他一切众人立约，

---

　　〔1〕〔英〕洛克：《政府论》（下篇），叶启芳、瞿菊农译，商务印书馆1964年版，第104~106页。

　　〔2〕〔英〕洛克：《政府论》（下篇），叶启芳、瞿菊农译，商务印书馆1964年版，第92页。

　　〔3〕〔英〕洛克：《政府论》（下篇），叶启芳、瞿菊农译，商务印书馆1964年版，第89页。

整个社会群体才是契约的相对人一方。政府本身只不过是人民赋予行政管理的一种临时性的形式而已。建立政府并不是契约的结果，而仅仅是法律的执行。行政权力的执行者仅仅是人民的办事官吏，而不是人民的主人。人民可以根据需要把行政权委托给他们，也可以在不满意之时收回，不需要征得他们的同意；官吏只能按照人民的要求来行使职责，对于人民的要求必须服从，而没有讨价还价的权力。[1]康德在承认社会契约论的基础上，采用了和卢梭类同的说法，认为人民在契约中放弃自己的外在自由，是为了获得作为国民的自由。国家是由人民组成的，国家的责任就是制定并严格执行法律，并且不能干涉公民的活动，即使如家长似地关怀他们的利益和个人幸福，也是不允许的；国家的活动应局限于保护公民的个人权利，保护每一个人的自由和权利不受到侵害。[2]为防止权力的僭越，康德主张分权制衡，将立法权归于人民以体现人民主权原则，行政执法权归政府，同时任命法官负责司法。

社会契约论在思想史上的地位在于，它将人们从对宗教和君主的崇拜中解放出来，使人们认识到自己才是社会存在的建构者，是社会发展的力量。社会契约论使得人们的自我意识发展起来，不再惧怕强权和专制，并开始对自由、权利和财富进行追求。虽然社会契约论的某些方面受到了功利主义和自由主义的质疑，但它为后来学者探讨权力监督问题提供了基本的理论出发点。

二、市场监管权法律规制的经济自由理论

何为经济自由？美国经济学家詹姆士·布坎南说，经济自由是指一个人可以选择退出，有权选择从谁那里购买什么，可

---

[1] [法]卢梭：《社会契约论》，施新州编译，北京出版社2007年版，第118页。
[2] 何勤华：《西方法学史》，中国政法大学出版社1996年版，第203页。

以选择从事什么职业，可以选择建立什么样的企业，可以选择投资到什么行业。这就是人们拥有的独立于任何单一的个人或者集团的权力。[1]米尔顿·弗里德曼认为，一个经济自由的市场组织的特征是：在大多数的情况下，它能避免一个人对另一个人的干扰。消费者可以免于受到销售者的强制性压迫，因为还有其他销售者可以用来选择交易；销售者也可以免除消费者的强制性压迫，因为他可以把商品出售给其他消费者；雇员可以免受雇主的强制性压迫，因为他可以给其他雇主工作。自由市场的运作方式与具体的个人无关，而且也不存在一个集中的权力机关。[2]我国学者韩大元认为，经济自由是指经济活动的主体具有独立的身份、地位和资格，可以按照自己的意愿从事经济活动，并承担相应的法律后果。[3]从以上定义可以看到，经济自由从本质上说就是一个人或企业以自己的意志从事市场经营活动的自由权利。按照经济自由的原则，市场主体可以有权自己决定经营投资，开展生产经营活动，销售产品，采购商品，进入或者退出某一个经营性行业，他人不能随意干涉。

　　经济自由能够促进政治自由的实现。米尔顿·弗里德曼在《资本主义与自由》一书中论述了经济自由与政治自由的关系。他认为，经济自由与政治自由之间具有紧密的关系，经济自由在促进社会自由方面起着双重作用。一方面，经济自由从广义上讲是人类自由的重要组成部分，它与政治自由一道构成了人们奋斗的一个目标；另一方面，经济自由是人们实现政治自由不可缺少的手段。具体从经济自由层面来说，经济的安排可以影响

---

　　〔1〕　[美]詹姆士·布坎南："经济自由与联邦主义——新世纪的展望"，刘军宁等编：《经济民主与经济自由》，生活·读书·新知三联书店1998年版，第40页。

　　〔2〕　[美]米尔顿·弗里德曼：《资本主义与自由》，张瑞玉译，商务印书馆1986年版，第16页。

　　〔3〕　韩大元主编：《宪法学》，高等教育出版社2006年版，第265页。

权力的集中和分散，进而导致每个人的权利多少不同，最终影响到政治权力的实现。就如同在历史上，竞争性资本主义提倡经济自由，从而带来了资本主义政治自由的实现。没有哪一个社会存在大量的政治自由而又不存在自由竞争性市场来组织它的经济活动。边沁的功利主义哲学认为，政治自由才是争取经济自由的手段，人民的经济自由的缺失恰恰是因为政治自由的缺乏，只要在政治上赋予人民以权利，使他们能够具有投票权，基于功利主义的原则，他们自然会选择经济行为的自由。这种理论导致的结果就是资本主义国家福利社会的产生，以及政府对经济的干预不断加强。但是，自由主义经济学家反对这种经济权力的不断集中。[1]他们认为，抛弃了经济自由之后去追求政治自由几乎等同于缘木求鱼。因为掌控了经济权力的政府将不仅控制人民的一般生活，而且还将控制人民实现所有目标的手段的分配。计划者们答应赋予人民的经济自由最后变成了人民无权做主，完全由他人决定的自由。没有"必须是我们经济活动的自由"的、"具有选择权的权利"[2]的经济自由，所谓的政治自由必将让人们走上奴役之路。

经济自由是"市场经济产生发展的先决条件与必备要素"。经济自由为市场经济带来了竞争，而竞争带来了生产的发展、技术的创新和资源的优化配置，从而带来了国家经济的繁荣。自1990年以后，经济学家在将市场经济体制作为经济发展的模式上达成了共识，否认经济自由的计划经济模式被抛弃。世界经济论坛发布的《2017—2018年全球竞争力报告》肯定了经济

---

〔1〕 ［美］米尔顿·弗里德曼：《资本主义与自由》，张瑞玉译，商务印书馆1986年版，第9~12页。

〔2〕 ［英］弗里德里希·奥古斯特·哈耶克：《通往奴役之路》，王明毅等译，中国社会科学出版社1997年版，第98页。

自由制度在国家竞争力中的重要地位。该报告列举了 12 项全球各国竞争力考察指数，主要包括制度、基础设施、宏观环境、健康和基础教育、高等教育和培训等，其中"制度"是竞争力的第一支柱。该报告在对"制度"作用的解释中，特别强调了个人、企业与政府的三方互动对经济的发展起到的作用。[1]"制度"考察的内容主要包括：财产权和知识产权保护、道德和腐败、公权力的不当影响、公共机构行为表现、商业安全、企业治理等。无论是制度考察的具体内容，还是对其意义的描述，都体现出了市场的安全性、公开性、公正性和自由程度对一国经济竞争力的影响。众所周知，市场本身是一种制度安排，没有宪法秩序、法律规则对自由竞争的维护，个人的权利就无法找到容身之处，"必然导致经济体系的组织和控制虚弱，无法产生足够的推动力来激励市场活力"，[2]维护市场竞争自由权应成为市场经济法律的基本原则，经济自由原则应该以法律制度予以保护。

2008 年金融危机之后，全球经济陷入低谷，各国采取各种手段刺激本国经济的复苏。在政府方面，各国出台了各种财政、

---

〔1〕《2017—2018 年全球竞争力报告》在"Appendix A: Methodology and Computation of the 317 Global Competitiveness Index 2017~2018"一章中这样解释制度的作用：一个国家的制度环境依赖于公共和私人利益相关者的效率与行为。一个由个人、公司和政府在其相互影响的法律和行政框架，将决定一个国家的公共制度的数量，而且对经济竞争和经济增长具有重要意义。它会影响到投资决策和生产组织形式，并且在社会如何进行利益分配和承担发展战略与政策的成本方面扮演关键角色。良好的私人制度（private institutions）对一个经济体的稳定和可持续发展同样重要。2007 年至 2008 年的全球性金融危机与大量的公司治理丑闻，已经凸显了会计和报告准则与为了防止欺诈和管理不善、确保良好公司治理、维护投资者和消费者的信心而采取的决策及信息透明度之间的关系。*The Global Competitiveness Report 2017~2018*, published by the World Economic Forum, September 22 2017.

〔2〕汪洪涛：《制度经济学——制度及制度变迁性质解释》，复旦大学出版社 2003 年版，第 7 页。

税收和金融优惠措施，帮助国内企业排忧解难。在刺激市场活力方面，各国纷纷采取宽松的市场监管政策、放松各种监管标准，将经营自主权交给企业自理。除了国与国之间原有的产品生产、出口、销售方面的市场竞争之外，目前全球经济竞争有个突出的特点，现在正上演着激烈的高层面的国际制度竞争，通过"竞争国家制度优势，积累社会资本，降低制度成本，提高制度竞争力和整体竞争力，特别是吸引和利用全球流动资源的能力"。[1] 如美国前总统特朗普上台后出台的减税、降低利率、放松金融监管力度等政策，就是为了提高美国国内企业的活力和竞争力，给企业创造一个宽松的经济自由环境，以吸引全球资本流入美国，重新振作美国制造业和经济，增加就业机会。比如，简化纳税体系，将公司税率降低到 15%，对公司海外利润迁回国内只征收 10% 的税；提高关税，对国内企业进行保护；修订《多德-弗兰克法案》，为金融企业松绑，以使中小企业更容易取得贷款。英国保守党政府自 2015 年上台后采取了国企私有化、减税、产业扶持和区域发展战略等政策，以刺激本国经济。[2] 英美本就是世界上奉行"自由市场经济模式"的两个国家，在 2017 年至 2018 年全球竞争力排行榜上，美国竞争力全球第二，英国第七，现在他们的经济政策还在不遗余力地为企业提供经济扶持以及提高竞争力。在贯彻经济自由原则，提高企业竞争力方面作出举动最大的是中国政府。自党的十八大以来，政府着重进行了行政审批事务改革，废除了大量束缚企业活力，体现人治监管的行政审批事项。推行放、管、服改革，改善营

---

〔1〕 张幼文、黄仁伟主编：《制度竞争与中国国际分工地位》，上海远东出版社 2003 年版，第 73 页。

〔2〕 "英国当前主要经济政策"，载 http://www.mofcom.gov.cn/article/i/ck/201607/20160701364790.shtml.

商环境；鼓励民间投资，放开投资限制；降低企业成本，加强政策统筹等措施。所有的措施都是为了增强市场主体的竞争活力，增加经济的自由度。

经济自由虽然如此重要，但是，在市场经济中破坏经济自由的情况并不少见。最常见的就是垄断行为，通过超越其他经营者的经济实力，将其他经营者赶出市场，造成独占或寡占局面，形成经济的独裁。再有就是不正当竞争行为，以种种不正当的竞争手段，扰乱市场秩序，违背了合法经营者和消费者的意志。当一个人的自由凌驾于大多数人的自由之上时，最后带来的是所有人的不自由。如果没有法律对他们进行惩罚的话，不正当竞争行为者带来的将是整个市场的群起效仿。与企业和个人对经济自由的侵犯相比，政府行政权对市场竞争的影响是最大的。

英国哲学家赫伯特·斯宾塞在《国家权力与个人自由》中描述了行政权力逐步扩张的过程。行政权力对人们生活的干预，总是以慈善家的面目开始，以独裁的家长的角色收尾。英国政府在1833年通过《工厂法》，目的是限制工人工作时间，改善工作待遇。一开始只是针对工厂的要求，后来扩展到商店内实施。起初是检查工厂的寄宿人数和卫生状况，接着就开始检查规定标准租金以下的所有房屋出租状况，再后来就是对所有小型房屋进行同样的检查。政府颁布控制酗酒的法令后，接着就会有人要求出台法令禁止烈酒。当赋予政府采取措施控制传染病的权力之后，紧接着就会要求警察必须为病人寻找住房，然后医疗官员就有权力医治任何可疑的人员。长此以往，人们逐渐形成了对政府的依赖心理，觉得社会无论何时出错，政府都应加以干涉。政府干预社会越多，这种思维习惯就越牢固，要求政府加强社会管理的呼声就越高。但是，一个隐形的危机正在慢慢凸显，法律对管理权力范围的每一次拓展都在加强管理的执行人即官僚机构的权力和官僚主义的作风。随着管理的深入，一个个相对小的官僚群体开始聚集在一起，形成利益集团，并拥有相对于广大没有权力的无组织的人民而言的巨大优势。管理阶层的权力开始变得越来越不可控。而且，行政权力对社会控制能力的增强，会大大降低被管理者的反抗能力，还会使他们的私人利益产生错位。管理者通过设置各种行为标准和政策，使人们必须与他们合作，才能得到好处。被管理者被逐渐驯化，不敢反抗，也不知道反抗，最后还会成为体制的自愿支持者。[1]

在政府掌握了广泛的权力后，它能不能很好地为了公众的利益使用？这个问题的回答不太乐观。因为只有政府才拥有强制力，所以它就成了社会管理"合同"的执行人，没有其他机构能够代替它的职能，也没有哪个机构能够对它进行严格监督。政府会采取一些措施对自己的行为进行约束，但是，它不能对自己政策的后继者进行监督，随着时间的推移，其甚至不能保证自己不会机会主义地实施原定的政策和法律。[2]经济学家将政府权力失控的基本原因归纳为"权力寻租"和"有限理性"。权力寻租使得政府权力被利益集团影响或把控，进而破坏市场经济的经济自由精神，形成各种各样的市场垄断和不正当竞争。有限理性加上官僚机构的原始惰性，使得政府在对社会进行管理的时候不计成本、浪费资源，并将这个负担转嫁到社会身上。

〔1〕［英］赫伯特·斯宾塞：《国家权力与个人自由》，谭小勤等译，华夏出版社2000年版，第29~31页。
〔2〕［美］斯蒂格利茨：《斯蒂格利茨经济学文集》（第6卷下册），纪沫、仝冰、海荣译，中国金融出版社2007年版，第349页。

三、市场监管权法律规制的经济民主理论

经济民主是人权思想发展到一定程度之后对权利失衡原因的深层反思，其对人们现代经济发展模式的思考在宏观层面和微观层面都提供了新角度。在我国市场经济发展道路上，经济民主原则能够使我们坚持深化市场体制改革，鼓励经济竞争，防止行业垄断，为广大的市场经营者创造一个公正的市场环境。2016 年，国务院发布了《关于在市场体系建设中建立公平竞争审查制度的意见》，要求在维护自由竞争的前提下，在全国创建一个公平竞争的市场环境。这个文件就是一个以经济民主为基本思想的市场规制性政策文件，表现了政府对经济民主与经营自由的重视和保证。

（一）经济民主的界定

经济民主虽然学者谈论得很多，但是现在还没有一个让大家认同的概念，每一个人都是站在不同的角度去理解的。有学者对已有的经济民主概念角度进行了归纳，发现有八种观点之多。[1] 从经济民主学说的历史来看，不同的时期与不同的国家，当时的学者对其的理解各不相同。中国社会对经济民主的思考从 1949 年以前就已经开始，在 1978 年以后的经济改革中成为经常被提及的话题。无论含义多么纷繁复杂，从历史背景和内容来看，经济民主的概念大致可以分为三类：

1. 政治层面的经济民主

此种意义上的经济民主提倡全体公民通过选举和投票，参

---

〔1〕　对经济民主进行定义的八种观点是：工业民主说活企业民主说、经济权利共享说、经济体制模式说、政治民主扩展说、人民经济自主性说、社会主义公有制说、经济公平说、多层面民主说。参见曹芳：《经济民主思想研究》，知识产权出版社 2016 年版，第 81~98 页。

与到政治过程中来，以实现对公民集体权利和个人权利的维护。如达尔在《经济民主的理论前沿》中强调，要将政治民主程序和过程运用到企业内部治理中去，使企业的投资决策和生产符合民主的标准，从而实现工人的政治自由和基本政治权力。达尔提出了自治企业体制的概念以代替法人资本主义，以实现其企业员工一人一票的经济民主理论。[1]再比如施韦卡特的经济民主社会主义模式。他认为，在有限的市场经济体制中，为避免官僚主义，以及完全市场经济自由竞争所造成的经济危机和失业，应赋予工人对工厂的民主管理权，生产决策权应由工人自己决定。工人的劳动力不再是商品，并能够参与企业的收益分配。在生产投资方面，应该根据公平和效率的原则由国家来分配。而在原来的经济体制下，企业和投资均被私人所控制，企业工人的利益得不到反映。[2]施韦卡特的经济民主理想其实描绘的是一个作者心中的理想社会框架，它是资本主义市场经济和社会主义计划手段的结合。希腊学者福托鲍洛斯认为，经济民主就是人民主权原则在经济领域的体现。经济民主就是为保证经济权利平等分配于公民之间，而使广大公民参与到经济决策过程中的一种经济结构和机制。[3]

经济民主也是中国讨论的话题。在1949年以前，从五四运动开始，从学界到政府立法都曾经提出要建立中国的经济民主。但是，这一时期的经济民主，主要关注的是当时的社会政治前途问题，经济问题的讨论包含的是中国未来选择走什么道路。比如，五四运动时期对经济民主的讨论，主要是以社会主义思

〔1〕 曹芳：《经济民主思想研究》，知识产权出版社2016年版，第81页。

〔2〕 ［美］大卫·施韦卡特：《超越资本主义》，宋萌荣译，社会科学文献出版社2006年版，第62~67页。

〔3〕 ［希］塔基斯·福托鲍洛斯：《当代多重危机与包容性民主》，李宏译，山东大学出版社2008年版，第165页。

想批判资本主义经济不公平，经济民主成了划分资本主义和社会主义的标准。同时，经济民主也包含着孙中山节制资本、平均地权的思想。再比如，抗战时期民盟提出的建设经济民主和政治民主的方案，其目的在于反对官僚资本、振兴民族经济。在同一时期，毛泽东在《新民主主义论》中提出，在未来建立的中国，其经济形式就是新民主主义的经济。中国经济一定要走"节制资本"和"平均地权"的路，而不能让少数资本家和地主操控本国经济。[1]

2. 民权角度的经济民主

第二次世界大战以后，民权运动的兴起使经济民主成为一个人权的主要议题。以美国为例，起初，"民权"讨论主要针对的是平等的受教育机会、公共设施和住房、就业、司法行政、违宪侵权、少数族裔和残疾人的权利、反歧视运动等方面的问题。在此时的民权讨论中，公民权利问题关注的焦点还是公民的投票权，还没有延伸到将民主的要求范围扩展到经济公平和就业。支持民权运动的部分人起初将社会不平等的原因归结为种族歧视，但是，随着对公民权利关注的深入，人们开始从更广泛的角度对经济公平进行解读。美国拉西拉大学学者加里·切蒂尔认为，人们之所以开始从经济角度思考公民权利的实现，主要出于三个原因：一是认识到经济公平从来就是民权运动的目标；二是经济公平的实现将有助于实现该运动的其他非经济目标；三是民权运动的基本目标本身就包含着对人的社会和个人尊严的尊重，这就必然包含着对公民经济民主的承诺。在公民权利中，经济公平权目标的实现具有多方面的意义。[2]加

---

〔1〕《毛泽东选集》（第2卷），人民出版社1991年版，第678页。

〔2〕 Gary Chertier, *Civil Rights and Economic Democracy*, 40 Washburn L. J. 267, 287（2001）.

里·切蒂尔认为，对边缘群体来说，政治参与需要有经济做后盾，经济公平可以使他们获得必要的实现非经济目标的财力支撑；经济民主可以促进与争取公民权利斗争有关的一系列文化目标的实现。经济福祉可以使边缘群体获得在物质利益的世界保持个人权利和独立性的物质基础，还使他们有能力在接受教育后参与到文化创造中，融入主流社会。[1]为改变经济不公平的现状，学者认为首先应不断地对基本的法律框架进行根本变革，以使造成此种状况的社会和经济结构得到改变。[2]要通过经济权力的重新分配来实现族裔间的经济平等，比如，通过不同的社会政策影响收入和财产的直接转移，或者以经济公平竞争的方式改变市场规则。马丁·路德金更是将民权运动的经济诉求简化为一个口号："平等的工资和工作机会。"[3]在具体的措施上，工人参与企业民主管理（Workplace participation）和最低生活工资（living wage）保障是实现经济民主的关键环节。参与企业管理可以消除工人对工作的外在感，激发人的创造性，并能够锻炼他们参与到社会政治活动中的能力。最低生活工资对公民实现民主权利的用途也是非常大的。有了它，人们便可以保持独立性并对政治议题进行公正评价，可以大胆挑战工作场所的决定。它还可以最大可能地培养公民参与政治的责任感，使每一个公民将自己的利益与社会联系起来，并成为一个自觉的人。总之，民权角度的经济民主是实现政治民主的关键手段。

---

〔1〕 Gary Chertier, *Civil Rights and Economic Democracy*, 40 Washburn L. J. 267, 287（2001）.

〔2〕 Bayard Rustin, *From Protest to Politics：The Future of the Civil Rights Movement*, in The Civil Rights Reader；Basic Documents of The Civil Rights Movement 339（Leon Friedman ed. , 1968）.

〔3〕 See Gerald D. Mcknight, "The Last Crusade：Martin Luther King", *Jr. , The Fbi, And The Poor People's Campaign 13*, 18~20（1998）.

3. 经济角度的经济民主

经济角度的经济民主，是以实现市场经济竞争活力、保障经营自主权、维护市场经济公平为目的价值追求的。不同于政治的和民权的经济民主思想，经济角度的经济民主着眼于市场经济，研究的是加快经济的发展，以效率与公平为考量。自20世纪80年代改革开放以来，如何发展国家经济，实现国家现代化，一直是学者们思考的重点。我国经济发展模式多年来经过了几个阶段的变化，一步一个台阶，不断摸索，经济发展水平得到极大提高。从20世纪80年代的计划经济到计划为主商品经济为辅，到1994年的市场经济模式的确立，中国的经济体制是一个经济权力（利）不断从集中、束缚到放松、自由的过程。政府和学界的经济改革思路，基本上是围绕着经济自由和经济民主的道路来推进的。如邓小平在1978年谈到经济民主时所说，中国的经济问题就是管理体制僵化，权力过于集中，必须有计划地下放，否则不利于调动中央、地方、企业和个人的积极性，不利于提高现代经济管理水平和生产效率。[1]邓小平对经济民主的解读是多方面的，既有对国家宏观经济搞活的考虑，也有对企业和个体劳动者生产效率的思考。在当时，此种经济民主解读的目的是出于经济发展考虑的。在国家的大政方针从阶级斗争为纲转变到以经济建设为中心之后，在坚持社会主义道路的原则下，要研究如何解决我国落后的生产力与满足人民不断增长的物质要求之间的矛盾。在这种背景下，经济民主思想在我国就是一个经济观点，而不是政治或者民权观点。当然，经济民主的解决与国民经济的繁荣有利于提高党的执政威信，所以从根本上来讲经济民主在我国也不能说和政治没有一点关

---

[1]《邓小平文选》（第1卷），人民出版社1994年版，第145页。

系，但是这毕竟是较远的一个因果。此后，我国学者对经济民主的讨论，基本上都是从经济搞活、放开经营、增强企业活力的角度来进行的。如蒋一苇于1989年发表的《经济民主论》一文，将经济民主解读为，在坚持社会主义公有制的基础上，经济管理由集中转向经济民主，多种所有制经济共存，企业参与市场竞争，按劳分配，政企分开和行业协会参与市场管理等。[1]王保树教授认为，相对于我国集中式的经济管理体制，经济民主就是依法保护企业和自然人的合法权益，调动他们的积极性，实现经济的良性循环。[2]崔之元教授将经济民主分为宏观和微观两个层面。宏观层面的经济民主指的是人民主权在经济领域的实现，要求国家经济制度安排要符合广大人民的利益；微观层面的经济民主指的是职工参与企业的民主管理。[3]日本经济法学家金泽良雄对经济民主的理解比较深刻，他认为经济民主就是市场主体之间的"经济机会均等和经济平等"。[4]

发达国家由于没有计划经济体制，加之其资本主义特色的权力制衡模式，欧美学者所讨论的经济民主和我们在社会主义市场经济体制确立之前所说的经济民主不同，其更侧重于一种纯粹的个体经济生活领域的民主。

资本主义经济民主的含义，体现在美国占领华尔街运动的口号里，那就是反对"裙带资本主义"，反对社会民主主义，回归资本主义自由企业制度。资本主义自由企业制度，就是"一整套推崇私有财产、限制政府权力、鼓励自由竞争和产业发展、推崇基于个人才能的成就和为个人创造机会的价值和法律组成

---

〔1〕 蒋一苇："经济民主论"，载《中国社会科学》1989年第1期，第25页。
〔2〕 王保树："市场经济与经济民主"，载《中国法学》1994年第2期，第41页。
〔3〕 崔之元："经济民主的两层含义"，载《读书》1997年第4期，第79~82页。
〔4〕 [日]金泽良雄：《经济法概论》，满达人译，甘肃人民出版社1985年版，第181页。

的体系"。[1]在自由企业制度下，每一个人都可以自由地追求自己的经济和社会目标，依据个人的行为，获得社会对其积极或消极的评价。此种经济民主主要聚焦在经济领域的民主，围绕的是个人经济权利的平等。与一百多年前的美国反垄断法制定相比较，此种经济民主思想的精髓可谓一脉相承。19世纪末美国反垄断法制定的原因就在于通过对垄断组织的约束，以维护美国的政治民主和经济民主。当时的"大多数人将进步主义时代的政治问题简化为利益群体和人民争夺社会控制权，并认为工业化弊病就是从产业集中地联合中诞生的，因为它窒息了经济、社会和政治生活等领域的公平机遇"。[2]尤其，美国反垄断的直接目的是保护中小企业的利益，因为中小企业一向被视为美国资本主义民主的基石。通过政治权力保护中小企业、劳工、农民等小生产者在市场交易中不过多受到权力集中的影响，使其能够在组织化社会中保持自己的独立性和自我决定权，经济民主化是立法的第一政治目标。我国在改革开放和市场经济体制目标确立后所追求的经济民主，是和资本主义国家的经济民主含义大致相当的，都具有经济性、个体性、权利性、效益性的特征。

（二）经济民主与市场监管权法律规制

维护市场经济的经济民主就必须对政府市场监管权力进行规制，防止权力对民主的破坏。经济民主具体来说，就是要实现经营、投资、就业和竞争等方面的机会的均等和自由，每一

---

〔1〕 Michael Novak, The Spirit of Democratic Capitalism (Madison Books, 1991); and Charles Murray, "The Happiness of the People", *Irving Kristol Lecture*, American Enterprise Institute, 2009.

〔2〕 王建红:《权力的边疆：美国反垄断制度体系确立路径研究（1890~1916）》，经济管理出版社2012年版，第63页。

个主体都有按自己的意志进行经济活动的自由，国家应保证每一个主体的市场竞争机会的平等。无论在任何一个国家，政府的管制或腐败都会对市场主体的竞争产生偏在的影响，威胁到经济民主在社会经济中的实现。

1. 经济民主影响市场监管权的变革

以中华人民共和国成立以来的经济发展模式为例，可以看出，经济管理权限的集中一直影响着市场主体的平等竞争权。1949年到1957年，我国经历了国民经济恢复、第一个五年计划和社会主义改造阶段。初期实行的是多种所有制成分并存的经济体制，国家在这一时期将关系国民经济命脉的外贸、金融和重工业掌控起来，实行的是计划管理和市场调节相结合的经济体制。1953年以后，伴随着大规模的经济建设，整个国民经济开始向单一化的公有制和计划经济迈进，到1957年完成了农业、手工业和资本主义工商业的全面公有化改造。形成的经济体制的特点是排除了市场竞争，完全由政府分配资源，私人经济成分极度萎缩。优点是为重工业的优先发展提供了保障；缺点是经济结构失衡，物质短缺开始，工业发展缺乏后劲和引发周期性波动，从长期来看，严重损害了各阶层的生产积极性。[1]由此可以看到，改革开放之前，我国并不是没有存在过市场经济，至少在1957年以前市场经济是真实存在的。多种所有制经济成分的存在为市场经济提供了基础，生产要素市场的存在又是市场机制对资源配置发挥调节作用的基础。三大改造消灭要素市场后，市场调节不复存在。没有市场经济体制存在，也就没有我们现在所说的体现个人意志的经济自由和经济民主的存在。这种完全排除非公有制经济，计划经济体制一统天下的状

---

[1] 武力主编：《中华人民共和国经济史》，中国经济出版社1999年版，第365页。

况一直持续到 1978 年。

1979 年之后，我国开始实行经济改革开放政策，首先在农村实行家庭联产责任制，将土地所有权和使用权分离，政府权力开始从农村退出来。1984 年党的十二届二中全会后，我国开始实行以城市为重点的经济改革，将国企所有权与经营权相分离，提出要建设有计划的商品经济，要运用价值规律调节生产。政府经济管理机关要简政放权，要逐步减少对企业的正常经济活动的干预，要学会以经济手段的形式进行宏观调控。1994 年10 月，党的十四大明确提出经济改革的目标是建立社会主义市场经济体制，要以市场机制作为资源配置的基础性手段。坚持以公有制为主体，多种经济成分共同发展的方针。建立现代企业制度，转换国有企业经营机制，企业发展依靠市场，自主经营、自负盈亏。培育和发展市场体系，建立全国统一、开放、竞争、有序的大市场。改革政府经济管理职能，政府的经济职能就是维护市场竞争秩序，保障市场公平、公正竞争，打击市场违法竞争行为，保护生产者和消费者的合法权利；制定和执行宏观调控政策，提供公共产品服务，为企业创造良好的市场经营环境。[1]我国于 2001 年正式加入世界贸易组织。相关规则要求我国必须按照现代市场经济的标准完善市场经济体制的建设，对外资采取国民待遇原则，所有国内企业必须按照市场竞争规制从事经营。我国市场经济法律按照世贸规则在短时间内完成了与世界的接轨。

从以上历史来看，中华人民共和国前 30 年的高度计划经济体制中，政府完全掌控经济权力，否认了市场的存在，也否认了个人和企业的经济民主权利和自由；而后四十多年的改革开

---

〔1〕《中共中央关于建立社会主义市场经济体制若干问题的决定》（中国共产党第十四届中央委员会第三次全体会议 1993 年 11 月 14 日通过）。

放，是一个经济权利逐步回归经营者个体的过程，权力的有形之手从经济活动的私人领域退出。改革开放之后，各种市场不断形成，市场主体数量不断增多，各种所有制成分的企业同时存在，可以说，经济民主理念在改革开放之后得到了充分实现。

党的十八大召开以后，我国经济进入"新常态"，在全球经济疲软的情况下，为激发经济活力，国务院出台了一系列体现规范政府市场管理权力，维护经济机会平等民主思想的文件。如在权力规范上，2014年《国务院政府工作报告》明确指出：要"放开市场这只'看不见的手'，用好政府这只'看得见的手'，促进经济稳定增长"，要把转变政府职能，简政放权作为政府的开门头件大事。继续取消和下放一批行政审批事项，建立政府权力清单，完善市场管理方式，探索实施统一市场监管。[1] 2015年《国务院政府工作报告》又再次强调了政府要简政放权，要对政府行政审批事项进行清理整顿，公布省级政府权力和责任清单。对于属于市场和社会的权利，各级地方政府不能截留，要坚决下放。政府要为企业松绑，为创业提供便利，营造良好的市场经营环境。[2] 2017年《国务院政府工作报告》强调深化简政放权，全面实行清单管理工作，减少政府自由裁量权，增加市场自主选择权。要深化商事制度改革，完善市场监管制度，推行综合行政执法，建立全国统一的政务服务平台。[3]

有学者将市场经济环境下的政府权力行使方式的变革称为"新权力结构"，并认为此新权利结构现在和未来必然带来中国民主化的推进，中国的政治与经济的民主化是为国家现代化和

---

〔1〕 "李克强总理作政府工作报告（文字实录）"，载 http://www.gov.cn/guowuyuan/2014-03/05/content_2629550.html.

〔2〕 李克强："政府工作报告——2015年3月5日在第十二届全国人民代表大会第三次会议上"，载 http://www.gov.cn/guowuyuan/2015-03/16/content_2835101.html.

〔3〕 "2017年政府工作报告"，载 http://www.gov.cn/zhuanti/2017lhzfgzbg/html.

建立市场经济体制服务的。与新时代的社会政治经济要求相适应，权力运行的内容和形式必须符合现代化和规范化的特征，如从原来的集中式的调控转变为分权式的调控，垂直式管理转变为横向的协调，管制性调控转变为驱动性调控，威权式调控转变为服务式调控，直接调控转变为间接调控，硬性手段转变为软手段调控。[1] 简而言之，中国的经济市场化过程是一个政府职能转换、权力规范和私人权利不断扩张的过程。一个行政权力主导的经济体制形成不了真正的竞争，没有竞争也就意味着没有经济机会平等和经济民主。在我国长期的计划经济体制下，如果没有政治和经济体制的变革，很难在经济领域产生真正的经营自由和平等，也就谈不上经济民主的实现。宏观社会经济环境的改变是在具体市场运行过程中实现经济民主的前提条件。

2. 市场监管权影响经济民主的实现

从宏观历史角度对政府经济监管权力变革对经济民主的关系进行探讨后，我们再从微观角度看一看市场监管权力对经济民主的影响。

抛开政治经济体制和意识形态不论，众所周知，在一个纯粹的市场体制中，对自由竞争影响最大的是市场垄断行为。市场垄断行为的危害在于，一个或几个企业通过经济或者其他手段，在一个产品市场中控制了产品生产的数量和价格，对其他生产同类产品的非垄断企业形成了完全打压，使自己成了事实上的经济权力拥有者，从而对整个市场的产品质量提高和技术进步构成了阻碍。市场垄断行为会伤害"以经济机会均等和经

---

〔1〕　王沪宁："社会主义市场经济的政治要求：新权力结构"，载《社会科学》1993 年第 2 期，第 3~7 页。

济平等为内容的"[1]经济民主竞争原则，造成市场主体之间"经济机遇不平等，生存的社会机遇逐渐转手到那些控制资本集中，组建大联合公司控制生产和贸易的一小群人手里，并以之破坏竞争"。[2]对市场垄断行为的规制，可以"减少垄断力量不公平的集聚，重建经济秩序，确保经济社会和政治决策的公平秩序"。[3]

各国反垄断法将垄断行为划分为三种：垄断协议、经营者集中、滥用市场支配地位，有些国家将由行政权力造成的市场经济力集中也作为一种垄断表现。如我国《反垄断法》用专章对行政垄断行为进行了规定。前三种传统的垄断行为主要是经济因素造成的，是企业参与市场竞争不断做大的结果。第四种行政垄断则直接来自于政府经济管理权的安排，是权力对市场自由竞争原则的直接侵害。按照我国《反垄断法》的规定，行政垄断行为，是指行政机关和法律法规授权的具有管理公共事务职能的组织滥用行政权力，排除或者限制竞争而形成的市场垄断。

我国行政垄断产生的原因有：①经济体制的原因。在一个经济权力过度集中于政府的国家，行政权力与企业关系过于紧密，形成了一种彼此之间的依存关系，政治责任夹杂其中，维护企业竞争力成了政府的责任。在企业自身经济力不足的情况下，政府需要提供保护，以行政手段构筑市场壁垒，排除竞争对手，或者提供经济积极扶持以取得优势地位。②地方或部门

---

[1]〔日〕我妻荣：《经济复兴与统制立法》，有斐阁1986年版，第227页。

[2] 政府印刷办公室编：《美国国会记录：第21届国会参议院司法委员会第四次、第五次、第七次小组讨论》，第6921页，转引自王建红：《权力的边疆：美国反垄断制度体系确立路径研究（1890~1916）》，经济管理出版社2012年版，第63页。

[3] Robert H. Lande, "Wealth Transfers as the Original and Primary Concern of Antitrust: the Efficiency Interpretation Challenged", *34 Hastings Law Journal*, 100~102 (1982).

利益竞争。在一国的各地方政府之间，如果经济利益存在分歧，为保护本地区或部门的利益，就可能会对所属企业加以行政措施保护，这就很容易造成地方或部门行政垄断的事实。如在采用联邦式分税制税收的国家，基于本地经济利益考虑，以行政权力干预市场会成为经济管理机关的不自觉行为。③政府经济管理权力的异化。虽然现在我国政府经济管理越来越尊重市场竞争规律，规范化和制度化做得越来越好，但是，政企关系过于亲密，政府掌握着很多市场经济资源，企业在很多时候不得不有求于政府。在权力监督不严的情况下，经济权力集团很有可能找到政策的漏洞，捕获政府权力。④参与国际经济竞争的需要。当今各国的竞争主要是经济竞争，经济实力的强弱决定了本国的政治和军事各方面的世界竞争力。各国之间的商战主要是企业之间的竞争，垄断企业的市场是全球市场。巨型企业具有一般企业无法具备的资金、技术、人员和市场竞争力优势。如中国中车股份有限公司的产生，就是将国内两家世界排名前五的机车车辆生产企业合并为一家，以"统一布局海外市场投资，避免资源浪费"。[1]

行政垄断完全是由政府权力一手促成的，但是，并不是说其他的非行政垄断的形成就与政府权力无关。美国学者在研究第二次世界大战后的市场垄断状况后发现："经济的集中程度不能简单地以工艺上或经济上的原因来解释。垄断不是自发的产生，也不是自然淘汰的结果，相反地，它常常是政府的不明智之举、歧视行为、创造特权的措施，绞扼了竞争、束缚了发展机会的结局。它是昏庸、短视、滥用政府权力的副产品。政府常常把权力集合体合并起来，这些集中恰恰是后来需要反托拉

---

〔1〕　王道军："中国南车北车合并方案出炉：巨无霸'中国中车'浮出"，载 http://www.thepaper.cn/newsDetail_forward_1290204.

斯当局加以粉碎的。"[1]

政府和社会之所以开始对垄断抱有默许态度，是因为与资本主义市场经济反垄断初期相比，整个社会的经济竞争理念发生了变化。作为一种为人类谋求最大量自由和个人幸福的社会价值体系，自由竞争价值观在20世纪前期不断受到社会的侵害。个人自由不再成为制定政策的普遍性目标，人们开始为了某些假定的、更优越的集体主义目标，如秩序、稳定、安全、效率、生产能力等，在物质主义的非理性驱使下，推崇企业巨头的生产能力。

大企业的信仰者也一再向社会宣扬竞争的消极作用，将竞争状态形容为"一盘散沙、没有计划、混乱、不稳定、无效率、浪费、有破坏性；竞争常以不公平、互相残杀、破坏、歧视待遇为其策略的特征；是不道德的、静止的、不进步的、技术上落后的，机能上无力的旧文化的"[2]人们逐渐认可了经济权力集中存在的合理性，并相信政府的监督能够有效地降低经济垄断对竞争的负面影响。

但美国的现实情况却是，联邦政府在反垄断政策方面不断退让，并造成了垄断每前进一步，垄断便取得更大的经济权力，获得社会更普遍的承认，结果进一步导致联邦政府愈加向它屈服，愈加依赖于它，愈加趋向于以特权、保护和补贴来私徇它。造成政府妥协的原因是多样的，如萧条、战争和国防亟需。来自企业的强大政治压力，政府对垄断的无知、愚昧、目光短浅、忽视原则和在关键时刻缺乏勇气，公众拒绝政府代表竞争利益进行干预，却乐意要求政府以促进私人企业为名，代表垄断利

---

〔1〕 [美] 窝尔特尔·亚当斯、荷拉斯·格雷：《美国政府是垄断势力的扶植者》，加东译，生活·读书·新知三联书店1958年版，第5页。

〔2〕 [美] 窝尔特尔·亚当斯、荷拉斯·格雷：《美国政府是垄断势力的扶植者》，加东译，生活·读书·新知三联书店1958年版，第6页。

益而放手地进行干预。[1]

即使在公用事业企业方面，政府依然对垄断的形成负有责任。公用事业企业垄断地位按照自然垄断理论，具有天然的合理性。政府在授予企业经营特权的时候，相当于把自己的权力和责任移交给了企业，这些公用事业企业在表面上表现为为公共利益实现而存在，但是在实际上它们都是独立的经营者，具有自己的利益，怀着自己的打算，并且会尽可能地蒙混筋疲力尽的监督权力的约束。社会一旦依赖一家私人公司提高必不可缺的服务，就会形成三种情况：①结束这种情况越来越不可能；②随着人口增加和需求增加，这种依赖关系越来越加深；③垄断者在了解了自己的优势地位后，开始要挟社会，要求政府给予更多的补足，才愿意提供差强人意的服务。[2]

虽然以上我们列举的是美国20世纪中期的现象，但是，几十年后的现在，垄断企业依然左右着美国政府的经济决策。一是它们财大气粗，二是它们与政府机构有着广泛的人际关系。美国政府一直坚信的信条就是，凡是对大公司有利的事对美国也有利。[3]

综上所述，经济管理权力的不当行使会威胁市场经济民主原则的贯彻。无论是传统计划体制下政府权力对经济的全面掌控，还是市场经济体制下政府对垄断形成的助推，都会伤害到市场主体的平等竞争和自由选择权。从宏观经济体制来看，发展经济就必须提倡经济民主，要将经济竞争权利交还给市场，

〔1〕　〔美〕窝尔特尔·亚当斯、荷拉斯·格雷：《美国政府是垄断势力的扶植者》，加东译，生活·读书·新知三联书店1958年版，第2页。
〔2〕　〔美〕窝尔特尔·亚当斯、荷拉斯·格雷：《美国政府是垄断势力的扶植者》，加东译，生活·读书·新知三联书店1958年版，第42页。
〔3〕　李琮：《当代国际垄断——巨型跨国公司综论》，经济管理出版社2007年版，第256页。

行政权力要退出市场，必要的市场监管权要严格规范。从微观市场竞争行为来看，要严格监督政府市场监管权力。凡是既不利于国内经济民主也不利于国际竞争的政府市场监管权要严加限制；而对有利于国内经济民主和国际经济竞争的市场监管权也要把握好其合理边界。

四、市场监管权法律规制的法治理论

在我国，实现依法治国就必须要对政府市场监管权进行法律规制。法治不同于法制，资本主义国家具有依法治国的传统，英国大宪章、法国的人权宣言和美国的宪法，都是具有里程碑意义的依法限制权力滥用的法律文件。资本主义国家社会治理的口号是依法治国，即建立"依法限制和约束权力，保障和确保人或国民的自由和权力的国家"，虽然在资本统治下对劳动人民实际意义有限，但是在社会思想上还是有进步意义的。[1]我国虽然历史悠久，但是历朝历代封建皇权独大，权力从来不受法律约束。国家也有法律，但是那只是法制，而不是法治，封建法律作为一种工具，管天、管地、管老百姓，就是不能管皇权专制。几千年的人治传统使得法律成了封建统治者手中的鞭子。只有在中华人民共和国成立后，以社会主义公有制为主体，人民当家作主，法治国家的建设才成为现实。

1997年，党的十五大报告首次提出要建立社会主义法治国家，并高度概括了依法治国的基本内容。[2]1999年全国人大修

---

〔1〕 卓泽渊：《法治国家论》，中国方正出版社2001年版，第12页。

〔2〕 十五大报告概括的依法治国基本内涵为："依法治国，就是广大人民群众在党的领导下，依照宪法和法律规定，通过各种形式和途径管理国家事务、管理经济文化事业、管理社会事务，保证国家各项工作都依法进行，逐步实现社会主义民主的制度化、法律化，使这种制度和法律不因领导人的改变而改变，不因领导人看法和注意力的改变而改变。"

改《宪法》，将"中华人民共和国实行依法治国，建设社会主义法治国家"正式写入宪法。党的十六大将依法治国确定为党领导人民治理国家的基本方略；要求必须严格依法办事，任何组织和个人都不允许有超越宪法和法律的特权。党的十九大报告提出了新时代中国法制建设的基本目标，将全面依法治国视为国家治理的一场深刻革命，必须坚持厉行法治，推进科学立法、严格执法、公正司法、全民守法。中央还专门成立了"全面依法治国领导小组"。历史可为镜，实行依法治国已经成为全党和全国人民的共识，中国一百年现代化目标是要达到政治民主、经济发达、文化繁荣、法治严明的状态。

依法治国是市场经济建设的基本需要。我国之所以在改革开放后对法治建设非常重视，除了认识到法律在国家治理方面的稳定作用之外，经济建设的需要是最重要的内在原因。市场经济是商品经济，商品交换关系反映的是"作为交换主体的个人的经济关系"，这种经济关系突出地表现为法律对市场主体所有权、自由与平等的尊重和保护。市场经济的运行在制度上需要三个先决条件：一是私有财产保护；二是个人权利平等；三是契约自由，非此就无法建立市场经济体制。马克思曾说："私有权是流通的前提。"[1]这就要求市场主体都必须以自己拥有所有权的产品与他人进行商品交换，并彼此承认对方是商品的所有者，每一个市场主体都必须通过平等交易来获得所需产品，任何人都不能采用暴力手段来获取别人的劳动产品。法律首要的一点就是要承认个人所有权的存在及合法性。其次，每一个市场主体参与经营活动都是出于自己利益的考虑，只有自由平等的交易活动才能让他们各取所需，这是一种自然的资源配置

---

〔1〕《马克思恩格斯全集》（第46卷下册），人民出版社1980年版，第463页。

方式，是通过市场交易来完成的。如果没有市场主体的自由平等地位，现实中所发生的产品交换必然是低效和扭曲的。马克思曾说："如果说经济形式即交换，确立了主体之间的全面平等，那么内容，即促进人们去交换的个人资料和物质资料，则确立了自由。"[1] 自由、平等与所有权是市场经济的内在价值，必须受到法律的严格保护。这不仅是商品经济的内在要求，也反映了市场经济条件下所形成的利益关系和法权要求。中国共产党第十八届四中全会通过的《中共中央关于全面推进依法治国若干重大问题的决定》指出："社会主义市场经济本质上是法治经济。使市场在资源配置中起决定性作用和更好发挥政府作用，必须以保护产权、维护契约、统一市场、平等交换、公平竞争、有效监管为基本导向，完善社会主义市场经济法律制度。"

依法治国的关键是制止政府行政权力的滥用。"有权力的人们使用权力一直到遇有界限的地方才终止。"[2] "在组织一个人统治人的政府时，最大困难在于必须首先使政府能管理被统治者，然后再使政府能管理自身。毫无疑问，依靠人民是对政府的主要控制；但是经验教导人们，必须有辅助性的预防措施。"[3] "历史告诉我们，人的机关，和个人一样，都容易染上暴政的精神。"[4] "统治者所受到的限制取决于人民对他们赋予最高权力的人的信任程度。滥用权力是和权力过大，不加任

---

〔1〕《马克思恩格斯全集》（第 46 卷上册），人民出版社 1980 年版，第 197 页。

〔2〕［法］孟德斯鸠：《论法的精神》（上册），张雁深译，商务印书馆 1961 年版，第 154 页。

〔3〕［美］汉密尔顿、杰伊、麦迪逊：《联邦党人文集》，程逢如、在汉、舒逊译，商务印书馆 1980 年版，第 264 页。

〔4〕［美］梅利尔·D.彼得森注释编辑：《杰斐逊集》（下），刘祚昌、邓红风译，生活·读书·新知三联书店 1993 年版，第 153 页。

何限制、听任便宜行事分不开的。"〔1〕"伴随着历史的发展，国家会通过制定法律，不断地限制自己的政治权力和武装力量，不断限制自己的暴力属性。"〔2〕"法律的进步作用之一乃是约束和限制权力，而不论这种权力是私人权力还是政府权力。在法律统治的地方，权力的自由行使受到规则的阻碍，这些规则迫使掌权者按照一定的行为方式行事。"〔3〕"在中国市场经济法治建设进程中，加强政府法制建设，不断推进依法行政，强化对公共权力的约束，仍将是中国市场经济法治建设未来相当长时间内需要高度重视的一项工作。"〔4〕

依法治国重在治理经济领域的权力腐败。自党的十一届三中全会开始，党和政府的任务从阶级斗争转变到经济建设上来，政府权力发生了根本的转型。之前政府的权力主要表现为一种政治权力，经济权力是为政治权力服务的。而自国家改革开放之后，政府权力主要表现为一种经济权力，政府的工作重心都转移到经济建设上来。本地区经济发展的好坏已经成了政府的执政绩效考核标准。政治权力的合法性和正当性更多地通过政府对经济发展的促进来体现，政府推动经济改革，政府财政受益于经济发展。依法治国、依法行政现在的重点是对政府经济管理权滥用的防范，在市场经济条件下，权钱交易的机会相比自然经济和产品经济大大增加，政治腐败的可能性也增加了很

---

〔1〕　〔法〕霍尔巴赫：《自然政治论》，陈太先、眭茂译，商务出版社1994年版，第77页。

〔2〕　吕世伦主编：《现代西方法学流派》，中国大百科全书出版社2000年版，第296页。

〔3〕　〔美〕E.博登海默：《法理学：法律哲学与法律方法》，邓正来译，中国政法大学出版社1999年版，第358页。

〔4〕　许明月主编：《中国市场经济法治发展报告（2011—2012）》，法律出版社2013年版，第51页。

多。[1]在我国不完全的市场经济条件下，由于在某些领域还存在经营和交易机会的政策性差别待遇，加之在计划经济中积累的大量的公有制财产要改变经营方式，甚至改变所有权关系，这就为权力腐败提供了机会。"一个有效的市场经济，乃是以国家采取某些行动为前提的；有一些政府行动对于增进市场经济的作用而言，极有助益；而且市场经济还能忍受更多的政府行动，只要它们是那类符合有效市场的活动。但是，对于那些与自由制度赖以为基础的原则相冲突的政府行动，必须加以完全排除，否则自由制度将无从运行。"[2]市场监管涉及的经济利益很多，政府又具有很大的便宜处置权，大到垄断行为的认定，小到日常工商管理，没有权力达不到的地方。所以必须按照依法治国的原则，对市场监管权进行严格法律规制。"所有掌握公权力的主体，包括基层执法人员，都应纳入以权力制约权力、以制度制约权力、以法制监督和控制权力这样一种制度当中。"[3]

第二节　市场监管权法律规制的模式考察

"模式"的含义有不同的解释，古人将其理解为事物的标准样式。如《魏书·源子恭传》："故尚书令、任城王臣澄按故司空臣冲所造明堂样，并连表诏答、两京模式，奏求营起。"宋代张邦基所著《墨庄漫录》（卷八）载："闻先生之艺久矣，愿见笔法，以为模式。""模式"的英文拼写"Pattern"与保护神

---

〔1〕卓泽渊：《法治国家论》，中国方正出版社2001年版，第106页。
〔2〕[英]弗里德利希·冯·哈耶克：《自由秩序原理》，邓正来译，生活·读书·新知三联书店1997年版，第281页。
〔3〕本书编写组编：《依法治国新举措》，新华出版社2015年版，第134页。

"Patron"词根相同。它的原意是指这样一些事物，它们是作为模仿用的、完美无缺的标本。现代社会，模式一词用的地方非常广泛，词义的解释有些不同。人工智能领域中的模式识别将模式定义为，对存在于时空中的某种客观事物的描述。模式识别就是人在生活中对某种客观事物进行对此感知，并将对事物的描述存储在大脑中，依此来判断当下感知的事物是否符合原有描述。[1]经济学界自 20 世纪 50 年代以来越来越普遍地使用"模式"一词研究经济问题，用来描述大空间内某个地区或者国家经济增长的方式。有学者概括地认为，用来说明社会政治经济发展现象的"模式"一词，与"描述"历史道路不同，与总结历史"教训"不同，模式是对"成功"原因的"归纳"。[2]从这些理解能够得到一个共同点，即模式本身既是一种认识论，也是一个方法论问题。在认识论上，模式是人对事物主要特征的认识，对不断出现的事物或现象的主要构成因素进行把握，并找出来这些因素彼此间的联系和规律，是对人们的实践经验的高度浓缩和理论总结。这是一个对事物的描述和总结归纳的过程统一。其次，模式还是一种方法论，它描述了解决某类问题的核心方案，将解决问题的方法上升到了理论高度。模式就是一种成熟的解决问题的方案，我们可以使用模式来快速认识新出现的事物，用它来解决遇到的类似的问题。在人文社科领域，我们使用最多的说法就是用模式来说明某种"经济发展模式"，如"东亚模式""新加坡模式""英美模式""中国模式""日韩模式"等。这其中每一种模式都有自己的发展条件、发展理念和取得的发展成就。

---

[1] 赵宇明等编著：《模式识别》，上海交通大学出版社 2013 年版，第 1 页。
[2] 潘维主编：《中国模式：解读人民共和国的 60 年》，中央编译出版社 2009 年版，第 5 页。

经济发展可以模式化，我们同样可以将市场监管权法律规制进行模式化分析。经济发展离不开政府对市场的监督管理，在不同的国家，在一个国家的不同时期，由于所面临的经济发展目标和现实背景不一样，会呈现出不同的市场监管方式。因此，在不同的经济模式下政府的市场监管权的表现是不同的，由此带来的法律对监管权的规制方式也应该有所不同。

市场监管权法律规制的模式，作为依法治国和依法行政的体现，应该和本国的政治体制和经济发展模式相关。毕竟，监管权是以行政体制为依托，服务于本国经济体制目标的。

一、美国议会主导模式

美国政府大规模对私人商业活动进行管制，开始于 19 世纪末后期。先从各州政府再到联邦政府对价格、服务和其他事物实行直接控制，起初是铁路公司后扩展到其他广泛领域的企业。在 20 世纪 30 年代资本主义大萧条时期，为了复兴和改革经济，美国不可避免地扩大了政府对经济的督导、管理与活动，结果就是"联邦政府的官僚机构迅速发展起来"。[1]根据美国 2008 年政府监管机构改革法案，其主要政府经济监管机关包括金融、商业贸易、交通运输、能源、电信、食品药品、安全健康、环境保护和其他等方面的机构。[2]按照跨行业与否，可以分为综合性监管机构（如司法部反垄断局、商品期货交易委员会、联邦贸易委员会、州际商务委员会、消费者产品安全委员会和美国专利和商标办公室等）和行业性监管机构（如全国银行监管局、全国保险办公室、联邦航空局、能源部、食品药品管理局等）。按照与行政部门的关系，可分为独立性监管机构（如

---

〔1〕 ［美］福克讷：《美国经济史》，王锟译，商务印书馆 1964 年版，第 378 页。
〔2〕 郭向军：《经济监管机构的法律地位》，中国金融出版社 2013 年版，第 40 页。

联邦贸易委员会、联邦储备委员会、证券交易委员会、联邦通讯委员会、商品期货交易委员会）和行政隶属性监管机构（如食品药品管理局、药品执行局、能源监管委员会、联邦航空局、铁路局）。独立监管机构和行政隶属性监管机构由于权力来源和隶属性关系不同，在权力规制方面既有不同点也有共同点。

（1）独立性监管委员会的国会控制。美国最重要的市场监管机构是各独立性监管委员会，如联邦贸易委员会、联邦储备委员会、证券交易委员会、联邦通讯委员会、商品期货交易委员会。在政治地位上，各独立监管委员会不对总统负责，不属于政府行政机关，拥有立法、行政、司法三种权力，可以自主决定市场监管调控政策，不受政府影响，只向议会负责。对于独立性监管委员会的权力滥用可能性存在以下疑虑：①立法、行政、司法三权合一违反了美国立国的三权分立原则，容易形成权力滥用。②缺乏制定监管政策的能力。由于国会出台的政策比较模糊，需要独立性监管委员会加以具体细化，但是，专注于处理日常具体案件时间占用过多，独立性监管委员会是否还有时间和精力制定出恰当、合理的政策值得怀疑；再有，委员会的成员大多不具备制定政策的专业能力。③由于权力过大，不受总统控制，在监管过程中监管机构一旦被监管对象所控制，那么就很难被发现和纠正。因为被监管对象很多是大企业或者强势当事人，他们有政治游说能力，会对被监管的经济关系的弱势一方形成压力。国会对于独立性监管委员会的控制是掌握委员会组织人事任命权。独立性监管委员会委员一般为 5 人至 7人，集体负责制，只向国会负责。总统提名，参议院任命，任期为 5 年至 7 年，交错满期。一任总统无法同时任命几名委员，两党委员人数要均衡，总统无法定理由不能免除委员职务。更为关键的是，国会掌握着该机构的预算拨款。

（2）行政隶属性监管机构的总统集中控制。①人事监督。行政隶属性监管机构属于总统负责的普通行政机关，在职权内容上也同时拥有立法、执法和司法三种。其主要官员的任命和辞退一般由总统决定，工作向总统负责。②工作监督。总统可以审查该类机关执行的政策是否符合总统的政策，可以根据工作需要对其进行非重点机构和权力调整，无须国会授权。③立法建议和行政法规的审查。总统对行政隶属性监管机关的立法建议案和行政法规可以审查，包括在制定过程中行政机关提交给国会的意见、在公布之前的行政法规。以保证符合总统的政策并不与其他行政机关的权力相互冲突。[1]④规章审核监督。根据美国国会《1980年文牍削减法》，总统专门设立了白宫"信息和监管事务办公室"，作为监管机构的监督者，直接负责审核和协调内阁监管机构的规章制度。信息和监管事务办公室通过对监管机构的规章进行集中审核，可以提前发觉各机构规章之间的冲突与重复，避免执法混乱和错位；同时还可以抑制监管机关与监管对象之间的"权力俘获"利益合谋。后来，根据美国国会立法和历次总统行政命令，所有监管机构（包括独立监管机构）都必须向信息和监管事务办公室提交年度监管规划，以确保监管目标与政府一致，否则不得发布。可以说，该办公室是对行政监管机关进行内部监督的核心机构。[2]

（3）传统监督手段。美国法律对行政权力的传统监督手段有以下几种：①司法审查。在美国政治中，司法审查是指联邦法院对国会制定的法律是否违反宪法，行政机关的权力行使是否违反法律进行的审查。美国司法审查一般是由普通法院来进

---

〔1〕 王名扬：《美国行政法》（第2版），中国法制出版社2005年版，第850页。
〔2〕 席涛："法律、监督与市场"，载《政法论坛》2011年第3期，第50页。

行的，除非法律有特别规定。司法审查的原因是民主社会对行政权自我监督的不信任，需要借助公正司法的力量来进行权力监督。翻开每一部美国行政法规，只要涉及私人权力的内容，法律都赋予了利害关系人向法院起诉的权利。包括行政许可、行政裁决、行政处罚、具体事项的行政规定，基本都会允许所涉及的企业或个人向法院起诉，即使是抽象行政行为也不例外。如《联邦贸易委员会法》第 15 编第 45 节（C）规定了对具体行政行为的司法审查："任何个人、合伙或公司，被委员会命令停止使用某种竞争行为或方法时，可在接到命令的 60 日内，向使用该竞争行为地或方法地，或该个人、合伙者或公司的居住地或营业所在地的上诉法院，提出书面申诉，请求法院审查并撤销该命令。委员会关于事实的裁定如果有实质的证据支持，将是最终结论。"《美国法典》第 12 编第 47 章第 2060 节 "消费产品安全规则司法审查"规定，"在一消费产品安全规则由委员会颁布之后 60 日内，受此类规制不利影响的任何个人、消费者或消费者组织"，都可以向哥伦比亚特区上诉法院提交诉状，或向其居住地或者主要营业场所所在地的巡回法院申请对此规制进行司法审查。[1] ②行政公开。政府的行政活动，除涉及国家安全或个人隐私外，都应该向社会公开。行政公开的目的是让政府的行为透明化，防止官员暗箱操作，损害社会利益。阳光是最好的防腐剂。美国关于行政公开的法律主要有三个：1966 年《信息自由法》、1976 年《联邦阳光法》、1972 年《联邦咨询委员会法》，行政公开的内容是公众可以得到联邦政府和行政机关的文件。2000 年《信息自由法》列举了 25 项不公开信息的种类，除此之外的信息要全部向公众公开，而且政府也可以自由

---

〔1〕 12 U. S. C § 2060（a）.

决定将不公开的信息予以公开。〔1〕为防止政府阻碍公众的信息知情权，法律规定政府如果拒绝提供文件就必须负举证责任。公众对于政府拒绝公开文件的行为可向法院起诉要求公开。1976年《联邦阳光法》要求合议制行政机关必须按照法律规定，将所召开的一切会议公开进行，允许公众出席、旁听、观看。在会议召开一星期前，行政机关要将会议召开的时间、地点、讨论内容、是否公开、咨询人员电话予以公开。〔2〕

二、英国专门机构模式

英国政府偏好设置相关机构来解决某一方面的经济或社会监管问题，一般都有法律授权，所拥有的监管权力也很大，占据着监管体系的主导地位。"英国对经济和社会的政府管制过程没有采取美国式的法律程序方法，在实践中极少采用司法手段，管制者也不需要提供管制决策的依据。"〔3〕这种管制的优点是放权给相关的政府监管机构，使他们可以根据监管对象的情况便宜行事，缺点是监管权力集中容易造成监管程度的不确定。

英国的市场监管机关是以专门机构的形式存在的，属于政

---

〔1〕 2000年《信息自由法》第二部分"豁免公开信息"包括：①申请人可通过其他途径获得的信息，②以后准备出版的信息，③科研信息，④与国家安全机关有关或其提供的信息，⑤涉及国家安全的信息，⑥依据②④项：附则的认证，⑦防卫信息，⑧国家关系，⑨联合王国内部关系，⑩经济，⑪政府当局正在进行的调查和诉讼，⑫执法，⑬法庭记录等，⑭审计职能，⑮议会特权，⑯政府政策的制定等，⑰可能妨害公共事务有效进行，⑱与女王陛下的通信等和荣誉，⑲健康和安全，⑳环境信息，㉑个人信息，㉒秘密提供的信息，㉓法律专业特权，㉔商业利益，㉕禁止披露。

〔2〕 王名扬：《美国行政法》（第2版），中国法制出版社2005年版，第1027页。

〔3〕 王俊豪：《英国政府管制体制改革研究》，上海三联书店1998年版，第339页。

府组成部分之内，并且具有"强大的权力"，[1]它们主要属于"非部长级部门"或"局和其他公共部门"。[2]如"非部长级部门"中有：竞争和市场管理局（CMA）、食品标准管理局（FSA）、铁路和公路办公室（ORR）、天然气电力市场办公室（Ofgem）；"机构和其他公共实体"中有：英格兰银行、金融市场行为监管局、博彩委员会、石油和天然气管理局、交通委员会、英格兰银行、煤炭管理局等。英国政府管制体制的一个特点就是机构设置的专门化和细化，如原来大名鼎鼎的金融服务监管局，本为金融统一监管机构，曾是英国金融分业监管的创新之举。2008 年金融危机之后，金融服务监管局大而乱的特点被暴露出来，于是英国政府将其拆分为金融市场行为监管局（FCA）和审慎监管局（PRC）两个机构。由监管局承担监管各类金融机构金融产品营销的业务行为，审慎监管局负责金融机构微观审慎监管，另有英格兰银行内设金融政策委员会负责宏观审慎监管。英国市场管制机构一般都是政府行政架构的一部分，如英格兰银行和我们以上所列举的管制机构。即使是身为独立监管机构的"金融市场行为监管局"，也是在向议会负责的同时也需要向英国财政部负责，属于英国政府行政机关的一部分。从这些市场监管机构在国家权力体系中的位置可以看出，对其监管权行使的法律监督可以从立法授权、行政机构内部限制、司法审查等几个方面来进行。

---

〔1〕 〔英〕A. W. 布拉德利、K. D. 尤因：《宪法与行政法》（下）（第 14 版），刘刚、程洁译，商务印书馆 2008 年版，第 582 页。

〔2〕 英国政府机构由四种部门组成：①25 个部长级部门（Ministerial departments），如教育部、运输部、卫生部、国防部等；②20 个非部长级部门（Non ministerial departments）；③381 个机构和其他公共实体（Agencies and other public bodies）；④75 个公众关注机构（High profile groups）；⑤11 个国有公司；⑥3 个地方自治政府（Devolved administrations）。

（1）立法监督。从立法授权来看，英国市场监管机构的监管权力来源是议会法律授权。如英国反垄断机构"竞争和市场管理局"（CMA）承担着市场反垄断调查和执法工作，其权力来源于2013年《企业和监管改革法案》。2012年《金融服务法案》授予金融市场行为监管局和审慎监管局以金融市场监管权。"天然气电力市场办公室"对能源市场的管理权来自于1986年《天然气法案》、1989年《电力法案》、2000年《公共事业法案》、1998年《竞争法》、2002年《企业法》和2004年《能源法案》。英国市场监管机构的权力设置基本上都有相关的议会法律授权，议会通过立法权从根本上掌控着行政机构的权力行使。议员可以对监管机构的工作提出质问，并在重大情况发生时由议会成立调查法庭。独立监管机构还需定期向议会报告工作，接受监督。如英格兰银行，作为金融市场监管机关之一，其行长、执行董事、外部货币政策委员会与金融政策委员会成员需要定期向下议院财政委员会报告工作。

（2）行政机关内部监督。各监管机构的负责人一般是由首相或者所属部长级部门的国务大臣任命的，监管机构负责人一般被称为"主席"或者"总监"。这属于一种通过组织人事任免进行的权力制约。英国政府监管机构实行的是领导负责制，由总监或主席负责，完全不同于美国"政府管制机构实行多人负责制，并且由一个统一的管制机构对各产业进行管制活动"，[1]所以上级部门通过人事任免可以对监管机构的行为加以制约。为保证政府管制的正确进行，防止监管行为过当或者不足，英国政府专门成立有"管制政策监督委员会"，为政府提供管制建议。该机构通过对监管情况和现实状况的分析评估，向政府提出加强

---

〔1〕王俊豪：《英国政府管制体制改革研究》，上海三联书店1998年版，第340页。

监管或者放松监管的建议。再有，通过政务透明化制约权力。英国首相要求所有的政府部门和机构充分公布各项开支使用情况信息，接受公众监督。政府机构开支信息的公布要遵循四个原则：透明、责任明确、明白易懂、一致性。透明化可以使公众监督政府机构是否值得信任，是否尽到了自己的职责。

（3）通过司法审查进行权力监督。议会对行政机关行为的监督仅限于重大事项，对一般的行政问题很难有时间和精力去一一解决；行政机关内部监督由于缺乏独立性，可能无法形成公信力，所以司法审查监督是最终手段。司法审查在英国有两种途径：一是向行政裁判所提起诉讼；二是向普通法院提起诉讼。①行政裁判所对行政权力行使的审查。通过向法院提起行政诉讼的方式进行维权存在程序复杂和成本高的问题，所以英国设置了行政裁判所来接受公民的行政投诉。行政裁判所具有诉讼程序简便，适用法律灵活，办案时间短、费用低，专业化的特点，很有利于解决日渐纷繁的行政争议。学界曾对行政裁判所的性质有不同的看法，一部分人认为它是行政机构的一个部门，而法律工作者认为其应该是司法机关。2015年《宪法改革法案》确立了行政裁判所依法独立行使裁判权的原则，2007年《裁判所、法院执行法案》进一步明确规定司法独立原则适用于裁判所人员，因此，"无论从性质上还是技术上，裁判所实际上就是一个法院"。[1]行政裁判所都是依据议会法律成立的，如依据1958年《禁止欺诈（投资）法》第6条而设立的调查裁判所、依据1956年《估价和地方税（苏格兰）法》而设立的估价上诉委员会、依据1960年《民用航空（签发许可证）法》第1条而设立的空运签证委员会、依据1947年《农业法》第73条

---

〔1〕郑磊、沈开举："英国行政裁判所的最新改革及其启示"，载《行政法学研究》2009年第3期，第129页。

设立的农业耕地裁判所、依据 2002 年《企业行为法》设立的竞争事务上诉裁判所等。[1]行政裁判所审理案件的程序与法院相同，采取对抗制，不受法院证据规则的限制，裁决以多数通过为原则。②普通法院的司法审查。公民权利受到侵害时，一般是向普通法院提起诉讼维权。行政机关侵害公民权利如果构成普通法上的诉讼原因，公民可以通过向普通法院提起一般诉讼得到权利救济。公民针对行政机关提起司法诉讼的主要原因有两个：一是行政机关的权力行使不符合程序规定；二是行政机关权力行使违反法律的实体性规定。在行政程序违法方面，例如，行政机关针对公民或企业作出的行政决定没有说明理由，法院认为其不说明理由是因为没有理由，或者说明的理由存在法律错误，法院可以因此撤销行政机关的决定。行政机关违反实体法的表现主要有：①超越管辖权的范围；②不履行法定义务；③权力滥用；④记录中所表现的法律错误。权力滥用的情况在英国判例法中主要包括：①行政行为不符合所依据法律的规定目的；②行政决定或者裁定的作出没有考虑应当考虑的事实，或者考虑了不应当考虑的事实；③行政决定不合理。[2]

---

[1] 行政裁判所负责对行政机关的决定进行审查裁判，例如，竞争事务上诉裁判所可以受理和裁决：①由于竞争和市场监管局或者电信、电力、天然气、水、铁路、航空运输服务、支付系统、卫生健康服务、金融服务等领域的监管人，根据英国 1998 年《竞争法》作出的行政决定而产生的争议引起的上诉；②对由国务大臣等依据 2002 年《企业行为法》作出的有关合并和市场调查的审查决定提起的上诉；③对依据 2013 年《金融服务（银行改革）》第 76 条和第 78 条和 2015 年《支付卡交易费用条例》（第 2015 年第 1911 号）第 10 条和第 11 条由支付系统监管机构（PSR）作出的确定性决定提起的上诉……总共有 13 项职能。Competition Appeal Tribunal-About the Tribunal http://www.catribunal.org.uk/242/About-the-Tribunal.html 2017/11/23.

[2] 王名扬：《英国行政法》，中国政法大学出版社 1989 年版，第 173 页。

三、德国行政主导模式

德国市场监管权力集中在德国联邦政府手中，是一种以行政机关为主体的监管模式。在14个联邦中央部委中，具有经济管理权限的主要有：联邦司法与消费者保护部、联邦财政部、联邦经济事务与能源部、联邦经济合作与发展部、联邦食品与农业部。这些部委在市场监管方面的主要职能不同：

（1）联邦司法与消费者保护部（BMJV）负责市场监管立法。作为一个行政立法专门机构，在法律授权内制定有关民法、商法、经济法、刑法和程序法等领域的法律；除此之外，联邦司法与消费者保护部最重要的任务之一就是对其他部委起草的立法进行合法审查，以便与宪法、国际法、欧盟法和联邦现有法律保持一致，同时，还要对各部委立法起草的合规性也进行监督，确保采用统一的风格和明确的法律语言。自第十八届立法会开始以来，该部在联邦政府内部还负责消费者保护政策的制定，其目标是为安全和自主的消费者活动创造条件。为了减少企业与消费者之间的结构性失衡，该部重点是确保产品和服务的透明度、可理解性和可比性，其主要手段是通过制定法规来创造一个安全的环境，禁止欺诈和欺骗，并提升消费者的市场地位。除了立法和实施权力之外，其他重要手段还包括支持各利益相关方之间的对话以及促进消费者信息交流和意识增强。联邦司法与消费者保护部内部共设置了6个总局，其中"消费者政策第五总局"（Directorate-General Ⅴ，简称：DG Ⅴ）专门负责在法律和商业领域的消费者利益保护，首要的是信息、金融服务、能源和运输、卫生和社会服务等关键行业领域的消费者权利保护。除此之外，关注的其他关键问题还包括消费者信息、消费者意识、消费者研究和消费者保护的实施。消费者政策第五总局还全面负责监督《欧共体消费者保护实施法》《消费者政策报告》和《改善健康相关消费者信息法》（VIG）在实施过程中对消费者保护的影响。"商业和经济法律第三总局"（Directorate-General Ⅲ）负责市场监管领域的立法，如商业法、公司法、保险合同法、专利法、实用新型法、外观设计法、商标法、不正当竞争法、著作权法、税法的立法，2008年以后加强了"金融监管法"和"金融与经济危机应对法"方面的立法工作。

（2）联邦财政部作为收入管理方面的最高联邦权力机构，其权力覆盖联邦财政、预算、税收、金融市场管理、国有资产管理、中央和地方财政关系等方面。在市场监管方面，内设"第七总局"负责金融市场政策的执行，主要职权是管理联邦债务，包括为金融市场和私人投资者发行证券，以确保在需要时按市场价格获得预算信贷额度；负责德国央行和欧洲央行；通过资本市场政策形成金融市场的法律框架，并对德国金融监管机构进行法律监督。下设专门的独立综合性监管机构"联邦金融监管局"（BaFin），负责金融市场的各个环节，包括行为规范和审慎监管，主要目标是通过监管，在国内和国际上限制德国金融体系的风险，确保德国金融体系的运作正常、稳定和完整，保证投资者对金融市场的信任。从2016年1月1日起，新颁布的《零售投资者保护法》赋予了联邦金融监管局广泛的新权力。出于消费者保护等领域的新职责，联邦金融监管局的大部分组织都进行了重组，并专门在其内部证券监管部门新设立了两个消费者保护分支机构：投资监管部（WA4）和消费者保护部（WA6）。

（3）联邦经济事务与能源部的主要职能是负责制定德国的经济和产业政策，同时，还负责市场反垄断监管工作。其内部设置有专门反垄断机构"联邦卡特办公室"（BKartA），统一负责德国的市场竞争限制问题。该机构的职责为：实施对卡特尔的禁令、合并控制、控制主导或强大公司的滥用行为、审查联邦颁发公共合同的程序（自 1999 年以来）。2005 年后，该机构被赋予新的职权，可以主动发起对某一行业的竞争状况调查，无需依赖个人诉讼。另外还设立有"联邦网络局"（BNetzA）负责联邦电力、天然气、电信、邮政和铁路网等行业的反垄断工作，确保市场主体以公平和非歧视的方式进入网络，促进这些领域的竞争。其具体职权为：电力和燃气输送网络费用的审批、消除妨碍供应商和消费者进入能源供应网络的障碍、切换供应商相关流程的标准化以及改善新电厂连接网络的条件。

（4）联邦食品与农业部承担食品行业消费者权益保护工作。该部主要职能涉及的内容有：①食品营养、产品安全与创新；②食品安全、动物健康；③农村发展、农业市场；④生物经济、可持续农业和林业；⑤欧盟政策、国际合作、渔业。2001 年德国总理通过组织法令，将消费者保护职能由联邦卫生部转移给食品与农业部后，该部承担起了食品消费领域的消费者权益保护工作。其内部设立有"联邦消费者保护与食品安全局"，主要负责建立全国食品安全预警机制，协调全国食品监管和植保产品、兽药和转基因生物的审批工作。另一"联邦农业食品局"（BLE）负责：①有机农产品检验机构的授权和检验人员的授权；②要求食品质量、透明度和可追溯性达标，监督食品是否符合市场销售质量标准和标签要求，并对水果和蔬菜进行特殊合格检查。此外，联邦农业食品局还是牛肉生产合格的认证与监督机构。③食品、农业、林业和渔业产品的相关许可证和授权书的颁发。[1]

---

〔1〕　以上德国市场监管组织信息均来自于德国政府官方网站：Federal Government ｜ Chancellor https：//www. bundesregierung. de/Webs/Breg/EN/Chancellor/_node. html 2017/ 11/29.

与德国市场监管权力主要集中在政府部门的特点相适应，该国对政府市场监管权的法律规制主要从立法、行政和司法三方面进行。

（1）从立法权力角度对政府市场监管权的规制。市场监管权作为一项行政权力必须依法行使，德国《基本法》第20条第3项规定，行政和司法应遵守正式法律和其他法律规范，对于违反该原则的任何人，所有德国人均有抵抗权。第73条和第74条将联邦广大法律的制定权授予议会，同时，基本法也授予政府对行政法规的立法权。同时，其第80条规定，联邦政府、联邦部长或州政府可经法律授权颁布行政法规，联邦参议院甚至可以直接向联邦政府提出颁布行政法规的提案。第84条第2项规定，联邦政府经联邦参议院批准可公布一般行政规定。可见，议会可以通过立法控制政府的市场监管权力的行使，即使政府在某些方面可以独自颁布经济监管法律，但这种自我权力被严格限制在授权的内容、目的和范围内。"无论如何，核心性的决定必须由议会作出；只有具体实施办法可以由行政机关负责制定，而行政法规又必须在任何角度都受其授权法律的限制。基于授权法律以及在一些其他情况下颁布的行政法律，除联邦法律另有规定，均需取得联邦参议院的批准。"[1]德国联邦政府的特别之处就是设立有"联邦司法与消费者保护部"专门负责行政立法工作，既包括在授权范围内进行法律起草工作，还对其他中央部委的立法草案进行合宪和技术性指导监督。

（2）市场监管权的监督应该是一种常规性监督，议会只能在重要的方面对市场监管权进行监督，没有时间和精力去步步紧盯政府机关的经济管理行为，所以，对市场监管权的监督只

---

[1]　[德] 弗里茨·里特纳、迈因哈德·德雷埃尔：《欧洲与德国经济法》，张学哲译，法律出版社2016年版，第221页。

能由政府自己来做。根据德国《基本法》第 65 条的规定，联邦总理制定政策准则并对此承担责任，在该政策准则范围内，联邦各部部长独立领导各自主管部门工作并承担责任，联邦总理根据经总统批准的议事规则领导政府工作。从该规定可以看出，负责市场监管的联邦各部在遵守政府政策的前提下，对市场监管工作是独立负责的。对于市场监管权的不当行使，由各部部长承担领导责任，严重情况下，可由总理提名免职。日常的经济监管权力行使过程中，各部内部建立有权力监督机制。以联邦金融监管局为例，作为下属机构在外部受联邦财政部的领导监督的同时，其内部又有一套自己的权力制衡机制。首先，建立有行政理事会，监督金融监管局的管理，支持金融监管局履行监督职能，负责金融监管局的预算，并且金融监管局的主席要定期向行政理事会报告监管活动执行情况。该行政理事会的成员有 17 人，分别来自联邦财政部、联邦经济事务与能源部、联邦司法与消费者保护部、金融行业协会、受监督的金融实体的代表和其他方面的专家。其次，还设立有顾问委员会、消费者咨询委员会、金融稳定委员会、保险咨询委员会、证券委员会、收购咨询委员会、异议委员会，这些机构向金融监管局提供监管信息分析、监管建议和监管决定复议。

（3）对政府市场监管权力不当行使的司法救济。德国《基本法》第 19 条规定，无论任何人，其权利受到公共权力侵害的，均可以提起诉讼。如无其他主管法院的，可向普通法院提起诉讼。同时，德国《行政法院法》第 40 条规定，一切未被联邦法律划归为属其他法院管辖的非宪法性质的公法上争议，对之均可提起行政诉讼。州法律范畴的公法争议，也可由州法律划归其他法院管辖。以上法律规范明确肯定了受政府行政行为影响的企业、组织和个人可以通过司法诉讼维护自己的权利，而且法律将行政诉讼的管辖权主要交给了专门设立的行政法院。公众行政诉讼的类型有：确认行政行为无效之诉、负义务之诉、确认之诉、针对行政机关违反程序规定的诉讼。行政法院受理涉及行政争议的诉讼是德国行政法律救济的一般原则，但是，在市场监管法的救济规定中却有一些例外。如针对反垄断执法机构的裁定行为作出的诉讼请求，依据《反限制竞争法》第63条规定，由设立有专门的反垄断审判庭的州高级法院管辖。对政府部门限制竞争性质的决定提起的诉讼，一律向州高级法院提起，并由其招标庭进行审理。针对联邦金融监管局的行政行为提起的诉讼，依据《有价证券收购法》第48条第4款规定，由法兰克福州高级法院管辖。普通民事法院按照法律授权也可以受理某些行政诉讼案件，如因为违反《有价证券收购法》第66条提起的民事诉讼，违反《反限制竞争法》第33条规定的损害赔偿排除妨害以及不作为之诉。[1]

第三节　我国市场监管权法律规制的模式选择

在介绍了几个典型发达市场经济国家对政府市场监管权的规制方式之后，我们接下来要考虑一下我国应该如何在机制设计上对市场监管权主体行为加以规制。我国市场经济只发展了30多年，政府对市场的关系把握还在摸索之中，因此在构建市场监管权力监督机制方面需要将一般规律与本国特点结合起来。

---

〔1〕　[德] 弗里茨·里特纳、迈因哈德·德雷埃尔：《欧洲与德国经济法》，张学哲译，法律出版社2016年版，第245页。

一、市场监管权法律规制模式选择的反思

"徒法不足以自行"，再好的法律也必须靠人来实施。市场监管权的规制并不是有良好的法律就能够起到监督权力的作用，还是需要靠具体的权力监督机制来起到"法律规制"的作用。市场监管权法律规制的模式虽然在字面上可以理解为对法律本身的内容设计，但是在具体的实践中还是表现为一种权力监督机制方式的选择。在一定程度上，对市场监管权力的法律规制是与行政权力的监督机制相互呼应的，这是因为基于立法授权的存在，立法机关和行政机关都可以出台规制监管权力的法律文件，这就导致了法律规制与政府监管机制的重合。当然，国家立法机关制定的行政权力监督法律具有最高权力效力，行政机关制定的自我权力监督规则的效力低于立法机关的相应性文件。

市场监管权法律规制模式存在两个方面的含义：一是法律制度的法律规制，即法律法规如何起到对市场监管权主体的监管行为的规制作用，如何通过良好的立法约束监管权的运行；二是组织机制上的法律规制，即如何通过监督机制设计使得市场监管权得到监督制约。

法律制度意义上的市场监管权法律规制主要是从立法内容上来考虑的。比如，规制市场监管权的法律应该通过什么样的法律形式来体现？法的价值和原则是什么？法律关系的主体、客体、权力（利）义务如何确定？法律责任有哪些？组织机制上的市场监管权法律规制考虑的是监督市场监管权的机关应该包括哪些内容。例如，行政机关的内部监督、立法机关对行政机关的监督、司法机关对行政权力的监督。行政行为是依法有据的，对行政机关的权力监督也是有法可依的，这个法可以是

立法机关所立之法，也可以是行政机关自己所制定的规范性文件。两相印证，对市场监管行政权力进行监督的规制性法律的制定权也是和权力监督机制的框架结构相吻合的。

在理清了市场监管权法律规制模式的双重含义之后，我们回到市场监管权法律规制模式的选择问题上来。与法律制度相联系，市场监管权法律规制模式选择是一个多层次的权力监督立法模式选择问题；与行政监督体制相联系，市场监管权法律规制模式选择是一个国家行政权力监督体制模式选择问题。最后引出的问题是，对于市场监管权法律规制的模式，我们能不能搞一套自己独有的东西，实施一个特有的中国式的市场监管权法律规制体制模式？答案是否定的，原因就是市场经济体制是一种普遍性的经济价值观，具有全球性的因素，它所造成的政府与市场的关系选择也具有广泛的一致性。思考中国的市场监管权力规制的问题必须从全球市场经济这个视角出发，因为"中国在进入世界结构之后，这个结构改变了中国问题的性质，也改变了我们看待中国问题的方式和角度"。[1]

孤立地选择我国的市场监管权规制方式是不可取的，应该吸收借鉴其他市场经济发达国家监督政府市场监管权行使的做法。例如，我国政治体制中，人民代表大会作为国家立法机关对行政权力履行监督职权，行政机关自身也有自己的一套上下级之间的监督机制，同时，人民代表大会制定宪法性文件来规范行政权力的行使，行政机关制定行政法规等规范性文件来规范自己的日常行为。与市场经济发达国家相比，我国对市场监管行政机关的监督机制也是大同小异的。如以美国为例，每当成立一个行政机关，国会立法机关都会以法律明确规定其职权，

----

〔1〕 邓正来："中国法学的发展与世界结构"，载《现代法学》2006年第6期，第46页。

行政机关不得超越职权范围行事。《美国行政程序法》第706条规定，行政机关实施行政行为，作出行政裁决和决定，如超出法律规定的管辖范围、权力或限制，或者缺少法定权力，法院在司法审查中应宣布其为非法。美国议会可以通过法律控制、预算控制和立法否决等正式手段对行政机关进行控制。法律控制就是对行政机关的设立、职能、行政程序和对其的委任立法予以明确的法律规定。[1]立法否决是美国议会立法机关对行政机关的行政立法权的制约制度，行政机关在依授权作出某种行政行为时必须送交议会审查，议会可以保留否决的权力。立法否决是一种美国和英国议会广泛使用的控制行政的方式。在行政机关自我监督上，总统享有国家行政权，能够通过任命政府官员权、要求行政部门提供职务行使的书面意见权，负责监督行政部门忠实履行法律，控制行政部门的行为。同时，各行政机关在法律范围内有制定法规的权力，其中规定行政机关办事程序的程序性规则不需要授权即可制定。[2]

　　与美、英、德三国的政府市场监管权监督机制模式相比，我国对市场经济管理机关的市场管理权的监督方式在总体框架上也是相同的，也就是通过立法机关监督、行政机关自我监督、行政司法监督三方来进行的。虽然在大的框架上我国与市场经济发达国家对政府市场监管权的监督机制模式相似，但是三者在作用力上存在不同。例如，在对经济行政权力的监督上，发达国家议会对行政的监督是主要的方式，尤其在行政机关的行政立法上约束十分严格，立法草案必须得到议会批准才能生效，这就将行政机关的市场干预权力完全控制在了议会权力之下，

---

〔1〕　美国议会专门制定有行政程序监督法律：《行政程序法》《司法审查法》《情报自由法》《私人秘密法》《行政公开法》《联邦侵权行为法》等。

〔2〕　曾繁正等编译：《美国行政法》，红旗出版社1998年版，第239~256页。

行政机关与市场相比完全处于次要地位，行政权力很难插手市场活动。而我国在坚持人民代表大会对权力监督的同时，行政机关的自我约束和内部监督在行政权力制衡机制上占据了重要位置，这可以从国务院20世纪80年代以来所进行的多次行政体制改革看出来。尤其是十八大以来的政府体制改革，基本围绕的是如何规范政府行政机关的各项职责的履行，目的是通过行政改革和权力约束为深化市场经济改革服务，以激发市场创新活力，应对全球经济发展困境。值得注意的是，在一系列的政府体制改革中，主要的推动力量和操刀者是国务院，这是典型的行政机关自我改革的体现，而改革的目的是规范行政权力的自我行使和运行效率。我们在分析市场监管权法律规制模式的时候，虽然考察了典型发达市场经济国家的规制模式，但是不能简单地认为他们的模式必然具有超越于我国模式的优越性。我们应该结合我国经济改革的经验来判断，因为"任何一种严肃的意识形态分析，在没有对历史传统和当代情绪的状况、政治文化恰当本质因素检讨的情况下，是不可能走远的"。[1]

二、市场监管权法律规制模式选择的本土要素

虽然国家权力分权成了世界各国政治制度的共同选择，但是并没有哪一种分权模式成为大家共同模仿的方式，即使是资本主义国家的三权分立政体也存在英美议会制和法德行政首脑制之不同。我国人民代表大会制度之下的社会治理模式可以被称为行政主导型，这是中国国家历史的经验延续和走向现代化的成功经验，也是具有中国特色的国家权力行使方式。在讨论我国的行政权力监督约束机制之时，我们不能盲目服从于西方

---

〔1〕 张英魁：《中国传统政治文化及其现代价值——以白鲁恂的研究为考察中心》，中央编译出版社2009年版，第87页。

的议会政治理论，应该认识到在人民代表大会制度之下，我国的行政主导型经济治理体制具有自己的优势。对市场监管权法律规制的研究应符合我国人民代表大会制度之下的强行政特点，关注行政机关经济权力的合法行使，努力从行政体制的角度来建构政府干预市场权力的监督模式。

从行政体制的角度来建构政府干预市场权力的监督模式根基于我国人民代表大会制度之下的强行政国家治理模式的合理性，此种合理性可以从中华人民共和国成立以来的经济发展历史来加以解释。首先，中华人民共和国成立后前 30 年的计划经济体制确立了政府在社会经济发展中的主导地位。现在我们在探讨市场经济理论的时候，总是把计划经济作为反面材料加以对比批判，但是计划经济却是中华人民共和国建立之后 30 多年的重要经济发展阶段，它所起的重要作用是不能抹杀的。邓小平曾说，计划经济和市场经济不是社会主义和资本主义的区别，两者都是发展经济的手段，资本主义有计划，社会主义也有市场。江泽民也指出，国家计划是宏观调控行为的重要手段，建设社会主义市场经济并不是不要计划，只是要改变过去的计划经济模式，资本主义市场经济国家同样存在计划。中央党校教授程连升在其研究中国计划经济演变史的专著《筚路蓝缕：计划经济在中国》一书中对计划经济作出了评价，中华人民共和国前 30 年实行计划经济是一种历史的选择，计划经济时期对中国现代化进程起到了夯基垒台、立柱架梁的作用，计划经济向市场经济的转变是历史发展的自然逻辑。[1]

对于计划经济在中华人民共和国建立的原因，钟瑛在《新中国成立初期选择计划经济体制的原因与评价研究述评》一文

---

[1]　转引自潘鹏："中国计划经济演变史——《筚路蓝缕：计划经济在中国》评析"，载《中国出版》2017 年第 10 期，第 78 页。

中收集了各种主要的观点。这些观点基本上都认为当时的国内经济和国际环境要求中国必须快速实现工业化，才能解除面临的危险和困境。计划经济的举国体制可以使经济落后的中国在短时间内集中资源，快速地恢复和发展国民经济，建立独立的工业体系。[1]

计划经济的推行依赖一个强有力的超级政府。因为计划管理的对象是整个国民经济——一个极其庞大和错综复杂的有机整体。对这样的一个复杂体制进行管理，就必须有一个复杂的计划管理机制。政府各经济管理职能部门需要完成经济计划的制定、计划的实施监督、生产统一安排、资金统收统支、物资调拨分配、产品统购统销、劳动力统一调拨等。中央集权和指令性计划的采用逐步形成了以中央部门管理为主的集中性计划管理模式。一个行政权力强大的超级政府就是这样形成的，其权力边界显然是没有限制的。

其次，我国改革开放的进程也离不开政府的大力推进，这延续了行政权在国家生活中的主导性地位。与资本主义市场经济发达国家的道路不同，我国的市场经济体制的建立不是自然循序形成的过程，它如过去计划经济体制的形成一样，是在政府的推动下在不长的时间内建立起来的。从党的十一届三中全会决定国家的工作重心转向经济建设，十三大形成社会主义初级阶段的基本路线，再到十四大确立我国市场经济发展道路选择，一直到十八大深化经济体制改革确定市场作为资源配置的决定性地位，每一步改革开放的前进都是党和政府在极力推进，基于此才能完成我国经济体制的每一步转换。以国务院为代表的行政机关作为市场经济改革的政策执行者，依法拥有广泛的

---

[1] 钟瑛："新中国成立初期选择计划经济体制的原因与评价研究述评"，载《中共党史资料》2007年第4期，第165~175页。

行政管理授权，他们对改革政策的推行程度极大影响着市场经济的发展程度。有学者这样描述政府在经济改革中主导地位延续的原因：由于政府是传统计划经济体制的逻辑起点，是计划经济体制的构建者和执行者，所以改革必定是政府主导的，只有政府下定决心推动，改革才能发生。"传统计划经济体制的中国特色实际上已经历史地决定了中国经济体制改革的目标指向和路径特征，即以经济市场化为方向，在路径上采取政府主导，从农村集体经济层面率先突破，自下而上推进。"[1]我们看到市场经济改革一直在向政府简政放权的方向迈进，经济行政权力在直接的市场活动干预方面不断退缩，但是在宏观调控方面政府职能正在日益扩展。另外在中国这样一个地域广阔、经济庞大的超大型国家，要保持全国经济市场的统一、竞争秩序的稳定、经济危机的解决和维护企业国际经济竞争利益，一个强有力的政府存在是绝不可少的。

从上述对政府行政权力在我国经济社会生活中的重要地位可以看出，对政府市场监管权法律规制的机制模式设计要重视经济管理机关的自我监管工作。在发挥人大立法机关对行政权力监督制度的前提下，建立行政机关的内部监督制约机制是重中之重。这是我国强行政社会治理模式与资本主义市场经济国家的不同之处。

三、行政中心主义模式对我国市场监管权规制法律的影响

"行政中心主义的市场监管权法律规制模式"对市场监管权法律规制的法律规范制定的影响有两个方面：一是人大立法机关如何实施好对政府行政机关的立法授权，使政府市场监管权

---

[1] 赵凌云："1949—2008年间中国传统计划经济体制产生、演变与转变的内生逻辑"，载《中国经济史研究》2009年第3期，第33页。

能够依法进行；二是政府如何运用好市场监管授权，使自己的市场监管职能能够规范运行。如上所述，权力制约模式既是一个监督机制问题，也是一个法律问题，因为任何形式的国家权力监督都必须有法可依，需要建立在法律规定的基础之上。

（一）对人大立法机关市场监管行政授权的影响

《宪法》规定了国家立法权属于人民代表大会，国务院行政机关具有国家行政权。行政行为的首要原则是依法行政，行政机关的行为所依据的法律首先是全国人大立法机关所制定的基本法律，但是在实际运行中，行政机关更多的是依据行政法规和规章等行政立法。

在市场监管法律制度上，人大立法机关制定了市场经济基本法律，给政府干预市场指明了基本的准则，但是，这些市场经济法的具体实施一般还需要行政机关制定规则加以细化。例如，我国《反垄断法》是由全国人民代表大会常务委员会制定的，可是如果没有其他配套法律的规定，反垄断法很难在实践中实施。商务部原反垄断执法局在之后制定了一系列的具体规则，才能将反垄断法的抽象条文具体化。这些条文主要有：《经营者集中申报办法》《经营者集中审查办法》《关于经营者集中申报标准的规定》《关于经营者集中附加限制性条件的规定（试行）》等。更多的是许多市场经济法律根本没有被人大制定出来，一般就交给了国务院行政机关先试先行地自己制定行政法规，这就等于实质上将市场经济管理的主导权交给了行政机关。

随着市场经济的复杂化，立法机关将监管市场的权力授权给行政机关的现象将会变得非常普遍。虽然这种授权可以灵活应对市场经济活动的千变万化，但是由此而产生的问题是：在大量的授权行政立法的情况下，立法机关如何监督其指定的市场经济法律不违反宪法和国家经济政策，以防止经济行政权力越位？

在授权监督上，《立法法》第 97 条第（二）项规定："全国人民代表大会常务委员会有权撤销同宪法和法律相抵触的行政法规，有权撤销同宪法、法律和行政法规相抵触的地方性法规，有权撤销省、自治区、直辖市的人民代表大会常务委员会批准的违背宪法和本法第七十五条第二款规定的自治条例和单行条例。"第 98 条规定，行政法规需要报人大常委会备案。备案是对行政法规是否符合宪法和授权进行审查，撤销是对违反宪法的处理。然而，如果没有明确的授权程序性规定，对行政立法的审查可能会达不到应有的效果。

为落实人大对政府市场监管立法的监督，应当在进行行政授权之时保留"人大批准制度"，对涉及市场主体重大利益的经济立法只有经过人大批准，国务院才能发布施行。在具体的授权方式上，应该改变以前的一揽子抽象授权模式，而仅将具体的市场竞争秩序的维护权交给行政机关，以保证立法机关维护市民社会基本经济权利的地位。

另外，全国人大可以建立专门的市场经济法律审查委员会，对容易引起争议的市场监管行政法规、部门规章和地方性法规进行审查。委员会在审查之时可以进行充分的辩论，制定机关要对质疑做出解释，最后进行不记名投票以决定是否批准该项法律。

（二）对行政授权市场监管立法的影响

既然宪法授予了行政机关广泛的行政管理权以及便宜行事的行政法律、法规和规章的制定权，那么行政机关在制定过程中对自己权力的越权自我授予或者搞其他模糊性的市场权力扩展，就产生了极大的可能性。在市场经济社会，市场管理权力是最与经济利益挂钩和最广泛的权力，整个行政机构和立法机构之间会产生市场争权，行政机关内部各级政府和各行政部门之间也会产生市场争权。在行政有法可依的要求下，我国行政立法权力过于扩张，从中央到地方各级政府、各部门、各层次都有行政职权性立法权。在立法授权上，授权范围过于笼统，授权决定往往缺乏明确权限限制。行政机关制定监管规则的同时又垄断了对行政法律法规和规章的解释权，[1]这样更容易造成市场监管权力的不当行使。

（1）立法理念方面。为规范行使市场监管权力，行政机关应按照授权的范围和权能内容制定法规，自觉搞好市场监管行政立法。由于我国行政机关权力很大，人大在人员和工作机制上力有不逮，人民政府应该以党中央关于经济体制改革和政治体制改革的文件精神为指导，自觉履行好市场监管规则制度的设计，而不能仅仅被动地依靠人大的监督。在行政立法中，行政机关应以市场经济理念和简政放权、放管结合、优化服务的思想，时刻审视自己的各项市场监管职权内容。我国行政机关和人大之间只是分工有所不同，不同于外国的政治分权，所以行政机关在对市场监管权的制约上在很大程度上需要依赖自身的监督机制，以符合我国政治体制中的社会治理分工要求。

（2）依法监管方面。为在市场经济立法中规范权力运行的规则，监管立法在制定过程中应重视程序规则。从一般原则上说，在法律对权力的约束上，我国要实现以权利制约权力，就必须依靠正当法律程序制约权力，要制定统一的行政程序法典和各个行政领域的单行行政程序法律，使政府工作制度化、法制化，依程序规范政府部门的行为。[2]从现实状况来说，我国市场经济体制改革进入到了深水区，社会对市场运行规则的认

---

[1] 袁明圣："行政立法权扩张的现实之批判"，载《法商研究》2006年第2期，第49页。

[2] 姜明安："正当法律程序：扼制腐败的屏障"，载《中国法学》2008年第3期，第45页。

识产生了分歧，企业和资本希望政府对市场的管制越少越好，放开市场主体的手脚，开放各类市场，由企业家决定市场经济的走向。反过来，政府对资本和企业的失望越来越大，政府所肩负的社会责任得不到企业家的配合，各种扰乱市场秩序危害全体社会的事件不断出现，政府对企业家的唯利是图本性很不放心。几十年的改革开放之路走到现在，社会最大的问题是政府与市场共识的不再，市场和政府之间的关系产生了很大争议。

社会冲突的解决不能仅仅诉诸外在价值的争论，形成社会共识的方法最终必须依靠"正确的"法律，而正确性法律的形成必须"通过内置于法律系统本身的人为共识的机制来获得正确性，这就是法律商谈，而商谈的核心要素在于程序"。[1]这首先就需要通过行政立法程序规制，吸引市场主体参与到市场监管法律的制定之中，使社会成员可以对法律的立法过程各抒己见，以减少行政机关将部门私利正当化的机会；其次，市场监管法律应该重视程序内容的规定，使得监管机构必须严格按照程序性规定进行监管执法，市场主体也可依据程序性规则保护自己的权利。

四、市场监管权法律规制模式的我国选择

对市场监管权的监督机制不能脱离我国的政治体制框架，同时我国的政治体制框架也是建立在现代文明国家政治体制普遍价值基础上的，这即是权力分工、民主监督。在这一普遍的政治体制架构上，对市场监管权力的监督也应如同发达市场经济国家一样，发挥立法机关、行政机关和司法机关的合理作用。同时根据我国的实践经验，在具体的措施上建立符合我国经济

---

〔1〕 雷磊："法律程序为什么重要？反思现代社会中程序与法治的关系"，载《中外法学》2014年第2期，第319页。

权力监督的机制模式。

（1）权力分工型的监管体制是市场监管权法律规制模式的基本选择。我国的市场监管权法律规制模式要发挥社会主义政治体制分工合作的制度优势，在人民代表大会立法机关的统领下，加强监管基本立法，加强行政机关的廉洁自律，完善行政诉讼制度，共同起到对政府市场监管权力的规范作用。

第一，立法机关监督。我国宪法规定人民代表大会享有最高立法权和政府首脑的任命权，在国家与市场关系的角度上就是说其拥有市场监管的基本立法权，同时还拥有对政府行政机关的完全监督权。《立法法》第8条第（九）项规定，对于基本经济制度以及财政、税收、海关、金融和外贸的基本制度只能由全国人大制定法律，其他机关无权制定。那么有关市场监管的基本制度就必须由人大立法。《银行业监督管理法》《反垄断法》《反不正当竞争法》等一些涉及市场监管规定的基本立法都是由全国人大制定的。在对行政机关的监督上，全国人大有权决定和罢免政府首脑，全国人大常委会有权监督国务院的工作，撤销国务院制定的与宪法法律相抵触的行政法规、决定和命令。

第二，行政机关自我监督。宪法规定国务院实行总理负责制，各部委实行部长、主任负责制，由此在市场监管权力依法运行方面，行政一把手是第一责任人。《宪法》第89条规定，国务院规定各部委的职责，统一领导各部委的工作，统一领导地方行政机关的工作。尤其是第89条第（十三）项和第（十四）项规定，国务院有权改变或者撤销各部委发布的不适当的命令、指示和规章，改变和撤销地方行政机关的不适当的决定和命令，这项规定明确了行政机关系统内部的监督机制的基本方式。在行政机关上下级的关系上，地方政府各部门受人民政府统一领导，依法接受上级主管部门的业务指导和领导，并受国务院主管部门的业务指导和领导。这是一个环环相扣的体系。

第三，司法机关对行政的监督。我国司法部门并没有如同资本主义国家那样的司法对议会立法和行政行为的审查制度，因为我国宪法规定权力属于人民，人民代表大会是人民行使当家作主权力的保证，司法需要服从人民而不能审查人民。但是在对行政权力合法行使监督上，司法是能起到约束作用的，我国行政诉讼法给予了行政行为的当事人可以通过提起行政诉讼保护自己的权益的权利。

（2）在上述监督机制基础上，我国行政机关自我监督的作用非常重要。立法机关监督只能是对重要事项的监督，日常性监督还是需要由行政机关自我规制。尤其是因为我国行政权在国家生活中具有举足轻重的地位，突出的行政机关自我监督成了我国的特色。从法律规定上说，我国宪法赋予了行政机关大量的行政权和立法权，在使其享受权力之桂冠时也使得对其的监督变得比较困难。此种行政中心主义的政治体制，既体现了超大型国家管理的灵活性和强力性，也导致了行政权力的不受约束性加大。宪法文件对我国行政机关的领导架构是上级机关领导下级机关，行政机关实行首长负责制。这种领导不但是对具体行政行为的指导或者领导，而且还是对抽象性行政行为的行政性规章、命令出台的指导或者领导。

因此，我国的市场监管权法律规制模式应当采取行政中心主义下的立法、行政和司法的三元结合模式，其中以行政机关的自我监督作为日常规范的重点机制设计。当然，行政中心主义仅仅是对权力监督机制的主要环节的表述，任何权力监督都不能脱离人民主权原则下的立法机关决定行政权力行使的国家根本政治框架，如何监督和构建行政自我监督机制还是只能由立法机关来决定。

第三章

市场监管权主体的法律规制

第一节　市场监管权主体

一、市场监管权主体的概念

法律主体在法律关系中占有重要地位。张文显主编的《法理学》教材将法律主体解释为："法律关系中的主导因素。没有法律主体，法律关系就无从谈起。在很多情况下，法律主体直接决定着法律关系的形成、产生和发展。"[1]公丕祥在《法理学》教材中写道："法律关系主体，指法律关系的参加者，即在法律关系中享受权利、承担义务的人。"[2]李龙主编的《法理学》写道："法律关系的主体，即法律关系的参加者，是法律关系中权利义务的承担者，享有权力的一方称为权利人，承担义务的一方称为义务人。"[3]周旺生主编的《法理学》教材这样解释法律主体："什么叫法律关系的主体呢？法律关系主体即法律关系的参与者，是法律关系中依法享有权利和承担义务的人和

---

〔1〕　张文显主编：《法理学》（第 4 版），北京大学出版社、高等教育出版社 2011 年版，第 113 页。

〔2〕　公丕祥主编：《法理学》，复旦大学出版社 2002 年版，第 450 页。

〔3〕　李龙主编：《法理学》，武汉大学出版社 2011 年版，第 314 页。

组织。法律关系主体又称为'权义主体'，其中权利享有者为权利主体，义务承担者为义务主体。"[1] 朱景文主编的《法理学》认为："法律关系是主体之间的法律上的权利与义务关系。"[2]

不同于我国法学家从正面来解释什么是法律主体，外国法学家是从权利与义务的角度来迂回解释什么是法律主体的，但是两者都是围绕权义内容展开的。如凯尔森认为，法律上的人的概念是在陈述实在法时所使用的并且同法律义务与法律权力概念密切联系着的一般概念。它体现了法学思想不满足于仅仅看到某种人的行为与不行为组成义务与权利的内容，还需要存在某个具有义务与权力的人物。[3] 法律需要将作为权利与义务的"质"与作为"实"的人结合起来，来表述法的内容。奥斯丁在《法理学讲义》中写道："一切权利归属于人，乃是对其他人作为或不作为的权利。"[4] 人是权利的载体，不存在没有人的权利和义务。拉伦茨将法律关系称为人与人之间的法律纽带；哈丁认为一项法律关系如果不与另一人发生关系，那么此项法律关系就是无意义的。[5]

法律关系的三要素由主体、客体、内容构成。没有法律主体，就不会有人的意识支配下的行为产生，也就不会与另一人产生社会关系，也就产生不了当事人之间的社会法律关系。立法是对人的关系的规范，人与动物之间是不会有法律关系存在

---

[1] 周旺生主编：《法理学》，西安交通大学出版社 2006 年版，第 300 页。

[2] 朱景文主编：《法理学》，中国人民大学出版社 2008 年版，第 430 页。

[3] [奥] 凯尔森：《法与国家的一般理论》，沈宗灵译，中国大百科全书出版社 1996 年版，第 105 页。

[4] 转引自 [美] 霍菲尔德：《基本法律概念》，张书友编译，中国法制出版社 2009 年版，第 136 页。

[5] 转引自 [德] 迪特尔·梅迪库斯：《德国民法总论》，邵建东译，法律出版社 2000 年版，第 51 页。

的。民事主体的行为形成了民事法律关系，经济法主体的行为形成了经济法律关系，法律关系的形成又在当事人主体之间形成了权利与义务的彼此承担。"只有在法律主体积极的、主动的行为之下，法律所拟制、规范的社会生活才可望得以实现。"[1]

经济法主体由于主体类型的多样性，在各个主体之间形成了不同的权力（利）、义务关系。比如，在经济管理机关和市场主体之间形成了权力与义务关系，经济管理机关因为其拥有的经济管理职权而成为经济管理权主体，市场主体因其服从而成为经济管理受体。具体到市场监管法律关系中，拥有市场监管权力的监管者成了市场监管主体，作为被监管对象的市场主体成了市场监管受体。由此，我们可以将市场监管权主体定义为：在市场监管法律关系中，依法对市场主体的经营活动拥有市场监管职权的行政机关或者社会性组织。

二、市场监管权主体的特征

经济法学者对经济法主体与民法主体的特征进行了对比分析，理清了经济法主体的自有特性，显示了经济法作为一个独立部门法的客观性。如漆多俊在《经济法基础理论》一书中将经济法的主体特征概括为：主体种类的广泛性和多样性、主体地位的不平等性和相对固定性、主体资格的对应性与双重性。[2]杨紫烜主编的《经济法》教材将其概括为：主体外延的广泛性、主体资格的重叠性、主体形态的多样性、主体能力的差异性。[3]

---

〔1〕 胡玉鸿："法律主体概念及其特性"，载《法学研究》2008年第3期，第18页。

〔2〕 漆多俊：《经济法基础理论》（修订版），武汉大学出版社1997年版，第206页。

〔3〕 杨紫烜主编：《经济法》（第4版），北京大学出版社、高等教育出版社2010年版，第95页。

李昌麒主编的《经济法学》教材将经济法主体特征概括为：主体形式的广泛性、具体性与地位不对等性、身份性与权限配置的不对称性。[1]经济法主体包括：市场监管主体与市场监管受体、宏观调控主体与宏观调控受体，这些特征是将经济法的各类主体互相对比得来的结论，可以说是一种经济法主体群落的总体镜像。具体到每一个主体的单独表现，应该是各不相同的，如市场监管权主体就应该有不同于其他类型经济法主体的自有特点。

（一）主体资格的法定性

市场监管权主体的权力在本质上是公权，公权力的享有必须具有法律依据。"从法律的范围说，公民的权利是，凡法律没有禁止的，公民皆可为之"；"行政机关的职权是，凡法律没有授予的，行政机关就不得为之"。[2]行使市场监管权的主体一般是经济管理机关，是政府的组成部分之一，其代表政府行使职权当然应该有法律的授权。行政机关依法行政代表着"一种使行政活动得到合法化的策略和技术"。[3]没有法律授权，行政机关的成立就是违法的，所行使的权力就是"越权"。如银行业监督管理委员会的职权来源于《银行业监督管理法》，国家反垄断局的权力来源于《反垄断法》。行使市场监管权的经济管理机关成立的法律依据是宪法、组织法或者单独的市场监管立法。

行业协会、证券交易所等类社会团体组织也行使一定的市场监管权，这种权力具有公权力和私权利的二元属性。有学者采用"政府—社会中间层—市场"理论分析认为，行业协会此类的市场监管权来源于市场主体的私权让渡和政府的市场管理

〔1〕 李昌麒主编：《经济法学》，法律出版社2007年版，第118页。
〔2〕 应松年："依法行政论纲"，载《中国法学》1997年第1期，第29~43页。
〔3〕 王锡锌："依法行政的合法化逻辑及其现实情境"，载《中国法学》2008年第5期，第63~77页。

权力的授权，因此社会中间型组织的权力具有双重色彩。[1]其公权属性需要法律规制，其私权属性也因涉及市场主体权利的干预，同样需要法律规制。所以，目前各种行使市场监管权的社会组织的成立和职能范围都有法律的授权。我们可以在《证券法》中找到对证券交易所、证券商协会的监管权力的授权；在《消费者权益保护法》中找到对消费者权益保护协会的授权。另外，我国还有专门的《社会团体行业协会管理办法》，其对行业协会的设立、登记和职能做了一般性规定。

我们正处在一个无法不行的时代，人们的权利意识高涨，对一切干预私权的行为都保持了警惕，要求有法律依据。与市场监管权主体的资格法定性相比，市场主体的资格不具有法定性。按照民法规定，只要能够独立承担民事责任和具有意思自治能力的一切人和组织都能参与到市场经营和消费活动中来，成为市场主体，不需要专门授权。市场主体拥有的私权，属于个人主权和意思自治范围。

（二）主体职权管辖的广泛性

市场监管针对所有商品交易市场，监管职能覆盖范围非常广泛。市场是合法商品交易的场所，交易必须符合竞争规则。对于违反竞争机制造成价值扭曲的行为就必须依法规制。在所有的商品市场中，基本价值规律是相同的，因此就都包含着接受监督的可能性。在市场监管法的部门体系中，既包含一般市场监管法，也包含特殊市场监管法。一般市场监管法为竞争法，特殊市场监管法为行业监管法。竞争法赋予监管主体的监管职权的行使方式和目的在所有的行业市场中是相同的，特殊市场监管法所赋予的监管权内容各不相同。譬如，金融监管职权和

〔1〕 王全兴、管斌："经济法学研究框架初探"，载《中国法学》2001年第6期，第39~49页。

食品安全监管职权的对象、目的、内容、程序、责任是不一样的。每一个市场都需要监管，监管就需要有规制标准，而不同的行业标准带来的是不同行业监管机关的监管权力内容的千差万别。有三百六十行，就有三百六十种行规，也就会有三百六十种监管权力形式。所以，我们可以看到在市场监管法体系中，除了统一竞争法，都是单独的市场监管立法，针对的是一个个不同的行业。

（三）监管权主体形态的多样性

正因为市场种类繁多，行业千差万别，经营行为层出不穷，所以任何一个主体都不能单独承担起全部监管职责，必须由多种机构和组织共同承担，分工负责。公共选择方法研究认为，传统的政府公共部门机构庞大、复杂，所提供的商品和服务成本过高，使政府显得缺乏效率和效能。为解决公共组织在结构方面的低效问题，改革的关键就是分散决策和政策执行的权力，打破政府的大垄断，利用私人组织或半私人组织来提供公共服务。权力分散也可以通过将大的部门分解成若干小的机构或通过职权下放给较低层的政府机关来实现。[1]

纵观我国的经济管理模式改革、变革，基本是沿着简政放权的道路迈进的。原来的集权式的经济管理，演变成从中央到地方政府，从混合管理到分类管理，从政府包办管理到社会分担的多样化监管方式。如我国金融监管的演进历史，就是从中国人民银行的高度集中化监管变革为银行、证券、保险的分业式监管，加以行业协会的配合式监管协作。当然，随着金融市场的混业经营加重，监管也在朝向混业监管迈进，产生了统一的监管机构，如英国的金融监管服务局，或者我国的金融稳定

---

〔1〕〔美〕B. 盖伊·彼得斯：《政府未来的治理模式》，吴爱明、夏宏图译，中国人民大学出版社 2001 年版，第 38～39 页。

发展委员会。然而，混合监管的产生并没有取消分业监管，英国金融服务局已经取消，业务分散给金融政策委员会、审慎监管局和金融行为监管局分管。我国的金融稳定发展委员会也仅仅是个宏观调控机关，具体的监管工作还是由两个监管委员会承担。

（四）市场监管权主体法律资格的多样性

法律关系主体的法律资格，又被称为主体的权利（力）能力，是指法律主体参与到法律关系中，享有法律权利（力），承担法律义务的能力。无论是民商事法律主体还是行政法律主体，都需要具有法律资格，才能成为独立享有权利和承担义务的法律人。市场监管权主体同样应该具有市场监管法律主体资格，方能成为合法的监管法律关系主体。

市场监管权主体法律资格的多样性是指市场监管权主体不但具备市场监管法主体资格，还具备民事、行政主体资格，属于法律主体上的多角色主体。在市场监管法律关系中，市场监管权主体是监管者，拥有市场监管职权，承担监管职责，监管关系的相对人是被监管者，必须服从市场监管权主体的监管。在民事法律关系中，市场监管权主体机关是民事主体，与民事法律关系的另一方当事人是平等的民事主体关系，相互承担民事权利义务。在行政法律关系运行过程中，市场监管权主体可以成为行政法律关系主体，既可以是行使行政管理权的行政主体，也可以是接受行政机关管理的行政相对人。以自己名义行使市场监管权的政府经济管理机关，其成为市场监管法律关系主体的前提是，首先必须是行政主体，其次才能成为政府市场监管权主体。社会市场监管权主体，首先必须能够具有民事主体资格，其次才能成为市场监管权主体。

关注市场监管权主体法律资格的多样性，有利于我们分清市场监管主体机关在现实生活中的行为性质，以及由此承担的是哪一种法律责任。在市场监管权主体参与的法律关系中，分清市场监管权主体机关行使的是哪一种主体资格，也可以使我们明白法律关系主体双方的法律责任承担方式和权利救济方式。

三、市场监管权主体的分类

分类，就是将事物按照种类、等级或者性质分别加以归类，借以将无规律的事物变得有规律。黑格尔说："分类是概念的判断，是已经内在于概念中的规定的建立，从而也就是概念的区别的建立。"[1]在法学上对概念进行分类，是为了更好地认清纷繁多样的制度设计的共同点，掌握它们的规律，以便很好地运用与进一步改进。市场监管权主体的多样化，各自的设立目的、法律地位、职能、承担的责任多有不同。通过分类，可以认清他们的特点，在立法之时能够充分运用和发挥他们的价值作用。

（一）政府市场监管权主体和社会市场监管权主体

按照行使市场监管权的主体的性质不同，可以分为政府市场监管权主体和社会市场监管权主体。政府市场监管权主体是指行使市场监管权的主体为政府的组成部分，其行为代表的是政府的意志，表现的是政府对市场的干预。社会市场监管权主体是指行使监管权的组织不是政府的组成部分，是由私人组成的机构，一般代表的是某个团体或群体的利益。在市场监管权主体分类中，此为最基本的概括，其立论的基础就是政府与市民社会的划分。传统的市民社会理论将社会分为"政治国家与市民社会"的二元结构，并在社会契约论的基础上，将二者的权力（利）与义务做了区分。市民社会中的个体能够按照自己的意思从事生产和生活，不受他人的不当干涉。市民拥有的私

---

〔1〕 ［德］黑格尔《逻辑学》（上卷），杨一之译，商务印书馆1976年版，第44页。

人权利具有本源性，它的取得不依赖于他人的恩赐，具有与生俱来性。

政治国家存在的目的是维护市民的权利不受他人侵害，在市民之间作为一个权利规制的监督者和纠纷的裁决者。政府是市民之间的协议的产物，是市民将个人私权让渡于政府才使得政府拥有对社会干预的权力。市民社会中最主要的活动是经济活动，在满足人生存需要的基础上，形成了我们所见到的一切社会上层建筑。市场经济活动中欺行霸市、扰乱竞争秩序的行为需要有人解决，政府作为一个人们希望的解决纠纷的中正的第三方应运而生。

没有市场失灵就不会有政府市场监管权的存在，政府监管机构在市场监管权力体系中占据主要地位。按照不同层次和门类的市场监管，政府市场监管权主体可以进行不同类别的划分。如按照层级不同，可以分为中央政府监管权主体和地方政府监管权主体。根据经济监管部门的分工，又可以划分为食品业监管、信息产业、房地产业、金融业、广告业等政府市场监管权主体。对于金融行业监管，又可以进一步细分为银行、证券、保险、期货等政府市场监管权主体。

社会市场监管权主体的产生是建基于"政府监管失灵"的理论之上的。政府的"有限理性""部门利益化""权力被赎买""管制成本麻木"等问题的存在，导致政府市场监管权的行使背离人们的期望。现代市民社会理论认为，在政府与市民之间应该有一个中间层主体起缓冲作用，它既能代表政府对市场主体的经济活动进行监管，又能代表市场主体与政府进行谈判沟通。作为社会中间层主体的社会化市场监管权主体就是在政府干预与市场自治之间架起监管和沟通的桥梁。市场监管权社会主体以行业协会为代表，其作用主要是辅助政府市场监管工

作 。如《中国证券业协会章程》规定，协会的宗旨就是在国家统一证券监管的前提下，进行行业自律管理，发挥政府与证券行业之间的桥梁作用。其第 6 条第（七）项规定协会的职责是，监督、检查会员是否有违反证券监管法律、法规的行为，并予处罚。第 7 条规定，协会负责对行业从业人员的资格认定和行为管理。再如《中国食品和包装机械工业协会章程》将其市场监管权规定为："认真开展行业内部的价格自律工作，防止低价倾销、价格垄断及压价招标、价格歧视，维护行业整体利益和消费者的合法权益。"尤其在证券行业中，证券交易所作为一个社会性组织，完全承担了证券交易规则的制定与监督权。概括起来讲，行业协会的市场监管职权有：政府行业政策制定参与权、行业发展向上反映权、行业标准制定参与权、行业经营行为自律规则制定权、行业企业对国家行业法律的遵守情况的监督权等。

（二）一般市场监管权主体和特殊市场监管权主体

根据市场监管权主体的监管权力范围大小，可以将其分为一般和特殊两类市场监管权主体。一般市场监管权主体是指该主体拥有的市场监管权力可以适用于广泛的市场，相关的市场监管法律规范可以适用于普遍的市场经营活动，而不是仅仅局限于某一个特定市场。特殊市场监管权主体是指该主体的监管权力仅仅适用于某个市场，相关的市场监管法律规范仅仅适用于这个市场中的市场主体的经营行为，对于其他的产品市场中的市场主体没有规制力。

现实生活中能够将其监管权力加之于非特定市场的一般性市场监管权主体大致有：反垄断执法机关、市场监督管理部门、物价部门、质量检验检疫部门、标准化行政主管部门、消费者协会等。特殊市场监管权主体按照行业划分种类繁多，如金融机构部门、食品安全监管部门、广告行业监管部门、房地产行业监管部门、卫生医疗器械生产监管部门、汽车行业监管部门、航空业监管部门、交通运输业监管部门、能源市场监管部门、建筑材料生产监督部门等。基本上与人民生活关系比较密切的产品生产和销售市场，都有专门的监管机关进行监督。另外，特殊市场监管主体还包括数量众多的市场经营者组成的行业协会，也承担着对协会会员的市场经营活动的监督管理。两种市场监管主体在监管权行使上的区别如下：

在监管内容上，一般市场监管权主体注重于对市场经营主体的竞争行为进行规制，防止垄断行为和不正当竞争行为的出现；特殊市场监管权主体注重于行业企业的市场进入、设立标准、产品标准、经营行为的监管，竞争秩序的规制不是重点。

在监管理念上，一般市场监管权主体立足于对某一类产品的市场结构平衡的维护，防止出现对正常竞争的破坏，体现了对经济自由和经济公平价值的追求；特殊市场监管权主体更多的是通过监管提升行业市场的服务质量、产品质量，以保护消费者利益，体现的是安全、可靠、稳定的价值观。

在监管法律规范内容上，特殊市场监管权的内容包含大量产品技术性规范。行业的产品和服务要求不同，所需要的技术指标各不相同，反映在法律规定上，就是很多科学技术性标准成了法律标准，并且被监管部门忠实地执行下去。如食品卫生安全标准、银行业审慎监管标准、医疗器械产品标准、证券交易规则、期货风险管理规则等，都是有大量的科学数据作为制度建立依据的。

（三）独立市场监管权主体和行政隶属性市场监管权主体

按照监管部门与行政机关的关系来划分，可以将监管主体分为独立市场监管权主体和行政隶属性市场监管权主体。独立市场监管权主体独立于行政机关，不属于政府的任何一个行政部门，独立行使法律赋予的市场监管权力。如美国联邦储蓄保险委员会、证券交易委员会、商品期货交易委员会等。行政隶属性市场监管权主体虽然在法律的授权内独立履行自己的职责，但是，其在组织上属于行政系统的一部分，受上级行政机关和政府首脑的领导。如美国食品药品管理局、联邦银监局、联邦铁路局、航空局等。

　　王名扬教授在《美国行政法》中将以上两种监管主体分别称为"独立控制委员会和独立机构"，美国参议院政府事务委员会所作的 1977 年报告中将独立控制委员会的特点概括为：①具有监管决定权；②能够独立制定标准或指导路线，对受控对象给予利益或制裁；③监管的对象主要是国内企业；④负责人由主体任命；⑤监管程序受联邦程序法支配。[1]简要言之，独立控制权力机构依照法律同时享有立法权、行政权和司法权。独立控制委员会独立于政府行政部门，只对议会负责。独立机构隶属于总统领导的行政部门，向总统负责，接受其监督。

　　按照独立享有立法、行政、司法权的标准来看，我国反垄断执法机构和金融监管部门属于独立市场监管权主体，其他都属于行政隶属性市场监管权主体。但是，我国任何一个市场监管权主体也不可能独立于政府行政机构之外，不受政府首脑的制约。如中国反垄断局隶属于国家市场监督管理总局，属于部内独立机构；银保监会、证监会属于国务院正部级机构，受国务院的领导。所以，独立市场监管权主体完全独立于政府的原则不适用于我国。

　　（四）职权性市场监管权主体和授权性市场监管权主体

　　按照市场监管权来源的不同，市场监管权主体可以分为职

---

[1]　王名扬：《美国行政法》（第2版），中国法制出版社2005年版，第172页。

権性市场监管权主体和授权性市场监管权主体。职权性市场监管权主体是指依照宪法和行政组织法的有关规定而设立的，在机关成立之时就拥有相应的监管职权和职责，并同时获得市场监管主体资格的市场监管权组织。职权性市场监管权主体的特点是，依照宪法和行政组织法的有关规定成立，在成立时就独立取得市场监管资格。没有法定的监管职权，就不会有该监管主体的存在；当监管权力丧失的时候，就当然失去市场监管权主体资格。职权性市场监管权主体包括立法机关直接立法授权的独立控制市场监管权主体和依据宪法与行政组织法设立的政府市场监管权主体。

授权性市场监管权主体是指依据宪法和行政组织法之外的法律授权而取得主体资格的市场监管权主体。授权性市场监管权主体的组织机构成立的原因与其取得市场监管资格并不必然相关，有可能是某一行政机关或社会机构在运行过程中获得了某一方面的市场监管法律授权，当然，也可以是在获得法律授权之后专门成立的享有市场监管权主体资格的监管机构。社会市场监管权主体的监管权一般来自于法律或者行政授权，所以它是授权性市场监管权主体；政府内部行政职能部门性的市场监管机关，如果其权力也是来源于宪法之外的法律授权或者行政授权，那么它也属于授权性市场监管权主体。

四、市场监管权主体法律规制的必要性

按照法律关系的要素理论，没有市场监管权主体的存在，就不会有市场监管法律关系的产生，当然也就不会有市场监管法。市场主体按照自己的意志从事经营活动，无论其行为是否违反竞争规则，如果没有市场监管权主体依法行使监督权，就不会形成对市场主体的监督制约关系。市场监管权主体是市场

监管行为的施动者，市场竞争行为的主体是市场监管行为的受动者。市场监管关系就是市场监管权主体依法对市场主体的活动进行监督，从而形成的在两者之间的监督与被监督、制约与被制约的关系。在市场监管权机关成立之前，市场主体违背竞争规律的行为是无法得到制止的。

　　例如，在我国反垄断法颁布之前，没有具体的反垄断执法机关，而是由原国家工商行政管理总局以不正当竞争的名义进行规制，其结果就是外资对我国企业的并购大量存在，有些行业被外资垄断。2007 年《反垄断法》颁布，赋予反垄断委员会和原反垄断执法局对垄断行为的监管权，针对违法企业的反垄断监督法律关系才得以建立起来。随着国家经济事务的日益增多，政府需要干预的市场范围在不断变化和扩大，旧有的市场监管机构在变革，新的监管权力或者机构在建立，这是一个增长的过程。又譬如，2017 年 7 月全国金融工作会议决定，设立国务院金融稳定发展委员会，强化原来属于中央银行职权范围内的宏观审慎监管和系统性风险防范职能。新的市场监管权力主体的产生，代表着新的市场监管关系的建立可能性。

　　在经济法领域，市场监管权主体的作用还在于对市场监管立法的意义。虽然市场监管法律调整的对象是市场监管法律关系，而且，监管主体是法律关系中的三要素之一；但是，市场监管权主体却是市场监管法的立法起点之一。

　　以民事法律关系为例，民事法律规范制定的出发点是民事主体之间的关系，然后才去考虑关系主体和关系的内容。民法是典型的关系型立法模式，没有主体之间的交往关系就没有民事法律关系。如一个人到市场上去买卖商品，在买者和卖者之间就产生了买卖关系，然后，法律就会规定相对人之间的行为规则，如合同权义内容的规定。在商品买卖相对人之间，基于买卖合同，双方相互承担权利义务关系。无论是物权法，还是债权法，相关法律规范内容的规定都是基于双方之间的关系而定的。简言之，人们在考察一个民事法律条文时，首先应当注意的是主体之间的关系是什么，然后才是彼此的权利与义务内容，主体的具体形态并不是关注的要点。况且，民法主体的规定是一种抽象划分，简化为自然人、法人和其他组织。民事法律关系的主体形态不是民事法律规范的切入点，法人和自然人在同一民事法律关系中地位对等，互为权利义务关系，不论财富多少。

再如，刑事法律关系的切入点是主体的行为，不同的行为构成不同类型的犯罪，承担不同的刑罚责任。刑事法律规范的内容围绕着人的行为变化而变化，至于侵害人和被害人之间的社会关系不是考虑的主要因素。

市场监管法与民法、刑法不同，它是典型的主体型立法。所谓主体型立法，是指法律规范制定的出发点是法律主体，规范的内容也是围绕主体的特点来具体规定的，或者说，该种立法是先看法律关系的主体是谁，再来决定采用什么样的权利义务内容规定。市场监管法作为典型的主体型立法，体现在各个具体法律文件当中。如《反垄断法》针对的是具有垄断地位的企业，所有的权利义务规定都是为垄断企业量身定做的，而中小企业肯定不会受到反垄断法的限制。《消费者权益保护法》立法的出发点是保护消费者的权利，因为消费者相比生产者属于弱势群体，需要立法予以偏颇保护。其他各种市场监管法律都是针对不同行业的经营者进行立法规定的。

概括来说，市场监管法主要是围绕行业经营者进行立法，为他们设置行为标准的。不同行业的经营主体权利义务内容不同，一千个行业有一千个管制标准。与之相反的是民法，无论是什么行业、什么样的企业和个人，在债权债务关系中双方权利义务的负担原则都是对等的，不存在权义内容倾斜性规定的可能性。伴随着依据监管对象的不同进行的市场监管立法，市场监管权主体也成为此种主体型立法的一个考量因素。与监管对象的管制要求相对应，必须由相应的监管机关享有监管的权力，以强制被监管者遵守监管法律的规定。没有有力的监管权力，监管机构就不能承担起监管责任，令行不能禁止。在不同的市场监管法律中，被监管者具有不同的权利和义务；与此相适应，监管者也具有不同的职权和职责。比如，金融机构和广告企业的行为标准肯定是不一样的，那么相对应的，两者各自的监管机关的监管权力也是不一样的。民法、刑法的规定属于一般性规定，适用于所有的人；市场监管法的规定则属于特殊性规范，仅仅适用于特定类型或者特定行业中的经营者。

研究市场监管权主体不仅仅是研究市场监管权的需要，也是整个市场监管法的研究出发点之一，它与被监管对象构成了市场监管法的主体结构，并形成了立法规定的切入点。讨论一个具体的市场监管关系，首先需要关注的是该法律关系的主体是谁，然后才是关系内容。也可以说，是市场监管法律关系的主体决定法律关系的内容，而不是法律关系决定市场监管主体拥有什么样的权义内容。

第二节　市场监管权主体资格的法律规制

一、法律资格的功能

"人"并不是当然地就能够成为法律主体，必须要经过法律的认可，取得法律主体资格。"所有的人都是由法律认识和法律关系的总和建构起来的法律主体。"〔1〕"法律的人是法律和戏剧伪饰创造物、制度演出的产物。"〔2〕法律的首要任务是规定主体资格，主体资格的提出是人类对法律认识的巨大飞跃，对社会认识的巨大飞跃。"主体资格"一词来源于罗马法，日本学者将主体资格翻译为"人格"，意即法律上的资格即人的资格。〔3〕但有学者认为，法学上的"人格"一词是法学范畴，并不是民法学范畴。法律的首要任务是规定"人格"，民法的首要任务是规定"民事人格"。〔4〕

"人格"概念在罗马法中的本意是指，一个自然人的完全权利义务主体所拥有的自由权、市民权、家族权的总称。《德国民法典》创造性地使用了"权利能力"来代替罗马法中的"法律人格"，权利能力就变成了现代法中的"人格"概念的同义词。对于什么是"权利能力"，梅迪库斯认为，权利能力是指成为权利与义务载体的能力。〔5〕施瓦布评价道，每个人都具有权利能力，也就是说，他有能力成为法律效力的相对人，尤其是有能力成为权利的承担人。〔6〕权利能力是人取得法律人格的充分必要条件，任何人要参与到法律关系中来成为法律主体，就必须具有权利能力。我国民法主体包括自然人、法人和其他组织，他们都被赋予了民事主体资格，具有权利能力和行为能力。

---

〔1〕 [英] 科斯塔斯·杜兹纳：《人权的终结》，郭春发译，江苏人民出版社2002年版，第249页。

〔2〕 [英] 科斯塔斯·杜兹纳：《人权的终结》，郭春发译，江苏人民出版社2002年版，第18页。

〔3〕 李锡鹤：《民法原理论稿》（第2版），法律出版社2012年版，第27~29页。

〔4〕 李锡鹤：《民法原理论稿》（第2版），法律出版社2012年版，第29页。

〔5〕 [德] 迪特尔·梅迪库斯：《德国民法总论》，邵建东译，法律出版社2000年版，第781页。

〔6〕 [德] 迪特尔·施瓦布：《民法导论》，郑冲译，法律出版社2006年版，第88页。

　　行政组织作为行政法律关系中代表国家的行政权力行使者，也应具备行政主体资格要件。有学者将行政主体资格视为，符合法定条件的组织，经过法定程序和途径所获得的行政主体法律地位。没有行政主体资格，任何人和组织都不能拥有对社会进行行政管理的职权和职责，也不享有行政主体地位。[1]德国行政组织法将行政主体称之为"行政承担者"，包括国家行政组织和能够承担完成行政任务的各类组织和个人。行政承担者的资格条件是具有能够承担行政法上的权利义务的法律能力。[2]行政承担者作为公法人，其法律能力来源于法律授权，仅能在授权的范围内行使权力和承担义务。没有行政法上的法律能力，就不能成为行政主体；反之，非行政组织若依法被授予行政法律能力，也可以成为"行政承担者"。

　　市场监管权主体作为能够参加市场监管法律关系，拥有监管职权和职责并承担相应法律责任的法律主体，同样也应具备相应的主体资格。我们可以将市场监管权主体资格理解为，具有能够承担市场监管法上的监管职权和职责的法律能力。只有具备了市场监管主体资格，行政机关或其他组织才能作为市场监管主体，拥有监管权力，实施监管活动，并承担法律职责。市场监管权主体资格条件大致应包括如下几项：

　　（1）一般是依照法律或授权成立的组织。行使市场监管职责的政府行政机关或者社会组织，按照依法行政的原则，须由法律批准设立，或由有权机关依法批准设立。政府监管权主体必须严格依据行政组织法律或者市场监管法律设立，符合法律规定的条件。对于承担市场监管职责的非政府组织，或者由专

---

　　[1]　孟鸿志等：《中国行政组织法通论》，中国政法大学出版社2001年版，第36~38页。

　　[2]　于安编著：《德国行政法》，清华大学出版社1999年版，第54页。

门立法批准设立，赋予其监管权力；也可以通过法律或行政授权，使其取得市场监管主体地位。

（2）应当符合一定的人员和组织条件要求。任何组织的成立都必须具备一定的人员和组织条件，市场监管机关同样在法律上有如此要求。以银行业监督管理机构为例，其组织机构包括主席1人、纪检组长1人、副主席4人、主席助理3人，下设股票发审委员会、行政处罚委员会、直属事业单位、内部职能部门、派出地方机构。

（3）依照法律或者授权拥有市场监管职权和职责。独立的监管职权和职责是市场监管权主体资格的核心内容，是其独立法律地位的体现。没有市场监管职权的主体是不存在的，而且，不拥有独立市场监管权的市场监管者也不是监管权主体，可能仅是真正的市场监管主体的内部机构。市场监管法律规范一般明确规定了市场监管权主体的职权和职责，以保证其职能的履行和防止权力滥用。如《银行业监督管理法》大半篇幅详细规定了银行业监督管理机构的监管职责、职权和法律责任。《食品安全法》规定了食品药品监督管理、卫生行政、质量监督、农业行政部门的监管职能。

（4）能够以自己的名义履行市场监管职权并承担由此带来的法律后果。市场监管主体享有监管职权，还必须切实履行才能将其落到实处。市场监管权主体必须以自己的名义履行监管职权，而不能随便找人代行，否则就等于放弃自己的权力。对于没有能力以自己的名义履行监管职权的主体而言，其本身就不是一种真实的存在。市场监管法律在规定监管职权和职责之时，也同时列明了行使这项权力的具体主体机关。如《反垄断法》第44条规定："反垄断执法机构对涉嫌垄断行为调查核实后，认为构成垄断行为的，应当依法作出处理决定，并可以向社会公布。"第 53 条规定："对反垄断执法机构依据本法第二十八条、第二十九条作出的决定不服的，可以先依法申请行政复议；对行政复议决定不服的，可以依法提起行政诉讼。对反垄断执法机构作出的前款规定以外的决定不服的，可以依法申请行政复议或者提起行政诉讼。"

二、市场监管权主体资格的取得

市场监管权主体资格的四个构成要件中，具有独立的监管职权和职责，是其获得监管权主体地位的关键。以下我们对政府、政府内部行政职能机关、行业协会取得市场监管权主体资格的方式分别进行分析：

（一）依据宪法和行政组织法的规定而取得主体资格

政府市场监管权主体资格的取得依据是宪法和行政组织法的相关规定，其取得特点如下：

（1）政府市场监管主体资格的取得依据是宪法和行政组织法的有关规定，国家以立法的形式明确赋予了各级人民政府经济管理的职权和职责，政府市场监管权的来源是国家权力机关授权，所获得的监管主体资格属于职能性主体资格。如《宪法》第 89 条规定国务院领导和管理经济工作和城乡建设，《地方各级人民代表大会和地方各级人民政府组织法》第 59 条规定县级以上地方各级人民政府管理本行政区域的行政工作，这就在宪法上将市场监管的权力交给了政府行政主体。

（2）宪法和行政组织法将社会经济管理职能统一授权给各级人民政府。政府内部经济管理机关按照政府工作的内部分工取得市场监管职权，代表政府进行市场监管执法，其监管主体资格的取得为行政组织内部行政授权，而非立法授权，但也有一些重要市场领域的市场监管职能部门为立法机关直接立法授权。

（3）宪法和行政组织法对政府的经济管理授权属于概括性规定，具体职权和职责规定必须通过其他法律进行细化。而且政府欲将哪一项管理权交给哪一个行政部门，也同样需要通过其他法律、法规来决定。从这个意义上说，政府内部负责市场监管的行政机关的市场监管主体资格的取得依据就分为两种：一是宪法和行政组织法是其监管主体资格取得的基本法律依据；二是某一其他法律、法规或规章是其主体资格取得的直接依据。

（4）政府依宪法和行政组织法而取得的市场监管主体资格，其资格取得时间与政府的成立是同步的。任何时期、任何国家的政府在成立之初就当然具有经济管理权力，这个权力以法律形式固定下来，区别仅仅在于这种经济管理体现了谁的意志。

（二）依据普通法律、行政法规取得市场监管权主体资格

政府内部行政职能机关和社会组织成为市场监管权主体所依据的是一般法律规定，宪法性文件不是其直接权力来源的根据。这些一般性法律既包括人大立法，也包括行政法规和部门规章，它们的表现形式大多是对市场监管的某一方面的单独立法。以质量监督检验检疫部门为例，作为对商品质量进行监督的市场监管权主体之一，其监管主体资格的授权依据规定在一系列的法律文件中。如《进出口商品检验法》第2条规定："国务院设立进出口商品检验部门（以下简称国家商检部门），主管全国进出口商品检验工作。国家商检部门设在各地的进出口商品检验机构（以下简称商检机构）管理所辖地区的进出口商品检验工作。"《产品质量法》第8条第1、2款规定："国务院市场监督管理部门主管全国产品质量监督工作。国务院有关部门在各自的职责范围内负责产品质量监督工作。县级以上地方市场监督管理部门主管本行政区域内的产品质量监督工作。县级

以上地方人民政府有关部门在各自的职责范围内负责产品质量监督工作。"通过政府网站查询，明确规定质量监督检验检疫机构具有各类商品质量监督职权的法律法规共有 34 部，其中人大立法 7 部、国务院对立法的解释 4 部和国务院行政法规 23 部。〔1〕再如食品药品监督管理部门，作为对市场上的食品和药品生产和销售进行监督的主体，其监管职权的授权性规定体现在 27 部法律法规、139 个部门规章之中。〔2〕一般性法律法规对市场监管主体资格授权有几个特点：①单独性专门立法较多，一般是通过对某一行业、某一产品的监管立法体现出来的。②市场监管主体职权和职责规定很具体，既有权责的实体规定，又有程序性要求。③以行政法规方式进行市场监管的立法较多，这既符合政府行政体系内部的职权分工，也体现了行政管理工作的效率。

（三）依据部门规章和地方性法规取得市场监管权主体资格

行业协会作为社会中间层组织的代表，在法律的授权下，可以通过行业自律，约束协会会员，协助政府市场监管主体开展市场监管活动。我国目前没有颁布《行业协会组织法》，宪法、法律和行政法规很少出现行业协会的规则内容，《社会团体登记管理条例》是仅有的规范包括社会团体的行政法律，明确了行业协会的社团组织性质。目前，也只有 3 部金融基本法律对金融行业协会作了专门规定。全国整规办、国务院办公厅、民政部、银保监会、证监会、国资委等部门以通知、意见、决议、工作指引等方式发布了一些关于行业协会的部门规章。与全国性行业协会法律规范数量偏少相对的是，对行业协会的制

---

〔1〕 法律法规-政策法规，载 http://www.aqsiq.gov.cn/xxgk_13386/zvfg/flfg/2017/12/13.

〔2〕 法律行政法规，载 http://www.sda.gov.cn/WS01/CL0784/ 2017/12/13.

度规定更多的是采用地方性法规的形式，如《安徽省促进行业协会发展指导意见》《陕西省行业协会改革发展指导意见》《北京市社会团体规范化建设的指导意见》《浙江省人民政府关于推进行业协会改革与发展的若干意见》等。行业协会、商会规范性文件指定单位主要有省、自治区、直辖市和较大市的政府部门、地（市）级政府和人大，文件制定的形式有专门制定和政府转发两种。以上这些规范性文件中涉及市场监管许可的内容，就成为行业协会取得市场监管权主体资格的法律依据。例如，《浙江省人民政府关于推进行业协会改革与发展的若干意见》（浙政发〔2006〕57号）要求落实行业协会的工作服务职能，其中包括依照国家法律法规和协会章程，组织贯彻实施有关地方或国家标准并进行监督，维护公平竞争的市场秩序；以及根据法律法规章的规定和政府部门的委托，开展行业标准起草、行业信息披露、行业纠纷裁决、资质资格认定、检验检测以及行业规划、行业统计、行业调查、公信证明等工作。再如，原银监会发布的《银行业协会工作指引》（已失效）第四章职责任务，赋予了银行业协会自律、维权、协调、服务职能，可以对会员开展自律检查、制裁、违法报告、信用评级、投诉调查、争议调解等活动。

三、市场监管权主体资格的变更和丧失

（一）市场监管权主体资格的变更

市场监管权主体资格的变更，是指某一组织在取得市场监管权主体资格后，因为某一原因的出现导致了市场监管权主体的职权和职责产生变化，从而导致市场监管权主体资格内容变更，市场监管权主体资格的变更应理解为资格内容的变更。主体资格的构成要素以职权和职能为核心，因此，监管职权的变

化就意味着主体资格的变更。监管主体资格的变更并不消灭原有的主体人格，去重新确立一个新的人格，如果那样做就不是资格变更，而是主体资格新设取得。市场监管权主体资格变更的原因主要有两种情况：

（1）市场监管权主体合并造成的市场监管权主体资格发生变更。具体分两种情况：①A 市场监管权主体将 B 市场监管权主体完全吸收，A 主体接受 B 主体的职能后，A 的市场监管权主体资格发生变更，监管权力范围扩大，同时，B 主体资格消灭。以现实发生的事例为例，原"国家电力监管委员会"作为国务院直属事业机构，负责监管电力市场运行，规范电力市场秩序，维护公平竞争的工作，2013 年国务院机构改革和职能转变方案决定将"国家电力监管委员会"合并入"国家能源局"，撤销"国家电力监管委员会"，以实现对全国能源的统一监管。合并之后，国家能源局的能源市场监管权力扩张到电力领域，权能内容发生了变化，能源市场监管主体资格发生了变更，原"国家电力监管委员会"的主体资格消失。[1]②A 主体将 B 主体的这一部分职能接收过来，扩大了自己的职权范围，获得了某一市场监管权力，但是 B 主体依然存在，仅是相应地减少了该种市场监管权力，此时，AB 双方的市场监管权主体资格都发生了变更。举例来说，在食品安全监管方面，原国家质检总局负责食品生产环节的安全监管，原国家工商总局负责流通环节的食品安全监管，2013 年国务院机构改革方案将这两项权力移交给食品药品监管局，将食品药品监管局升级改名为国家食品药品监督管理总局（2018 年后并入国家市场监督管理总局），工商行政管理、质量技术监督部门相应的食品安全监督管理队

---

〔1〕 "关于国务院机构改革和职能转变方案的说明"，载 http://www.gov.cn/2013lh/content_2350848.htm2017/12/14.

伍和检验检测机构也同时划转食品药品监督管理部门。再有在这次职能改革中,将商务部的生猪定点屠宰监管职权转移给了原农业部行使。以上两例,双方的职权和职责范围都发生了变化,主体资格内容当然也发生了变更。

(2)有权机关以法律或职权将某一市场监管权主体的监管权加以改变,也会发生主体资格的变化。2013年国务院机构职能转变的要点就是进行行政审批制度改革,按照市场主体能够自主决定、市场机制能够有效调节、行业组织能够自律管理、行政机关采用事后监督能做的事项不设立审批的原则,将大量的行政审批权予以废止下放。从而减少了大量的生产经营活动审批事项,对部门之间交叉和分散的职权进行了整合,改革了工商登记制度。所有这些措施都会对原有的监管权力配置产生影响,造成市场监管权主体的资格内容发生变更。

(二)市场监管权主体资格的丧失

市场监管权主体资格的丧失是指原来已经取得的市场监管权主体资格,由于某种原因被撤销或取消授权而失去监管主体资格。市场监管权主体资格丧失的原因有两个:一是市场监管主体的组织机构被撤销或解散,即有权机关依职权撤销或解散原市场监管权主体组织;二是市场监管权主体资格取得的法律依据已经不存在,比如,法律授权已经到期,授权法律已经被废止,法律修改后收回所授权力,这些都会导致市场监管权主体资格的丧失。

市场监管权主体资格丧失后,原监管主体所实施市场监管行为的法律后果与责任的继受,由承继其监管权力的机关承担;没有接替其市场监管职权的主体的,由作出解散和撤销决定的行政机关或其上级机关负责;原来是以职权方式取得市场监管权主体资格的,由其主管行政机关或者其所属行政机关负责。

四、市场监管权主体资格法律规制的完善

纵观我国行政组织法律规定，虽然说宪法性文件规定了立法机关高于行政机关的原则，但是在政府具体的组织架构组成上立法机关并没有细致的审核允许，只是将这一具体组建权力交给了政府，立法机关只是起到一个审核批准的作用。政府在组建自己的内部机构时，具有极大的自主权。在市场经济管理权限上，宪法对政府经济管理权进行了一种概括式的一揽子授权，使其可以根据具体情况随意在内部进行经济管理权力的配置划分，也可以自主决定内部的经济管理机关的设立或者撤销。在法律缺乏明确规定和我国行政权力过大的情况下，外人很难知道政府设立、变更或者撤销某一经济管理机关的依据是什么。在立法机关参与过少和预算软约束的国情下，政府部门对经济管理权的扩张必然带来机构膨胀或者管理机构的任意变更，这些都为市场经营主体带来了在服从市场监管活动上的不确定性。大致来说，对市场监管权主体的法律约束还需要从以下方面补充完善：

（一）确立对市场监管权主体设立的预算硬约束

政府经济管理机关的膨胀必然带来执法成本的增加，人员和物质成本都需要在政府预算中支出。一个规范、严格的政府预算约束会有力地制约行政机关扩张自己职权的冲动，使政府不能随意地增加自己的管理权力。立法机关掌握着国家的财政权，每年的政府预算拨款由立法机关决定，这就构成了其对政府行政机关的有力控制。包括对社会性组织的拨款，其总的拨款数额也是由立法机关制定好了年度预算，必须使拨款不超出这一数额。行政机关对预算的调整变更一般不会遭到立法机关

的拒绝，使得行政扩权和机构编制增加都能顺利进行，不会遇到财政上的困难。为规范市场监管权组织机构的设立或者变更，应该首先在政府预算上把好关，立法机关把钱口袋扎紧，就能从根本上对市场监管权力机构形成首要约束。

（二）严格市场监管权主体资格法律授权

行政权力法定性原则对市场监管权依然适用，每一个市场监管权行使主体都应该有法律明确授权，确定其监管的主体资格。现在我国立法在大的方向上对市场监管主体都有明确立法授权，如对于市场监督管理机关、金融监管机关的授权，但是目前行政职能改革提倡"放、管、服"改革，将一些权力交给了市场社会组织来行使，撤销了行政机关在该方面的权力职能，而且中央还提倡向社会购买某些方面的公共服务。这就预示着某些社会组织将在以后实际取得对市场的一定程度的管理权。那么相关的授权立法应该由谁来做呢？如果由行政机关来进行授权，那么如何来防止行政机关对这些社会性市场监管权主体的操控呢？由立法机关来授权，那么达到什么程度的监管权才需要立法机关亲自授予，例如，一些拥有少量附带性的市场监管权的社会组织谁来授权呢？立法机关和行政机关在对非政府性市场监管权主体授权上必然需要分工。

第四章 市场监管权配置的法律规制

虽然人们一直在高喊警惕政府对市民社会个人自主权的侵袭，减少政府对市场的干预，但是，一个不争的事实是，"伴随着垄断资本的日益壮大以及经济不稳定和社会矛盾加剧，国家干预不断加强，政府机构日益膨胀"。[1]随着现代市场经济运行日益复杂，各种各样的影响市场竞争秩序的行为层出不穷，市场监管主体也越来越多，权力也越来越广泛，如何进行有效的市场监管就成为一个重要问题。汉密尔顿曾说，软弱无力的行政部门必然造成软弱无力的行政管理，而软弱无力无非是管理不善的另一种说法而已；管理不善的政府，不论理论上有何说辞，在实践上都是个坏政府。[2]一个职能行使高效有力的行政部门需要具备统一、稳定、充分的法律支持、足够的权力四个条件，但是，一个行政机关具备了足够的权力还不够，如何将手中的权力合理搭配也至关重要，否则，足够的权力就会变成一个庞大的负担。对行政机关所拥有的大量权力进行优化分配，恰如同一个高明的军事家作出的兵力使用计划，兵不在多而在于如何调配，权不在多而在于如何划分。在中国这样一个超大

---

〔1〕 陈宝森：《美国经济与政府政策——从罗斯福到里根》，社会科学文献出版社 2007 年版，第 18 页。

〔2〕 〔美〕汉密尔顿、杰伊、麦迪逊：《联邦党人文集》，程逢如、在汉、舒逊译，商务印书馆 1980 年版，第 356 页。

国家，单单依靠中央来实现全社会的调控是难以想象的，[1]这就需要将市场监管权在我国各级市场监管主体之间进行合理分配，以实现对市场竞争秩序的维护。

第一节　市场监管权法律规制的制度背景

对于政府经济管理权力配置的理论原因，有博士论文给出了不同的原因。如杨三正在《宏观调控权论》一文中，将宏观调控权配置的原因理解为传统权力的集权和分权的结合；[2]张武在《政府经济职权研究》中将政府经济职权配置的理论根据解释为，实现经济发展的需要和提高行政效率的需要。[3]路瑶在《中国行政审批权配置研究》中，将审批权配置的原因理解为效率主义、依法治权、权力分工和政府信息公开等。[4]市场监管权作为政府经济管理权的一种，并且同时在很多场合以行政审批权的方式出现，其配置根据必然拥有以上所列举的这些文章阐述的理论原因。奥地利学者凯尔森曾经说过："法律问题，作为一个科学问题，是社会技术问题，并不是一个道德问题。"[5]市场监管权配置在本质上，既是一个权力分工与制衡的问题，也是一个在实践中摸索出来的工作方法问题。在现代市场经济中，如何对市场监管权进行合理配置的问题，必须放到行政管

---

〔1〕　王沪宁："集权平衡：中央与地方的协同关系"，载《复旦大学学报》1991年第2期，第27页。

〔2〕　杨三正："宏观调控权论"，西南政法大学2006年博士学位论文，第50页。

〔3〕　张武："政府经济职权研究"，西南政法大学2003年博士学位论文，第144页。

〔4〕　路瑶："中国行政审批权配置研究"，西南政法大学2015年博士学位论文，第98~102页。

〔5〕　[奥] 凯尔森：《法与国家的一般理论》，沈宗灵译，中国大百科全书出版社1996年版，第15页。

理体制改革的框架中来理解。

一、政府治理模式改革

"政治统治到处都是以执行某种社会职能为基础，而且政治统治只有在它进行了它的这种社会职能时才能维持下去。"[1]在市场经济全球化的现阶段，处于和平状态下的国家政府必然将促进本国经济发展作为首要的社会职能。20世纪80年代改革开放后，我国政府的工作目标转移到经济发展上来，经济职能成为政府职能的首要内容，而且，随着经济体制改革的不断进行，政府行政管理体制也在不断创新。政府经济职能模式改革成为改革的起点，同时也是历次改革模式调整的核心。[2]作为政府主要的经济职能，市场监管权如何配置，不是一个简单的在行政部门之间的分权问题，而是应该放到政府行政管理体制改革的大背景之下来考虑。

（一）行政权优势地位下的政府治理模式改革

在立法、行政和司法三个部门中，现在的情况是行政部门变得权力越来越大，而且很难拘束。首先是社会经济的复杂程度不断加深，人们需要行政机关及时处理各种问题，行政权力担负的责任不断加大。从促进经济发展到解决经济危机，从创造就业机会到提供福利保障，从国民收入分配到劳动技术培训，到处都离不开政府的影子。虽然说立法机关具有决定公共预算、颁布经济立法的权力，但是，行政机关担负着将政策和法律转变为实践的责任。权力机关大部分的立法需要通过行政机关的管理、规章或者命令来补充。行政高级官员在日常职权

---

〔1〕《马克思恩格斯选集》（第3卷），人民出版社2012年版，第215页。
〔2〕高萍："50年来中国政府经济职能的变化与启示"，载《中国经济史研究》2002年第4期，第14页。

行使过程中，掌握着对立法机关提出政策建议的机会，并指挥着下属的职务履行。社会加给政府的每一项服务，政府谋求的每一项附加权力，都不断导致行政的膨胀，新的行政机构不断出现，公务员的数量成倍增加。与立法机关相比，行政管理者越来越专业化，国家的功能最终表现为政府的功能。行政管理者决定政策的制定和取消，掌管着执行和实施的权力。其次，行政管理和司法裁决也不像以前那样泾渭分明了，双方在各自的职权范围内对一事件的法律管理，都有自己的一定限度的领导权，并且行政机构在管理过程中能够先于司法裁决。在某些经济管理领域，行政权力甚至直接将立法与司法权力集于一身。行政机关的兴起与居于优势地位，不仅增加了政府行为，而且模糊了政府功能的传统划分。[1]

韦伯认为，国家的统治在本质上就是行政管理，行政管理反过来也需要某种方式的统治，只有通过将管理权力交给某个人才能实行行政管理。行政管理可以分为直接民主的行政管理和间接民主的行政管理。如果要实行直接民主的行政管理，就必须要求一个团体符合几个条件：一是地区性的；二是参加人数有限；三是参加人的社会地位差别不大；四是团体任务比较简单；五是要受过民主管理的专业训练。[2]然而，在一个共同体内部，以直接民主的方式进行行政管理也是不可能的，由于人数众多，大家的利益很难达成一致。解决的途径就是建立一个特别持久的以行政管理为目的的社会机构，这个机构可以采取"绅士"合议的结构，或者轮流执政民主的结构，但是所有

---

〔1〕［美］莱斯利·里普森：《政治学的重大问题——政治学导论》，刘晓等译，华夏出版社2001年版，第228~230页。

〔2〕［德］马克斯·韦伯：《经济与社会》（下卷），林荣远译，商务印书馆1997年版，第271~272页。

的干部都必须按等级隶属于一个统一的、最高的行政机构。〔1〕
韦伯认为"现代官僚体制"〔2〕就是一种最有效的间接民主行政
管理体制。现代官僚体制非常强调在官僚机构内部的权力分工，
主要表现为：①在官僚机构日常的运行中，要对经常性的工作
进行固定的分工，明确职责；②对履行职责义务所需的命令权
力，同样需要固定分割，对赋予他们的强制手段方式和权力界
限，要依法规定。③为履行所赋予的权力和义务，需要招聘具
有专业资格的人员。④上下级行政机关之间具有固定的职务等
级和审级原则。韦伯认为官僚体制的最大优点就是行政管理可
以排除人情因素，一切按规则办事。在行政管理中实行分工原
则，对各种具体工作进行分工，将执行行政工作的干部培养成
专家，这样就可以在业务完成上"不看人办事"，只遵守预计
的规则。官员依附于他所属的那个机构，其在执行职务时仅仅
是机器上的一个零件，按照事先设定好的社会化方式进行工
作。〔3〕韦伯在夸赞官僚体制优点的同时也没有忘掉指出，政府
机关在管理经济时与私人经济的有关利益者相比并不具有太大
能力优势。在经济领域，私人企业者的经济专业知识，要明显
优于官僚体制的知识。一个错误的计划可能会造成企业倒闭，
但是对政府来说没有直接的经济后果，所以，政府机关对经济

---

〔1〕 ［德］马克斯·韦伯：《经济与社会》（下卷），林荣远译，商务印书馆
1997 年版，第 275 页。

〔2〕 韦伯的官僚体制式的行政治理模式具有六个特点，分别是：①拥有固定
权限的持久的行政机关；②政府部门内部实行层级管理和规章制度管理；③制度化
的官员；④官员的政治中立性；⑤对官员工作进行严格的政府部门内部规则约束；
⑥行政管理以法为准，公平对待每一个人。

〔3〕 ［德］马克斯·韦伯：《经济与社会》（下卷），林荣远译，商务印书馆
1997 年版，第 278~279 页。

生活的影响要受到严格限制。[1]韦伯并没有告诉我们如何解决政府干预经济失灵的方法，而且，所有的官僚体制都不愿意暴露自己管理工作的失误，还往往倾向于排斥公众参与行政管理。

随着时代的发展，韦伯式的官僚体制管理模式现在受到了质疑。人们发现，以传统治理方式来应对现代经济社会，政府的效率日益降低，不能满足社会需求，而且大量的社会组织开始进入公共治理领域，代替了政府的政策决定自主权。从20世纪80年代开始，所有的工业化民主国家开始逐步对本国的行政管理体制进行改革。美国行政学家B.盖伊·彼得斯将各国行政管理体制概括为四种模式：市场式政府、参与式政府、弹性化政府和解制型政府，并对每种模式进行了分析。这四种模式分别指出了传统官僚体制的缺陷，并提出了解决原有治理机制不畅的行政机制改革方案。①市场式政府模式倡导者认为，传统公共部门机构的主要问题在于其过于依赖庞大、垄断的部门，而这些部门对社会变化的反应不灵敏。并且在这种情况下，官员的兴趣依然集中在通过增加预算来扩充自己的权力和个人收入，而不是改善工作机制。还有，传统官僚体制将其组织成员视为官僚机器的一个构件和上级命令的传送者，也导致了政府部门严重缺乏对成员的激励机制。市场模式试图用市场竞争的理念来改革政府，认为政府的干预手段越接近于市场模式，那么就会产生更有效率的结果。相比较于传统的官僚体制模式，市场模式更有利于社会资源的分配。按照市场模式的原则，政府行政管理机制改革的方式就是将政府决策和政策执行的权力予以分散化，具体表现为：将大的政府部门拆解成若干小的政

〔1〕 ［德］马克斯·韦伯：《经济与社会》（下卷），林荣远译，商务印书馆1997年版，第317页。

府机构或者直接将职权下放给较低层的政府机关。[1]市场模式的典范是英国政府，[2]其将行政管理职能划分给成立的 400 多个政府机构，这些机关有大有小，每个机关只负责某一职责，目标单一明确。与以前的大部制相比，分散化制度能更好地应对市场压力和进行工作绩效评价。分散化还使得一些部门的职能产生了重复，目的就是让它们彼此之间进行竞争。职能重复的管理机关也有助于市场竞争者战胜对手，因为发生利益纠纷时，各公司企业可以选择向有利于自己的其中一个管理部门提出控诉。②参与式政府模式产生的背景是，当今政府正面临着日益增长的公共服务需求量压力，而且社会公众要求参政议政的民主意识不断增强。参与模式倡导者认为，传统官僚体制下的层级节制，严重限制了政府员工对其所从事的工作的参与，缺乏参与使他们产生距离感，破坏了他们对组织的忠诚度。同时，传统行政管理的官僚体制也妨碍了公众的意见在决策制定和执行中体现出来。参与式模式主张减少公共组织的上下级层级，使公共部门的结构更为扁平化，将权力、资源下放给地方或者提供授权转移给行政基层部门。参与式模式还主张依照宪法和法律保护公民权利的规定，使公民能够参与到行政管理过

---

[1]　[美] B. 盖伊·彼得斯：《政府未来的治理模式》，吴爱明、夏宏图译，中国人民大学出版社 2001 年版，第 25 页。

[2]　英国政府的政府服务权力分散化改革很有特色。除了 25 个大臣部门外，行政职能被划分到各个单独设立的行政机构中。其中有 20 个非大臣部门、385 个各种机构和实体、75 个重要组织、11 个公共公司、3 个下级政府。许多部门的工作很单一，就是负责某一方面的事务。如商业委任咨询委员会，作为成立于 1975 年的非部门公共机构，其职责就是为高级公务员在离开政府岗位后到社会任职提供建议。从 1995 年开始，商业委任咨询委员会还向各部大臣提供离职后两年内的就业建议。再如，用水消费者委员会（CCWater），作为一个非部门的公共机构，代表英格兰和威尔士的供水和污水消费者，为受到不公平对待的消费者提供公正的建议和/或指导。

程中来。政府职权下放和公民参与公共治理在理论上是相互配合的。基层官员更了解政策实施对象的情况，职权下放能够调动基层政府官员的工作积极性，减少行政管理的偏差。但是，地方政府掌握管理的职权后，可能会形成部门利益私有化和地方保护主义，公众参与决策可以起到监督作用。[1]③弹性化政府模式认为，行政部门的永久性和官员的身份固定性是行政管理节奏拖拉和成本浪费的原因。解决官僚主义的途径是在政府内部采用可选择性的结构机制，以取代那些自认为拥有政策领域永久权力的传统部门和机构。临时机构随需要而设立或者取消，雇用工作人员随需要而增减，既能快速应对突发危机和迅速增加的服务需求，同时也能大大减少财政开支浪费。例如，英国政府利用非政府组织和机构开展行政管理，以应对公共部门规模不断缩减的压力。[2]④解制型政府模式认为，公共机构的组织架构本身没有什么问题，效率不高的毛病在于法律对公共管理者的约束过多、过死，压制了他们的积极性和创造力。原有的官僚体制将大量的行为限制加在公务员身上，目的是为了防止行政权力滥用，但是，公务员制度却变成了规则的迷宫，使得他们小心翼翼、畏手畏脚、灰心丧气。解制型政府就是要设法解除针对行政部门的各种繁文缛节的限制，给予行政部门更多的职能行使的决策自由权，使公共管理者成为具有企业家式的创新精神和民主领导人气质的人。解制不但要解放高级管理者，更重要的是要释放低层员工的工作创新动力。解制型政府模式的具体做法是，对行政管理程序加以改革，减少多余的

---

〔1〕 [美] B. 盖伊·彼得斯：《政府未来的治理模式》，吴爱明、夏宏图译，中国人民大学出版社 2001 年版，第 59 页。

〔2〕 [美] B. 盖伊·彼得斯：《政府未来的治理模式》，吴爱明、夏宏图译，中国人民大学出版社 2001 年版，第 87 页。

和矛盾的行政规则的束缚，给予公务人员自主权，实现行政管理效率的提高。解制型政府模式的主张可概括为一句话：内部规则越少，政府变得越好。[1]

（二）行政体制改革下的市场监管权配置

1. 改革开放以来的行政体制改革回顾

1982 年的行政体制改革是近四十年我国在以经济建设为中心的目标指引下的一系列政府治理模式改革的起点。在 20 世纪 80 年代改革初期，邓小平就指出了行政体制改革的重要性："我们所有的改革最终能不能成功，还是决定于政治体制的改革——政治体制改革同经济体制改革应该相互依赖，相互配合。只搞经济体制改革，不搞政治体制改革，经济体制改革也搞不通，因为首先遇到人的障碍。"[2]政治体制改革的目标是改革僵化的经济管理体制，采取的措施是大力对政府行政机构进行改革。在当时的行政体制的情况是机构臃肿、人浮于事、效率低下、办事拖拉、职责不清，所以，要通过精简政府机构，完善政府行政组织规章，转换政府职能，明确政府部门责任，实行权力下放等方式进行政治体制改革。改革初期的行政体制改革已经将改革政府经济职能的执行力放在首位，希望以此提高办事效率，减少经济发展路线实施的人为阻力。1982 年我国新修改制定的宪法、国务院组织法以及地方政府组织法，对行政体制的改革框架作出了规定，行政体制改革从上到下全面推行。当时提出的机构改革要求是："每个机构、每个人，负什么责，办什么事，都要有个章程。国务院各部委之间、国务院各部委与地方政府之间、政府与企业之间等，都要明确彼此的关系。"经过

---

〔1〕［美］B. 盖伊·彼得斯：《政府未来的治理模式》，吴爱明、夏宏图译，中国人民大学出版社 2001 年版，第 150 页。

〔2〕《邓小平文选》（第 3 卷），人民出版社 2001 年版，第 160 页。

调整，国务院机构从 100 个减少到 61 个，省级政府部门从 60 多个减少到 40 个，城市政府机构从 60 个左右减少到 45 个左右，行署办事机构从 40 个左右减为 30 个左右，县级政府部门从 40 多个减少为 25 个左右。[1]同时伴随着大量的政府工作人员数量精简。1982 年的行政体制改革依然是计划经济体制的修补，政府职能并没有发生根本改变。

1987 年党的十三大提出要大力发展"有计划的商品经济"，在公有制为主体的前提下发展多种所有制经济成分。行政体制改革在这一思想下继续进行。1988 年政府机构改革主要是国务院机构改革，进一步精简了行政部门数量，加强了与经济体制改革关系密切的经济管理部门的建设，初步理顺了党政、政企、中央与地方的经济管理关系。

1992 年党的十四大报告确立了中国经济体制改革要走市场经济的发展道路，并阐述了以市场经济为指导的行政体制改革方向。报告明确了行政体制改革内容为要进行"机构改革、精兵简政、转变政府职能、理顺关系"。在机构改革措施上，决定大幅度裁减非常设机构，将某些职能与业务交叉重复的部门和专业经济机构予以撤并，加强宏观调控部门的工作。十四大提出的行政体制改革目标是以市场经济为导向，加强执行间接调控职能的宏观调控部门的工作，整顿市场监管部门的职能分工，提高政府领导市场经济建设的能力。十四大报告中的行政体制改革明显是将市场经济效率的原则引进来作为政府机构改革的方向指引。1993 年的行政机构改革将国务院部委和直属机构从 86 个减少到 59 个，人员裁减 20%。改革的要点是：由权力下放为重点转向制度创新，转变政府职能、理顺部门关系，提高改

---

[1] 陈尧：《当代中国政府体制》，上海交通大学出版社 2005 年版，第 135 页。

革的广度与深度，注意改革的配套性。[1]1998 年进一步将国务院组成部门减少到 29 个，地方政府机构改革相应进行，全国精简行政人员 115 万人。此次政府机构改革主要是将那些直接管理经济的专业部门重新调整或裁撤，并对宏观调控部门和执法监管部门予以加强。

2003 年在中国加入世界贸易组织的大背景下，国务院又开启了第五次大规模的机构改革。本次改革的举措是对国有资产管理体制、金融监管体制、商品流通体制、食品安全和生产监管体制和宏观调控体系进行完善。新设银行业监督管理委员会，商务部、国家食品药品监督管理局，取消国家经济贸易委员会和对外贸易经济合作部。

2008 年国务院进行了大部制改革，按照精简统一效能的原则和决策、执行和责任协调的要求，将一些职能相近的部门予以合并，赋予其综合经济管理职能。大部制改革以机构内部职能整合为主，不再简单地将精简裁员作为机构改革的唯一判断标准。[2]国务院组成机构进一步缩减到 27 个。新组建的机构有国家能源局、工业和信息化部、交通运输部、人力资源和社会保障部、环境保护部、住房和城乡建设部，取消了信息产业部、交通部、人事部、劳动和社会保障部、国家环境保护总局、建设部、中国民用航空总局、国防科学技术工业委员会、国务院信息化工作办公室等部门。

2013 年《国务院机构改革和职能转变方案》发布，该方案的指导思想以转变政府职能为核心，稳步推进大部门制改革，

---

〔1〕 李晓西主编：《中国经济改革 30 年：市场化进程卷》，重庆大学出版社 2008 年版，第 261 页。

〔2〕 朱光磊、李利平："回顾与建议：政府机构改革三十年"，载《北京行政学院学报》2009 年第 1 期，第 19 页。

继续简政放权，最终实现提高行政效能的目标。国务院组成部门从 27 个减少到 25 个。合并卫生部、国家人口和计划生育委员会为国家卫生和计划生育委员会，合并国家食品药品监督管理局的职责、国家质量监督检验检疫总局为国家食品药品监督管理总局，合并国家广播电影电视总局、国家新闻出版总署为国家新闻出版广电总局，合并国家能源局、国家电力监管委员会为新的国家能源局，新组建国家海洋局。

2017 年党的十九大报告提出了加快完善社会主义市场经济体制的新目标。一要完善产权制度和要素市场化配置，实现产权有效激励、要素自由流动、价格反应灵活、竞争公平有序、企业优胜劣汰；二要深化国有企业改革，发展混合所有制经济；三要全面实施市场准入负面清单制度，清理废除妨碍市场统一和公平竞争的各种规定和做法，支持民营经济发展激发各类市场主体活力；四要深化商事制度改革，打破行政性垄断和市场垄断，加快要素价格市场化改革，放宽服务业准入限制，完善市场监管体制；五要创新和完善宏观调控，健全重要领域的经济政策协调机制；六要深化投融资体制改革，加强建立现代财政制度，理顺中央和地方财政关系；七要深化预算制度、税收制度和金融体制改革，健全货币政策和宏观审慎政策双支柱调控框架，深化利率和汇率的市场化，健全金融监管体系。

与新时期的社会主义市场经济体制相适应，报告提出了下一步政府机构和行政体制改革的新要求。一是统筹考虑各类机构设置，科学配置党政部门与内设机构权力、明确职责。经历以前的多次机构和行政体制改革之后，大规模的政府机构重整阶段已经过去，行政机构数量已经比较精炼，现在的问题是内部各部门之间的权力配置是否合理，职权和职责是否协调。如果说以前的大部门制度改革属于行政机构的宏观改革，十九大报告强调的是进行政府各个现有机构内部各部门之间微观的工作协调问题。二是统筹使用各类资源，形成科学合理的管理体制，完善国家机构组织法。行政机关原来的一个现象是忙闲不均。这次报告要求统筹行政资源，在编制资源总量固定的情况下，充分利用各部门的人力资源，避免人事安排的僵化和固化，使所有的政府行政资源能够互相协同。三是转变政府职能，深化简政放权，创新监管体制。政府工作应该以服务社会为理念，过多、不当的政府干预会压制市场经济的自我创新；只有切实转变政府职能，才能符合创新型社会的需要。简政放权是政府职能转变的具体举措，主要包括大力减少行政审批，深化商事制度改革，深化收费清理改革，积极推进资质资格改革。在监管体制创新方面，主要是合理配置监管职权，使市场监管合理、到位，不留死角，不扯皮，不打架。四是赋予省级及以下政府更多自主权。改变过去行政权力过于集中在中央的现象，通过释放权力给地方来调动各级政府的行政管理积极性。

从以上所述行政体制改革历史可以看到，我国政府机构改革是在经济体制改革的倒逼下进行的。经济体制改革的每一步都要求行政体制要进行相应变革，反过来，每一次行政体制改革都有力地促进了经济体制改革的继续前进。行政体制改革本质上是一个行政权力重新分配的过程，经济体制改革下的行政体制改革基本上就是要对政府经济管理权重新优化配置。从内容来看，在政府宏观调控职能部门改革的同时，市场监管权力机构的整合一直是改革的重点和难点。原因在于，宏观调控政府部门虽然很重要，但是数量少；然而政府经济管理机关主要是由市场监管机关组成，并且作为经济管理法律的执法者，担负着对市场日常监管的责任，能够直接插手到市场之中，影响市场主体之间的经济竞争地位。另外，宏观调控权虽说是间接性的市场干预行为，但是，一些调控措施的出台却可以直接影响到企业的市场地位，其直接效力和市场监管权没有区别。比如，中央银行对涉及房地产行业的贷款利率进行调整，可以立即对房地产开发和商品房买卖产生影响、对市场竞争和市场结构产生作用。可以说，市场监管权是经济管理机关普遍拥有的权力，宏观调控权却仅仅是少数中央政府部门享有的职权。由于宏观经济管理和调控职权属于中央政府的专有职能，[1]所以中央和省级及以下地方政府之间的分权只有市场监管权力的分权，不存在宏观调控权的权力下放问题。由此可见，市场监管权的配置问题是行政体制改革的重点，简政放权针对的是市场监管权，而宏观经济调控职权只会加强不会减弱。

2. 市场监管权配置与行政体制改革的契合

以上在回顾了世界其他发达市场经济国家和我国自己的行政管理体制改革的理论经验和实践之后，我们再来审视市场监管权配置的问题。政府行政体制改革是围绕行政经济职能转变进行的，因此市场监管权的配置就是行政体制改革的核心内容之一。我国法律对市场监管权给予了政府广泛的授权，但是，对于市场监管权的具体执行机关基本没有规定，留给政府在内部机构设置时自己来决定。政府对于市场监管权力的分工并没有严格的规则，更多的是依据行政便利原则来决定。对比前面所述各国政府模式改革理论和过往的七次行政机构改革，市场监管权的配置分工大致有以下这些规律可循：

（1）在我国的市场经济管理中，市场监管权的配置必须在我国的现有行政体制框架内进行。

不同国家的行政体制不一样，对市场监管权的作用看法不

---

〔1〕 郝铁川："论中央和地方职能与权限的划分"，载《浙江社会科学》2003年第6期，第5页。

同，在各自的行政管理改革中，对市场监管配置所做的安排也不相同。这本是与各国的政治体制相符合的，不能僵化地拿到我国来使用。在我国，职能分配和权力配置代表着行政体制内部的横向和纵向关系，〔1〕市场监管权配置主要是行政体制内部的部门分工。前述之市场式政府、参与式政府、弹性化政府和解制型政府的改革，也基本是在政府行政管理体制内部的改革，这些改良和变通并不能改变由政府掌控行政管理权的基本原则。如"市场式政府"和"弹性化政府"所实行的将一些管理权交给非行政机构或者社会组织来行使的做法，也只能是对行政机关的管理权的补充，是为了更好地发挥行政管理机关的职能行使。

探讨市场监管权配置不能脱离中国的传统行政体制，需要考虑到中国的行政权力在整个社会管理中一直占有主导地位。学者金观涛通过对中外封建社会国家形态的分析解释了官僚体制在我国的传统意义。中国封建社会在两千多年的时间里基本保持着大一统的超大国家格局，但是，欧洲、阿拉伯、日本在相同的时间段内却是基本以小国家存在的。为什么在经济水平相同、社会制度相同的情况下，中国却能够保持大一统的局面呢？金观涛认为关键在于中国封建社会是一个超稳定结构，这个结构又可以称为"一体化结构"，一体化结构是中国封建社会组织成为一个稳定的超大国家的主要原因。一体化结构将意识形态结构和政治结构中的两种组织力量组合起来，形成了超级组织力量，这个超级力量的核心结构是由士人所组成的国家官

---

〔1〕 郎玫、张泰恒："改革开放三十年中国行政体制演化的理论与实践研究——一个基于政府、市场、社会的分析框架"，载《经济体制改革》2008年第5期，第15页。

僚机构。[1]封建官僚机构将中央政府的行政命令通过层层的政府机构体系传达到管辖地区，保持了政令的统一有效。当然，我们现在的政治体制是社会主义国家，非封建制社会能够相比，但是，在行政结构的基本形态上变化不大，基本沿袭了从秦汉以来的中央集权制度下的从中央到地方的行政科层制。由此可见，市场监管权配置应该是在我国现在的行政体制框架内进行的，包括横向的本级政府内部的分权和纵向的上下级政府之间的分权，而不能颠覆我国行政管理体制的基本框架。外国的联邦制分权和议会绝对控制行政机关的体制下的分权模式，并不适合我国行政权力优势传统下的权力配置习惯。我们在学习经济发达国家好的市场监管经验的时候，一定要结合我国现在行政体制的特点。"一个国家不了解自己国情，不从历史传统源头认识，专门一意模仿外国，总得有危险。即使一意模仿别人家建设工作，也可有危险存在。"[2]

（2）市场监管权配置要适应行政管理体制改革的要求。党

----

〔1〕 金观涛认为，一个社会如果要用一体化结构来组织一个稳定的大国，其在意识形态和政治结构中必须具备四个条件：①社会上存在着一个强大的可以执行联络功能的阶层；②这一阶层必须认同某一种统一的意识形态，而且这种意识形态具有入世的统一的国家学说；③必须有在全国实行官僚管理的郡县制；④利用具有统一意识形态的知识阶层组成官僚机构，并由这一阶层充当县以下社会组织中的地方领袖角色，对全国实行统一的行政管理。西欧国家不能形成封建大国的原因在于：①西欧的封建庄园是作为统治阶级的贵族、骑士和牧师的活动中心，完全能够满足他们的政治、权力、物质和精神需求，所以他们没有必要去建立超出所辖土地之外的广泛联系网。②封建庄园中人们的关系都是具有人身依附性的，这就造成了封建采邑的割据状态。采邑制度中的人身依附性形成不了中国社会中的士人阶层，而士人作为一个以所受教育服务于社会的知识分子阶层，执行着社会联系的功能。士人是封建官僚机构成员的主要来源，中国封建大国的建立，是和存在着士人这一其他国家所没有的特殊社会阶层有关的。参见金观涛、刘青峰：《兴盛与危机：论中国社会的超稳定结构》（增订本），香港中文大学出版社1992年版，第26页。

〔2〕 钱穆：《国史新论》，生活·读书·新知三联书店2001年版，第82页。

的十八大之后的新一届政府，严格按照政府服务于市场，激发市场活力和企业创新精神的原则，对行政管理体制大刀阔斧地进行改革。2017年《国务院政府工作报告》将行政体制改革的内容归纳为简政放权、放管结合、优化服务三个方面。市场监管权的配置改革也应该按照这三个原则来进行。

　　首先，要对市场监管权进行简政放权。市场经济是以市场作为资源配置的主要手段，市场对资源的配置是通过市场竞争进行的，政府如果对市场竞争干预过多，就会影响市场经济的活力，使市场丧失资源配置的作用。2012年以来我国经济发展处于缓增长阶段，内需不旺，出口下滑。原有的通过政府投资拉动经济增长的手段，除了造成更大的生产过剩之外，基本很难起到什么作用。现在的政府发展经济的策略是供给侧结构改革，以求通过创新产品质量来促进消费和出口。创新经济必须依靠市场经营者来实现，政府根本无法代替。创新经济必须给予经营者自主经营的权利，要突破以前对市场的很多限制性规定。创新意味着风险，这个风险可能是经济风险，也可能是政策风险和法律风险。只有简政放权，才能打破一些瓶瓶罐罐，使企业能够大胆尝试，寻找出经济增长的新的爆发点。国务院近几年的行政体制改革在简政放权方面成绩显著，2013年以来分九批取消和下放的行政审批事项达到了618项，其中包括很多市场监管权。譬如，原食品药品监管总局取消了"药品行政保护证书核发"和"中药材生产质量管理规范认证"两项监管权力；原国家质检总局取消了原来的进口旧电机产品备案和涉及人身财产安全健康的重要出口商品注册登记两项审批权；原银监会取消了原来的对外资金融机构的4项审批规定；证监会取消了针对基金公司、证券公司和期货交易所的25项行政审批权。[1]简政放权还要改革办事流程管理。政府对市场的监管在坚持事前监管的同时，正在强调事中和事后监管。没有科学的监管流程，就很难适应政府监管方式的变革。[2]

其次，市场监管权配置改革也应该放管结合。放管结合指的是有些政府职能要坚决地取消或者下放，同时还要改善现有的政府行政管理工作，对于市场监管权配置来说，该放的就应该下放给下级地方政府，由熟悉监管对象具体情况的监管机构来决定如何执法；同时，该管的就必须加强监管，执法到位，防止出现监管空缺。放管结合也符合"参与式政府模式改革"的要求，因为参与式模式就是要通过行政管理职权的下放让行政组织成员参与到决策决定和执行中来，使行政管理贴合实际，又能够充分调动行政人员的工作积极性。如原食品药品监管总局在"放"的方面，将药品生产质量管理规范认证、蛋白同化制剂、肽类激素进口准许证核发、药品委托生产行政许可等6项审批权下放给省政府食品药品监管部门。原农业部将兽药生产许可证核发、设立饲料添加剂、添加剂预混合饲料生产企业审批等8项审批权下放给省级农渔林兽医行政主管部门。在市场监管权管好用好方面，突出的表现是各级政府市场监管部门将自己的行政审批事项清单一一列明公布。如原国家工商总局列明共有行政许可审批权3项，指定地方省市县工商局实施行政许可事项8项，同时，各级工商局都明确公布了自己的权力

---

[1] 所列举数据信息来源于中华人民共和国国务院官方网站。国务院部门取消和下放的行政审批事项查询_服务_中国政府网 http://spcx. www. gov. cn/bmcx/index. html2017/12/27.

[2] 董克用："优化政府服务的五大要点"，载《国家行政学院学报》2015年第4期，第10页。

清单。[1]目前政府在市场监管方面还存在一些问题，一是市场监管机关检查太多，随意性太大，企业疲于应付，存在不少寻租行为；二是该监管的还没有管、管住、管好。针对这些情况，在改善管理上要首先依法制定和公布科学有效的市场监管规则、流程和标准，使市场主体明确行为界限，监管机构还要严格执法；其次要在监管机制和方式上下功夫，不断推进监管创新。要推广应用市场综合监管、智能监管、随机抽查监管和强化社会监督。[2]

最后，市场监管权的配置应当符合优化服务原则。市场监管不是行政权力凌驾于市场竞争机制之上，而是要服务于广大的市场主体，这是在资源配置上市场机制为主政府干预为辅的表现。当市场能够解决竞争中出现的问题时，就没有政府干预的必要；政府干预市场的出现是为了对市场机制的不足进行拾遗补漏。市场监管权主体在进行市场监管时，要秉持为人民服务的思想，在监管工作中要时刻想着人民的需要，将监管服务及时送到家，让人民在接受监管服务时心情更舒畅。李克强总理说，市场监管服务方式要人性化、态度好、手续少、速度快，要办好政务服务中心和办事大厅，实行一个窗口、一条龙、一站式服务，要动员企业和社会组织参与到市场监管中来。优化政府市场监管服务的标准就是："宁可让自己多辛苦，也要让群众少跑路。"[3]

---

〔1〕"政府权责清单"，载中国政府网 http://www.gov.cn/fuwu/zfquanze/index. htm 2017/12/27.

〔2〕"李克强：简政放权 放管结合 优化服务"，载《紫光阁》2015年第6期，第7页。

〔3〕"李克强：简政放权 放管结合 优化服务"，载《紫光阁》2015年第6期，第7页。

二、市场监管权的协调配置需要

经济基础决定上层建筑，反过来，上层建筑也能促进或者约束经济基础。我国从计划经济到市场经济的转变，要求对政府市场经济管理体制进行变革以适应我国经济体制的不断革新。原有的计划经济的、集权式的、非市场导向式的经济管理体制必须变革，以此为市场经济的发展扫除行政障碍。但是，宏大叙事的政府行政管理体制大变革并不是一直发生的，更多的时候行政管理体制是处于一种管理细节不断微调改进的过程之中的。市场监管权在各个市场监管机关之间的划分完成之后，就需要在日常的监管权力行使过程中不断磨合，找出漏洞，不断完善市场监管机关之间的职能配合。

（一）市场监管职能交错的危害——以天津港爆炸案为例

2015 年 8 月 12 日，天津市滨海新区天津港内的瑞海国际物流有限公司危险品仓库发生特别重大爆炸事故，爆炸面积 54 万平方米，爆炸中心点 150 米内的数栋建筑物和大量集装箱全部炸飞。事故造成 165 人死亡，8 人失踪，798 人受伤住院；304 幢建筑物倒塌或严重受损，12 428 辆汽车和 7533 个集装箱被毁。调查核实直接经济损失 68.66 亿元人民币，间接损失无法估计。尤其可怕的是，爆炸中一百多种化学物质的燃烧和泄露，对局部地区的大气、水和土壤环境造成了不同程度的污染。中央领导亲自批示，李克强总理亲临现场视察，调集了解放军、武警、公安和各方面的专家近万人，全国八省消防部队参加抢救；同时，原卫计委抽调 9000 多名医务人员全力做好伤员救治工作。该事故震惊全国和全世界。

事后经过国务院事故调查组的调查，发现天津港这次事故的发生存在着严重的港口管理体制混乱问题。[1]调查发现：①天津港的行政管理归属天津市政府，但是天津港公安局和消防支队却归属于国家交通运输部管理。②天津市交通运输委员会、天津市建设管理委员会、滨海新区规划和国土资源管理局将多项港口管理权违规转交给天津港集团公司，客观上导致交通运输部、天津市政府和天津港集团公司在港口的管理职责上重叠交叉、责任不清。③天津港集团公司政企不分，难以发挥安全监管职能。④港口海关监管区安全监管职责不清。以上原因导致事故公司违法行为长期得不到纠正。

天津港管理体制的问题出现的原因有相关港口管理法律规定的原因，也有港口地方管理机关的自身原因。2002 年原交通部下发的《关于贯彻实施港口管理体制深化改革工作意见和建议的函》就确认了政府部门对港口实行分级管理。原交通部作为中央政府行业主管部门，对全国港口实行统一管理。省级人民政府交通主管部门负责本区域内的港口行政管理。省级或者港口所在城市的港口主管部门按照"一港一政"的原则对港口实行统一管理。港口企业作为独立的市场主体，从事港口经营。1984 年之前，天津港由原交通部直接管理。1984 年天津港实行行政管理体制改革，由原交通部和天津市政府共同管理，其中以天津市政府管理为主。下放地方后，原交通部与天津港脱离了财政关系，由天津港自己养活自己。天津市政府接受对天津港

---

〔1〕　国务院《天津港 8·12 瑞海公司危险品仓库特别重大火灾爆炸事故调查报告》将事故原因归纳为两点，一是事故企业违规经营、安全管理不达标；二是政府涉及港口管理的各职能部门渎职。事故的主要教训有八个：①事故企业严重违法经营；②地方政府安全防范意识不强；③地方政府和部门违反城市规划法律规定；④有关职能部门贪赃枉法；⑤港口管理体制混乱；⑥危险化学品安全监管体制有问题，监管不善；⑦危险化学品安全管理法律法规标准不健全；⑧事故发生时的应急处置能力不达标。

的管理权后，很干脆地"将港口管理权全部下放给了港口"。〔1〕自从港口实行分级管理之后，存在的一个问题就是原交通部对地方港口行政管理部门的监督机制是否到位。天津港下放给地方之后，对港口危险货物的监督责任就交给了港口行政管理部门。事故发生后，检查组发现交通运输部对港口危险货物的安全管理缺乏督促检查，甩手不管。

　　2004 年天津港务局转制为天津港集团公司，然后将港口行政职能转交给天津市交通运输委员会，但是，由于涉及港口规划和治理等专业性较强的工作，天津市政府依旧将相关专业工作的管理职能交给了天津港集团。〔2〕这样就使天津港集团在从事港口经营的同时，还拥有一定的行政管理职权，很容易导致政企不分。比如，按照 2001 年国务院办公厅转发的《交通部等部门关于深化中央直属和双重领导港口管理体制改革意见》，在港口公安管理体制变革以前，港口公安、消防系统维持原状。而根据 1989 年《交通部、公安部关于进一步加强港口公安管理的通知》，天津港口公安依然归天津市公安局和交通运输部共管，行政上受天津港务局直接领导。天津港集团政企不分表现最突出的是，天津港集团可以自行对港区内的建设项目进行规划许可初审。据国务院事故调查报告披露，天津市滨海新区规划和国土资源管理局将该规划许可初审权委托给了天津港集团，〔3〕造

---

　　〔1〕　"公安部技术侦查人员进驻天津海事局"，载 http://news.ifeng.com/a/20150820/44475704_0.shtml/.

　　〔2〕　肖辉龙："天津港集团总裁郑庆跃被免职背后　港口管理乱象"，载《财经》2015 年第 26 期，第 24 页。

　　〔3〕　根据《行政许可法》第 24 条的规定，行政机关在其法定职责范围内，依照法律、法规、规章的规定，可以委托其他行政机关实施行政许可。天津滨海新区和国土资源管理局将港内建设项目规划许可初审权委托给天津港集团，在法律上没有错误，但是委托不当，会导致天津港集团自查自纠，缺乏监督。

成了瑞海公司的危险货物仓库违规建设。

在危险货物的安全生产监管方面，原交通部《港口危险货物安全管理规定》和国务院《危险化学品安全管理条例》将对危险货物的安全监管权交给了港口行政管理机关，而国家《安全生产法》将生产、经营项目的安全监管职责交予安监部门负责。这种割裂性的安全监管规定，导致了港口行政管理机关和地方安监部门之间互相推诿。国务院事故调查组调查报告指出，天津市交通运输委员会没有按照《港口危险货物安全管理规定》第54条和《危险化学品安全管理条例》第25条的规定，对瑞海公司的一系列违反危险货物安全管理的行为进行监督检查，日常监管严重缺失。对天津市安全监管部门调查的结论是，未按规定对事故公司进行日常监督检查，也没有对安全评估机构进行日常监督。根据《危险化学品经营许可证管理办法》的规定，瑞海公司的危险化学品经营许可证本应由天津市安监部门审批，但是，2012年国家安监局修改了该管理办法，取消了安监部门的危险化学品经营许可证的审批权，按照交通运输部和国务院的条例就变成了由天津市交通运输委员会负责颁发，日常的安全监督管理依然由安监机构负责。这样就使得许可机关和监管机关不统一，导致安监部门可能消极对待安监工作。

（二）对市场监管权协调配置的启示

1. 市场监管权配置必须注意监管部门之间的相互协调

监管权既存在同一部门之间的权力分工问题，也存在不同管理部门彼此之间的职权分工问题。对瑞海公司此类的从事危险货物营运的企业具有安全生产监督权力的行政管理部门数量不少，从调查报告中可以看到包括有：天津市交通运输委员会、天津港集团公司、天津海关、天津市安全监管部门、天津市规划和土地资源管理部门、天津市市场和质量监督部门、天津市海事部门、天津市公安部门、天津市滨海新区环境保护局、天津市滨海新区行政审批局、天津市委市政府、滨海新区党委和政府、交通运输部、海关总署，中介及技术服务机构，共计14个监管主体。这些管理机关的职能分工中都有涉及港口安全监督的内容，有的是专职，有的是处于上级机关的督导地位。但是，九龙治水，洪水泛滥，原因到底出在哪里？按照调查报告的责任追究分析，每一个监管主体都有玩忽职守、工作不到位的责任。据媒体的报道分析，天津港（集团）有限公司作为一家国有企业，在行政级别上是正厅级，与那些对天津港进行具体监管的监管部门在级别上基本平级甚至还高一级别，这就导致被监管的对象权力太大而监管机关不敢监管。再有，正是因为负责安全监管的机关多，往往造成了大家都容易产生疏忽心理，将发现安全问题的希望寄托在其他部门身上，形成了监管执法上的互相观望、消极对待。相信这些部门在此前没有一个会想到会发生这么大的事件，然而他们每一个部门的工作疏漏累积起来就造成了一个惊天的悲剧。

与这种情况相近似的市场监管悲剧还有一个，那就是2008年的三鹿奶粉事件。当时有多部门负责对奶制品行业进行监管，最后出现了奶制品富含三聚氰胺，对很多婴幼儿的身体造成严重伤害。原本兴旺发达的中国奶制品产业，自此事件发生之后全行业陷入市场困境。[1]食品卫生监管改革后采取的措施是将

---

[1]　在三鹿奶粉事件之前，我国的食品卫生安全监管职责主要是由农业、质检、工商三个部门承担的。农业行政管理部门负责初级农产品生产环节的监管；质检部门负责食品生产加工环节的监管；工商行政管理部门负责食品流通环节的监管。这种体制的缺点是三个部门各管一段，缺乏沟通，监管被动，在很多时候还不容易分清谁应该负责。2013年，国务院机构改革将质检部门在生产环节的食品卫生安全监管职权、工商部门在流通环节的食品安全监管职权，统一交给了新成立的国家食品药品监督管理总局（2018年后并入国家市场监督管理总局）。

从生产、流通到上市整个过程的食品卫生监管职权统一交给食品药品监督管理部门行使。农业部门只负责初级农产品和生猪定点屠宰管理。

经济学理论将这种由多个政府部门对某一事物进行监管，最后却导致监管放弃的现象称之为"反公地悲哀"。"公地悲哀"众所周知指的是公用资源由于没有使用上的排他性，导致人们过度利用致使资源浪费和枯竭。[1] 1998 年美国的黑格教授在《反公地悲哀》一文中提出，当公用资源存在多个权利所有人的时候，由于每一个当事人都可以出于某个理由阻止其他人使用该资源，或者故意设置障碍，这样就会导致资源使用效率的不足甚至闲置。这就如同一扇大门上挂了十几把大锁，它们的钥匙属于不同的十几个人，而必须同时打开十几把锁才能打开门。这就要求一个必要前提，就是拿有钥匙的十几个人必须同时到场并且对开门没有异议。如此的结局就是打开大门的机会很少，房屋的使用机会很少。"反公地悲哀"运用到公共管理领域，旨在说明公共管理"政出多门"，容易使各部门没有一个具有完整的行政管理权，结果互相观望，相互依赖，相互扯皮，最后导致管理效率低下甚至形同虚设。解决的办法还是有的，就是要么把分散的管理权力集中起来，交给一个部门，职权和职责统一，不再互相扯皮，如上面所举食品卫生监管体制改革的例子；要么就建立起监管执法的协调机制，加强沟通，统一步伐。

国务院《2015 年推进简政放权放管结合转变政府职能工作

---

[1]　何立胜、杨志强：《转型期的政府社会性规则变革研究》，中国法制出版社 2015 年版，第 201 页。

方案》〔1〕提出要深入推进监管方式改革，着力优化政府服务。要抓紧建立统一的综合监管平台，推进综合执法。2015年《国务院办公厅关于推广随机抽查规范事中事后监管的通知》再次提出，"抓紧建立统一的市场监管信息平台"，加快政府部门之间、上下级之间监管信息的互联互通，构建统一的市场监管信息平台，形成监管合力；"探索开展联合抽查"，地方政府要协调组织相关部门开展联合抽查。对同一市场主体的多个检查项目，原则上一次性完成。国务院《2016年推进简政放权放管结合优化服务改革工作要点》也专门提出，要加强监管创新，促进社会公平正义。其中的重要举措就是推进综合监管，统筹协调各监管主体的力量。在市县两级市场监管领域要推进综合行政执法改革落实监管责任制；在跨部门、跨区域市场监管领域要建立健全执法联动响应和协作机制，对违法线索查处要做到互联互通，监管标准一致，互认处理结果，消除监管盲点。2017年11月，原国家工商总局报经国务院批准，发布了《市场监管部际联席会议制度》文件，决定建立市场监管部际联席会议，统筹协调各部门之间的监管工作，以解决市场监管工作中跨部门、跨地区的重大问题。

天津港爆炸案在监管上的问题除了各监管部门工作不利之外，应该还有彼此之间缺乏协调的原因。调查报告在事故防范措施和建议中，要求港口行政管理加强交通、海关、公安、质检等部门的安全监管职责，加强部门联动配合与信息共享。以此类推到整个市场监管权力配置，如何协调好各个部门的监管行为确实是一个必须考虑的问题。

---

〔1〕 本部分所引文件均来自于国务院网站所公布之"市场监管、安全生产监管"类文件。

2. 市场监管权配置必须注意上下级机关之间的监督制约

天津港爆炸案中，负有监管责任的各个上下级监管机关之间缺乏监督制约。如交通运输部与天津市交通运输委员会是上下级关系，交通运输部按照法律将港口管理权下放给了天津市交通运输委员会，但是如何保证天津市交通运输委员会能够切实履行自己的职责，这就成了一个问题。国务院事故调查报告指明，交通运输部没有担负起组织开展港口危险货物安全监督检查的职责，对天津市交通运输委员会港口管理工作和消防工作未起到监督作用。再有，海关总署对天津海关工作督促检查不到位；天津市委、市政府和滨海新区党委和政府对交通运输委员会等所属职能部门的监管工作失察失管。天津市安监局和滨海新区安监局、滨海新区安监局第一分局、天津港集装箱物流园安全生产监督检查站，上下级之间共同玩忽职守，甚至之前第一分局和检查站已经发现或者明知事故公司有违法行为，依然使得该违法行为没有得到制止。以上所述提出了一个问题：在市场监管体制改革，权力下放的情况下，如何保证下级政府市场监管机关能够忠实履行职责？

2017 年国务院《十三五市场监管规划》提出，要通过市场监管体制的创新，提高监管效率，强化成本意识，将提高监管效率作为市场监管的基本要求，改变过去无限监管的模式。简政放权放管结合要以"提高监管效率"作为自身实施好坏的衡量标准。现代公共管理学理论认为，效率及其实现机制始终是一般管理和公共管理的核心问题，[1]效率也是衡量行政体系是否健全的尺度。[2]管理效率的提高需要通过组织效率的改进。

---

〔1〕　顾建光：《现代公共管理学》，上海人民出版社 2011 年版，第 131 页。
〔2〕　刘海萍："行政效率的层次内涵浅析"，载《社会主义研究》2007 年第 1 期，第 119 页。

在市场监管目标确定的情况下，监管效率的提升就需要利用市场监管机关的组织效率的提高。组织效率是指公共组织如何通过优化管理职权和资源在本组织内部的合理配置来实现效率。公共管理学认为，组织就是为了一定的目的而对权力所做的组合过程。为了实现一定的公共管理目标，对管理权力在公共管理主体和上下级机关之间进行优化组合。在公共管理组织的分化、组合和重整的过程中，其高级管理层和中低级管理层对职能分工和运作的看法是不一样的。在建立一个新组织前，高级管理层需要考虑这个组织能不能事先预定目标，如何协调各部门之间的管埋分工，减少摩擦，中下级管理层需要尽力使自己的工作与高级管理层指定的目标相一致，掌握上级的意图和目的。在公共管理组织的内部控制系统上，高级管理层需要准确衡量如何以及在多大范围内能够有效掌控整个组织的运作。中下级管理层需要将执行上级交给的任务的结果与任务的目标和标准相对照，必要时采取一定的变通方法使得上级任务的意图得到实现。

市场监管体制的改革就是要建立一个廉洁高效的经济管理体制，使市场监管权力配置合理，上行下达实施到位。上级主管部门在简政放权的时候，要明确哪些权力该放，哪些权力要适度集中。要将简政放权建立在科学合理的基础上，要考虑到简政放权能不能达到优化市场监管的目标，有些市场监管职能取消或者下放后会不会损害市场的稳定。为保证简政放权工作的科学合理，国务院《2015年推进简政放权放管结合转变政府职能工作方案》要求，国务院和各地区、各部门都要建立"推进职能转变协调小组"，统筹指导和督促落实本次简政放权职能转变改革工作。国务院协调小组的任务是：对各地区各部门好的典型做法收集、总结和推广；对改革中的重点难点问题和前瞻性、长远性问题，进行调查研究，提出对策；对出台的重大改革措施，组织开展第三方论证；对简政放权、放管结合转变政府职能的工作组织专家评估，突出意见建议。各地区、各部门和协调小组各专题小组、功能组的任务是：担负起推进本地区本领域的简政放权、放管结合、转变政府职能的工作；制定改革路线图，将任务分解到位、落实到人，狠抓落实；对跨部门跨领域的问题进行组织协调。从国务院到各部门、各地区的改革协调小组作为整个行政体制的高级管理层，担负了简政放权、放管结合、优化服务改革的规划、实施和监督的作用。

上述公共管理组织理论和国务院转变政府职能工作方案说明了，市场监管的简政放权，前提是要简得正确，放得合理，这样才能让下级政府或者部门能够担得起这个责任，而不会出乱子。市场监管通过简政放权合理分配之后，对具体监管主体的监督制约才能事半功倍。常见的行政机关上下级之间的监督制约手段主要有政治纪律、组织人事调配、内部工作监督机制等。政治纪律和组织人事调配一般是市场监管出了问题之后对主管负责人的惩罚，内部工作监督机制才是持之以恒的制度。2017年《国务院关于落实〈政府工作报告〉重点工作部门任务分工的意见》对于分工之后的工作要求是：各部门、各单位要强化组织领导，严格执行工作责任制，对重点工作的实施方案，要明确时间点和具体责任人；对于涉及多部门的工作，牵头部门要发挥主导作用，协办部门通力合作；要做好常态性检查，对各项任务的落实要做好日常跟踪督办、年中重点抽查、年底考核，对重点问题要适时启动专项督察。对积极作为的要激励表扬，消极怠工的要严加问责。国务院的通知规定对市场监管权配置之后的上下级部门之间的监督制约关系作出了一个原则性的说明。

第二节　市场监管权央地之间的纵向配置

一个国家政治体制中行政权力的分配主要是在中央和地方之间展开的，以此从上而下搭建了一个国家统治的治理平台。中国作为一个世界少有的超大型国家，行政治理必须通过层级的行政组织才能得以实现。在行政体制上，中国是一个有着几千年传统的中央集权制国家，中央政府对于地方政府处于绝对的命令主导地位。有政治学者曾经说：一切政治都是地方性政治，但是，在中国这种单一制国家只能说"一切政治都是中央政治"，所有的地方与中央的关系都已经在本初的政治框架内由中央事先决定。不同于联邦制国家，传统上中国的地方政府很少有与中央政府讨价还价的余地，其地方治理的权力完全来源于中央的授权。中央集权政治具有强大的社会动员能力，能够有效弥补地方经济、社会发展的巨大差异，整合全国资源以防止国家分裂，[1]但是，中央高度集权极容易造成一个国家权力统摄一切的全能主义的政治体制，从而造成社会自治秩序对国家强制力的完全依赖。[2]十八大以来，党和政府锐意进取，简政放权，创新社会管理方式，激发社会组织活力，就是要创造一个灵活多样的国家治理模式。经济体制改革是本次全面深化改革的核心，而政府市场监管方式的改革是此次经济体制改革的核心内容。本次市场监管体制的改革意义重大，它并不是简

---

〔1〕　朱丘祥："中央与地方行政分权的转型特征及其法治走向"，载《政治与法律》2009 年第 11 期，第 10 页。

〔2〕　人民论坛编：《大国治理：国家治理体系和治理能力现代化》，中国经济出版社 2014 年版，第 89 页。

单的简政放权，而是中央和地方政府在经济管理体制中的地位的重新定位，是从传统的市场监管体制的中央集权模式向分散性、基层化的参与式政府管理模式的大胆尝试。本节计划从事实和规范出发，对央地之间市场监管权配置的原因、存在的问题和解决途径做出分析。

一、市场监管权央地纵向配置的回溯

（一）改革开放前的经济管理权在央地之间的纵向配置

中华人民共和国建立后到1978年改革开放前这30年的高度计划经济时期，虽然在经济发展模式上不是市场经济体制，但是政府经济管理权限依然存在中央和地方政府分权的现象。固然这种非市场经济的经济管理权分工的机理与我们现在常见的市场经济管理权不一样，但是它可以说明央地政府之间的经济管理权分工是正常现象，可以为当前的市场监管权纵向配置做个历史参考。

中央与地方政府之间的经济管理权分工制度性规定最初出现于1949年9月《中国人民政治协商会议共同纲领》，该文件要求中央政府应在全国经济发展总计划中规定中央与地方在经济建设上分工合作的范围，统一调剂中央各经济部门与地方各经济部门之间的联系，使各经济部门在中央人民政府的统一领导下发挥各自的创造性和积极性。根据该文件，中央建立了一系列经济管理部门，地方也建立了与中央各经济管理部门对应的经济管理机关。中华人民共和国成立初期，由于国民经济还处于恢复阶段，多种所有制经济并存，公有制成分占比不大，所以国民经济是在计划和市场共同作用下运行的，市场机制在经济发展中起着基础性作用。但是，央地之间在经济管理方面的中央集中制在中华人民共和国成立伊始就开始出现了。

从1949年12月开始到1951年，中央逐步对全国的税务、粮食、海关、金融、邮电和火柴、制药等轻重工业中的各个行业进行了统一管理，这成为以后计划经济形成的开端。[1]也是从这个时期开始，央地之间经济管理分权的思考不断产生、变化和完善。1949年12月，周恩来在谈到中央与地方经济关系的时候说："我们实行的是民主集中制，不是封建割据。要既有利于国家统一，又有利于因地制宜。""在中央的统一领导下发挥地方的积极性，才能使得各方面的工作生气勃勃，否则就是死气沉沉。"[2]对中央与地方关系表述最完整的是毛泽东在1956年4月《论十大关系》的讲话。他的观点是："应当在巩固中央统一领导的前提下，扩大一点地方的权力，给地方更多的独立性，让地方办更多的事情。""要发展社会主义建设，就必须发挥地方的积极性。中央要巩固，就要注意地方的利益。""要提倡同地方商量办事的作风。党中央办事，总是同地方商量，不同地方商量从来不冒下命令。"[3]1956年9月在党的八大上，周恩来对如何划分中央与地方的经济管理关系作出了重要讲话，提出了大权集中、小权分散，既要统一领导、又要因地制宜的指导思想。国务院为此在1957年专门下发了《关于改进工业管理体制的规定（草案）》《关于改进商业管理体制的规定（草案）》和《关于改进财政体制和划分中央与地方对财政管理权限的规定（草案）》三个文件，调整中央与地方、国家与企业之间的关系，将一部分工业、商业和财政管理权下放给地方和企业。在中央与地方政府的关系上主要规定：①将中央直管的除大型重工业企业之外的其他企业下放给地方；②扩大地方的

---

〔1〕 曾峻："建国初期中央与地方关系的形成及其影响"，载《国家行政学院学报》2009年第6期，第43页。

〔2〕 中共中央文献研究室：《周恩来经济文选》，中央文献出版社1993年版，第34页。

〔3〕《毛泽东文集》（第7卷），人民出版社1999年版，第31~33页。

财权；③扩大地方在物质分配方面的权限；④扩大地方在计划管理方面的权限；⑤一部分产品的价格由地方管理；⑥扩大地方的人事管理权。[1]

纵观中华人民共和国前30年的中央与地方经济管理权力的分工，基本上是中央向上经济集权，地方政府部门主要是贯彻执行上级决定，缺乏对地方经济发展的自主权。当经济集权出现严重障碍的时候，中央就开始对地方进行放权；一旦经济产生混乱，中央又开始将经济权力予以收回。毛泽东曾经在谈论治国理政时说："我没有什么经验，就是中央集权多了，我就下放一点；地方分权多了，我就收上来一点。"[2]实际情况也是这样的，1957年国务院将经济管理权力下放后，由于权力下放过多，造成了经济过热、无序和浮夸，结果带来了"大跃进"和三年经济困难。1961年1月，中央作出《关于调整管理体制的若干暂行规定》，要求将"1958年以来的人权、财权、商权和工权，放得不适当的，一律收回。经济管理的大权应当集中到中央、中央局和省三级，最近两三年内，应当集中到中央和中央局"。[3]中央采取的高度集中的统一管理应急措施是很必要的，在当时很快稳定了经济局面。然后，随着工业生产的恢复和发展，为了调动各方面的积极性，中央又开始发文要求重新扩大地方和企业的经济管理权限。此次扩权的原则是"大权独揽、小权分散"，"统一领导、分级管理"，国务院为此下发了《关于改进基建计划管理的几项规定（草案）》《关于国家统一分配物资留给地方使用的几项规定（草案）》《关于国营工业、

---

〔1〕　武力主编：《中华人民共和国经济史》，中国经济出版社1999年版，第434页。

〔2〕　赵震江：《分权制度和分权理论》，四川人民出版社1988年版，第204页。

〔3〕　武力主编：《中华人民共和国经济史》，中国经济出版社1999年版，第497页。

交通企业财务管理的几项规定（草案）》。[1]

1966 年之前我国政府的关注点还是在经济方面，这一时期在中央计划经济的同时也比较注意调动地方和企业的积极性，所以，关于中央与地方经济管理分权的措施是不断调整的。这一方面是因为要加速国家工业化需要积累资本投入，在没有外来资本的情况下只有依靠集中全国之力搞工业建设，就必须采取中央集权制计划经济；另一方面，中国面积太大，中央也没有能力把全国各地的经济发展全部承担起来，不得不将一定的权力交给地方让他们解决自己的经济问题。如毛泽东在 1961 年批评浮夸风，谈论粮食问题的时候说："各省应该自己承担养活自己的问题，中央只负责京津沪、人民解放军和出口粮，其他统统不管。中央要求你们上调的粮食不超过 10 亿斤，让你们有个奔头。"[2]有学者对 1958 年毛泽东亲自发起的中央与地方分权运动给予了很高评价，认为这是中国对社会主义经济制度的第一次调整，希望使中国的经济与政治体制摆脱斯大林主义的束缚，它所留下的经济遗产成为以后中国改革的出发点。[3]虽然我国成立 70 多年了，在经济管理工作方法上，也已经进入了市场经济时代，但是在政府对经济的管理上依然存在中央与地方政府的合理分权问题。中国作为一个超大型国家如果不能很好地解决中央与地方的关系问题，就很难把经济发展上去。有学者指出："中央与地方的关系问题，已经成为中国制度转型中的

---

〔1〕 武力主编：《中华人民共和国经济史》，中国经济出版社 1999 年版，第509 页。

〔2〕 王珏、任登第：《毛泽东经济思想》，山东人民出版社 1993 年版，第538 页。

〔3〕 [英] 罗纳德·哈里·科斯、王宁：《变革中国：市场经济的中国之路》，徐尧、李哲民译，中信出版社 2013 年版，第 3 页。

一个轴心问题。"[1]

（二）改革开放后的市场监管权央地纵向配置

1978 年 12 月党的十一届三中全会召开，决定将全党全国工作的重点转移到社会主义现代化建设上来。从这个时刻开始，如何调动中央和地方的两个积极性来发展经济就一直成为经济体制改革的重要内容。之后召开的多次党的大会坚持不懈地在释放经济权力，在解决僵化的集权管理体制上作出改革。从 20 世纪 80 年代的政企分开，到 20 世纪 90 年代之后的分税制改革导致的中央与地方财政事权和支出责任的划分，再到十八大之后的简政放权，央地之间的市场监管权配置的探索一直在不断进行。与前 30 年计划经济体制下的央地经济管理权力分权不同，改革开放后 40 多年的央地市场监管权的调整所依据的理念是不断变化的。从 20 世纪 80 年代的计划经济与商品经济相结合，到 20 世纪 90 年代之后的市场经济体制确立，再到十八大以来的经济新常态，不同的经济发展阶段对央地之间的市场监管权配置格局提出了不同的要求，也显示了中央与地方之间对市场监管权力分工从认识到实践的逐渐成熟。

早在经济改革的起步阶段，中央就已经注意到了高度集中的经济管理模式对经济发展的阻碍作用。党的十一届三中全会报告指出，我国经济管理体制的一个严重缺点就是权力过于集中，必须大胆地将经济管理自主权下放给地方和工农业企业。党的十三大报告进一步说明，权力集中的表现是，领导机关管了许多不该管、管不好、管不了的事情，陷于事务主义而不能自拔，基层缺乏积极性，因此必须在保证国家政令统一的情况下，逐步划清中央与地方政府的职责，中央提出大政

---

[1]　吴国光、郑永年编：《论中央—地方关系：中国制度转型中的一个轴心问题》，牛津大学出版社 1995 年版，第 3 页。

方针和进行监督，地方只管地方的事情。当然，这个时期的央地经济管理权力划分主要是针对国有企业管理，一方面政企分开，另一方面下放企业管理权给地方或者企业自身。公有制企业在这个时期无论在数量上还是地位上，都是举足轻重的，加之商品市场还处于初期阶段，国家处于计划经济为主商品经济为辅的体制下，下放权力主要是扩大中心城市和企事业单位的权力。

1993 年 11 月，党的十四届三中全会决定建立社会主义市场经济体制，中央与地方之间开始在整个国家经济体制层面上进行分权。《中共中央关于建立社会主义市场经济体制若干问题的决定》规定，实行分税制，合理划分中央与地方的事权和责任，以理顺经济关系，使经济活动规范化。随之《国务院关于实行分税制财政管理体制的决定》颁布，决定在中央与省自治区直辖市和计划单列市之间实行分税制财政管理体制改革。分税制改革按照中央与地方之间的事权责任划分，在此基础上明确各级财政的支出范围；按照事权与财权相匹配的原则，将全国税种统一划分为中央税、地方税和中央与地方共享税，并建立两套税收系统，分别征收中央税和地方税；对地方收支数额，在核定之后通过中央财政对地方政府进行税收返还和转移支付。分税制改革最大的特点是在财政上对中央与地方政府的社会管理权范围作出了基本界定，成为以后中央与地方政府之间社会和经济管理权力划分的依据。

2012 年党的十八大之后，新一届政府上台，面临的经济形势是整个世界经济形势萎靡不振，我国出口大幅波动，经济持续下滑。中央提出供给侧改革的目标，鼓励产业升级和技术创新，走质量型经济发展之路。为此就必须激发市场的创造力，活跃地方和企业的经济创新积极性，这样才能使我国经济转方式、调结构、促升级，实现今后长期的可持续性发展。为实现这一目标所采取的经济管理体制改革就是简政放权，将过时的市场监管权力予以取消，将过于集中的权力下放给地方，将过去政府之间不清晰的权力边界予以明晰。用政府的话说就是"把简政放权作为全面深化改革的'先手棋'和转变政府职能的'当头炮'"。其具体举措就是全面清理"中央指定地方实施的行政许可事项"和将一批行政审批权直接下放给了地方政府。[1]尤其是通过公布各级政府的行政许可权力清单，力图将此次简政放权的成果予以制度化。

二、央地之间市场监管权配置存在的问题

长期以来，我国中央与地方政府之间的权力划分是通过中央政府的行政法规或者规章进行的，分权的主动权完全掌握在国务院手中。虽然宪法和组织法对地方的权力作了原则性的规定，但是，宪法规定强调中央政府对地方政府的统一领导又将地方的权力实质性地收归国务院掌控。[2]支持中央政府集权的观点认为，"中央集权是国家现代化进程中权力实行的普遍形式"，[3]国家经济实现超越式发展就必须依靠集权，以集中力量办大事；还有的认为集权可以将分权情况下各自为政造成的经

---

〔1〕　国务院从 2015 年到 2017 年 1 月共分三批取消了 253 项中央指定地方实施的行政许可事项。国务院于 2016 年 6 月公布的中央指定地方实施的行政许可清单共有 783 项减去 2017 年 1 月第三批取消的 39 项，现在的中央指定地方实施的行政许可事项共有 744 项。数据来源于：国务院网站/服务/政府权责清单 http://www.gov.cn/fuwu/zfquanze/index.htm.

〔2〕　如《宪法》第 89 条第（四）项规定，国务院统一领导全国各级国家行政机关的工作，并有权具体划分中央政府与省、自治区、直辖市政府之间的行政管理职权范围。

〔3〕　孙彩红、余斌："对中国中央集权现实重要性的再认识"，载《政治学研究》2010 年第 4 期，第 39 页。

济混乱予以纠正，增强中央调控经济的能力。[1]反对中央集权的认为，地方创新能力不足，以至于出现政府不作为的现象，主要原因在于中央与地方关系调整的滞后。中央出于治理整顿的需要进行的选择性集权，通过垂直型管理将重要的权力收归中央，等于否决了地方在经济管理体制等方面的创新资格，使得地方开始对中央的政策采取消极应付的态度。[2]在实际的工作中，中央与地方关系出现了"权力流失，但是不知流失到何处去了"[3]的悖论，表现为中央的权力被地方分化和变通，使得中央经常感到缺乏控制地方的足够的权力；同时，地方政府虽然对政策灵活变通，但是因为没有法律依据，手中的权力随时可能被中央收回，也常常感到自己匮乏权力。[4]审视这么多年来的中央与地方经济管理权力分工，中央集权与地方分工的结合使得我国经济发展几十年来不断进步，但是另一方面，也存在一些长期已有的问题。从市场监管权配置的角度分析，大致存在以下缺点：

（一）制度化欠缺

央地之间的权力分工一直没有形成稳定的制度化机制，无论是行政管理权分工还是市场监管权分工，基本都是由中央采取行政通知、意见、命令等行政文件确定职责分工，很少采取法律规范的方式。虽然《地方各级人民代表大会和地方各级人民政府组织法》在第59条用十项规定列举了县级以上地方各级

〔1〕 宋琳："选择性集权与国家治理转型——基于中央与地方关系的考察"，载《陕西师范大学学报（哲学社会科学版）》2013年第4期，第124页。
〔2〕 刘华："国家治理现代化视域下的中央与地方关系"，载《江苏社会科学》2017年第2期，第125页。
〔3〕 郑永年：《中国模式——经验与困局》，浙江人民出版社2010年版，第116页。
〔4〕 魏治勋："中央与地方关系的悖论与制度性重构"，载《北京行政学院学报》2011年第4期，第21页。

人民政府的职权，但是规范过于原则。我们看前面所述的分权历史，基本上就是收—放，放—收，不断地重复。当然，我们在批评行政决定的缺陷的时候并不能否定它在我国国家管理中的作用，毕竟行政决定的出台不需要严格的程序，修改和废止都可以根据情况的变化便宜行事，其特别适合行政机关灵活应对市场经济中出现的问题，及时出台应对措施。从国家立法的数量上看，人大立法还是远远少于行政立法的，宪法赋予了国务院以广泛的行政立法权，国家行政管理还是以行政机关出台的行政法规和政策为主。国务院具体掌握各级地方行政分权具体内容的优点是明显的，能够很好地发现经济问题并予以纠正，使各级政府行动一致，避免出现地方对抗中央指挥的情况。可是过多地采取行政自主分权会造成行政机关"置法律于不顾，随意制定公共政策，甚至对抗法律"，[1]因此，从市场经济需要稳定的法治环境以及发挥中央与地方两方面的积极性考虑，最好使得央地之间的市场管理权限尽量的制度化，使行政执行机关和市场主体都有一个合理的监管行为预期。我们从党的十八大之后的行政简政放权来看，国务院通过"政府权责清单"的方式力图使中央与地方政府之间的行政职能分工制度化，当然也包括市场监管权力分工。各省一级政府也出台了本省内的各级政府之间的权责清单，使权力分工制度贯彻到基层。但是，政府权责清单毕竟是行政机关自己一手打造的东西，距离法治化的目标还差一段距离，所以真正的央地之间权力分工还必须以法律为标准，实现以法治为基础的常态化分工。

（二）央地市场监管权配置缺乏明确标准

长期以来的央地之间的经济管理分权很难看出有什么样的标

---

〔1〕　孙国华、王立峰："依法治国与改革和完善党的领导方式和执政方式——以政策与法律关系为中心的考察"，载《政治学研究》2002年第4期，第39页。

准。虽然不能说某项权力就一定属于某一级行政机关，但是大致的原则应该让人能够把握。一般来说，法律在规定地方政府经济管理职权的时候，主要从几个方面考虑：①经济效率，就是看哪一级政府更能有效地执行经济管理职能，从市场监管方面看就是谁更能维护市场的效率与秩序，使市场经济得到更好的发展。②经济公平，就是在市场监管和调节方面看哪一级政府更能贴近市场，与市场主体的距离更近，便于了解市场行情和接受市场主体的监督。③市场统一，一个国家的市场应该是统一的，这样才能发挥规模效应。有些时候，地方出于本地利益的考虑会实行地方保护主义，造成国家统一市场的撕裂，这就必须由中央政府将一些关键的市场监管权掌握在自己手里，才能有效提升整体市场的监管水平。④经济安全，中国作为一个单一制国家必须要求中央政府掌控行政管理权力的分配，使得地方不至于形成地方经济割据，造成强地方弱中央的局面，这样会对国家政治安全产生危害。

（三）央地市场监管权配置缺乏监督

法律规定了中央政府可以统一领导地方，并负责中央与地方之间的权力分配，但是，此种权力分配的决策权应当受到监督，防止中央在分权之时侵害地方的利益。虽然我国是单一制国家，政治体制是自上而下的统一领导，但是中央与地方在分权之时还是存在利益的不一致。有学者在问卷调查之后发现，地方对中央与地方的关系存在一些意见，主要有：①权责不对称，有权有钱的行政管理权力被上级收走，管理责任交给了地方，形成了地方有责无权无钱的局面。②财权、事权不对称，中央通过分税制将财权上收，事权下沉，造成地方对很多事务的管理有心无力。[1]这虽然说的是普遍的权责分工不公的问题，

---

[1] 肖立辉："县委书记眼中的中央与地方关系"，载《经济社会体制比较》2008年第4期，第145页。

并不仅仅指市场监管权力分工，但是，地方政府的权力中很大一部分是经济管理权，依照地方组织法经济管理依然属于地方人民政府的职责范围。因此，央地经济管理权配置应该有一个监督机制，使权力分工尽量做到科学合理。

三、央地之间市场监管权配置的法律规制

（一）央地市场监管权配置应当法治化和程序化

虽然我国是中央集权制国家，上级当然有权力命令下级政府，但是，由于现在央地之间实行的是分税制财政体制，所以，在央地之间的财事权分配上应当予以法治化和程序化。提高中央政府的法治化程度，其目的在于从制度上防止中央政府收权和放权的随意性，使中央与地方政府权力合理分配。因为地方政府行为中出现的问题，有不少正是中央各个部门从各自的利益出发造成的政策打架所致。[1]

对于如何实行央地分权的法治化，有学者认为应该实行中央与地方之间的立法分权、财政分权、治理分权，通过提高这三个方面的分权最后达成中央与地方关系的法治化。同时，为了解决中央与地方的法律规范冲突，还需要制定一部调整两者关系的基本法律。在央地之间权力范围的调整上，建议采取司法方式对中央与地方政府之间的关系进行间接调节，不采取立法和行政的调节手段，以保持对央地之间权力范围调节的公正性和客观性。[2]还有学者认为要实现中央与地方政府之间关系的法治化，一是要在法律规范上明确"地方事务"的范围，明

---

〔1〕　马力宏：《分税制与中央和地方关系调整》，陕西人民出版社 1999 年版，第 194 页。

〔2〕　朱未易："对中国地方纵横向关系法治化的研究"，载《政治与法律》2016年第 11 期，第 75 页。

晰中央与地方间的权力与责任边界，理清双方的权力义务关系；二是要完善央地之间的权力关系调整的程序控制制度，以职权调整的法律程序来防止中央对上下级政府之间权力关系调整的盲目性、频繁性和肆意性，以维护央地之间权力关系的相对安定。[1]

我国目前宪法和政府组织法对央地之间经济管理权力分配仅作了非常原则的规定，调整央地之间权责内容的制度性规范主要是行政性规范。按照我国的法律形式渊源来说，行政性规范也属于法律规范的一部分，似乎以国务院命令或者部门规章方式决定的央地之间市场监管权的划分也符合法治含义。如果要实现央地之间市场监管权的分工配置的长效性和科学性，应该由人大制定详细之法，厘定央地之间的包括市场监管权在内的主要权力分工范围；即使国务院以行政立法来界定，这些行政法规和规章的出台也应当是对人大立法的补充，而不应当如现在这样将分权之事一概交给行政机关自己决定。

(二) 央地市场监管权配置的标准应当科学合理

如上所述，市场监管权配置的标准是多样化的，没有单一的情况存在，多是综合考虑采用的。在经济疲软的情况下，市场监管权的配置应该以效率目标为标准；当遇到市场秩序混乱的时候，就需要以市场秩序和经济安全为准则来配置权力。市场发展的情况是不断变化的，对市场监管权力的运用也不可能是一意孤行的，也应不断对症下药。但是，在市场经济的体制下，经济效率的追求应该是市场监管权力配置的主要标准，只有这样才符合市场经济发展的主旨，其他标准应当为实现经济效率标准服务。为使市场监管权配置的标准选择合理，应做好

---

〔1〕 张芳、张艳、宦吉娥："法治框架下我国中央与地方关系之解读"，载《武汉大学学报（哲学社会科学版）》2012年第1期，第40页。

"政府监管绩效评估"，[1]及时对市场监管权的运行状况进行评价，以检测央地市场监管权配置的实际效果是否达到了预期的目标，以便不断矫正监管权配置标准的偏差。通过不断的政府监管绩效评估，使市场监管权配置的好坏得到证明，将不合理的监管权力配置加以消除。

（三）市场监管权的央地配置应该接受权力机关的监督

在现在地方区域经济竞争激烈的情况下，积极取得中央对本地经济的放权成为各地方政府努力的目标。取得了中央对本地创建特别经济区域的批复，就等于取得了市场管理的更大自主权，可以获得比其他地方更大的经济发展先机。例如，中央按照创新试点的原则将地方经济区域划分为普通行政区、经济特区、自贸区、城市经济区、经济技术开发区、保税区等，这些地方政府在经济管理权限上各有差异，市场监管权内容也会有所不同。比如自2013年以来，国务院批准成立了11个国家级

---

〔1〕　政府监管绩效评估是指根据管理的效率、能力、服务质量、公共责任和社会满意度等标准，对政府市场监管部门在监管过程中的投入、产出和最终效果进行评定，以此发现监管过程中存在的问题，并为找出解决方案，进一步完善监管职能提供科学依据。政府监管绩效评估的作用是：①通过评估发现以前没有预见的潜在问题，进而将其纳入监管措施的制定和调整方案中；②评估中的磋商机制可以反映公民的利益诉求，并以此更好地实现对监管过程的监督，提高监管的可问责性；③监管评估得出的经验和教训可以更好地为以后的监管规章和决策的制定提供信息。（王蕾：《政府监管政策绩效评估研究》，首都经济贸易大学出版社2012年版，第18页。）对政府职能行使进行绩效评估兴起于20世纪90年代，资本主义国家先后实行了以成果为导向的预算改革，通过法律和实施机构，对各个政府机构进行预算实施情况的绩效评估。1993年美国专门制定了《政府绩效与成果法案》，明确了政府绩效评估的制度框架。我国在行政管理体制改革过程中也开始进行政府绩效评估，以推进行政效率效能的改善。时任总理温家宝在2008年3月十一届全国人大会议上所做的《政府工作报告》中提出要推行"政府绩效管理制度"，绩效评估开始在各级政府普遍施行。市场监管权配置是否合理，可以通过对政府监管工作的绩效测评来考察是否达到了监管的预期目标，从而了解监管权的配置是否合理。如此，就能将央地市场监管权配置的标准选择变得科学合理。

自由贸易区，各地方自由贸易区又分别制定了自己的自由贸易区条例，对自由贸易区的市场管理体制、投资贸易、金融创新和风险防范、税收、工商、市场竞争等方面进行了规定。这些规定的市场监管权力具有很大的地方自主性，显示了中央政府对地方的极大放权。但是，纵观法律，这些经济特区的资格取得都是来源于国务院的批准，未见人大权力机关的法律监督。按照先试先行的原则，国务院可以独自批准地方建立各种经济特殊区域，但是在法治原则下应该通过立法体现权力机关对国家经济权力的总体掌控，以防止中央行政机关权力过大，垄断国家经济发展的决定权。在试点成熟的时候，人大应该及时制定《经济特区法》《自由贸易区法》等法律，这既是对经济发展经验的总结，也是权力机关对央地政府之间行政经济管理权力划分监督的体现。[1]从本质上说，无论是什么样的中央与地方的市场管理分权，最后都应当通过全国人大立法将其基本内容明确下来。

第三节　市场监管权的横向社会配置

市场监管权的横向社会配置，是指拥有市场监管权的政府经济管理机关让渡一部分监管权，交予社会性组织行使，由它们代替政府对一些市场竞争行为进行监管，以减轻政府的责任，使监管活动更加灵活和及时。市场监管权原本作为公权力在经济领域由国家代表全社会来行使，以其第三人的中立地位来调

---

〔1〕　国际上有不少国家制定有专门的特殊经济区域法律，如《越南经济特区法》《缅甸经济特区法》《俄罗斯经济特区法》《泰国经济特区法》《墨西哥经济特区法》《哈萨克斯坦经济特区法》《肯尼亚经济特区法》《美国对外贸易区法》《新加坡自由贸易区法》等。

节市场主体之间的竞争关系。但是随着商品经济的发展，专制集权国家逐渐演变成国家和市民社会的二元分立，处于国家机构控制之外的市民社团的发展形成了对专制的政治制约，市民社会"通过民主参与、社会运动、自治结社以及舆论影响而对国家政治决策进行参与和影响"。[1]现代社会作为个人权利自由的社会，其重要的一个标志就是公民对"私人领域"活动的自我管理，而不是依赖于政府的强制化干预。约翰·密尔甚至认为公民自我管理是一个民族处于"文明"还是"未开化"阶段的标志，"一个彻底的平民政府不仅支持好的行政管理，而且通过使公民对他们自己的事务负责，从而比其他任何政体都更有利于促进更好和更高形式的民族品格"。[2]国家在道德上有义务鼓励和培养人们的自立和自愿合作的精神，而不是让人们习惯于让政府为他们做好每件事情。为达成这种自我管理的实现，除了原有的私人权利的自我实现，一些独立于国家和私人之外的组织被组建起来，承担起市民社会管理的职责。在市场经济领域，除原有的国家市场监管权力主体之外，大量的市场中间层组织承担起大量的市场监管职能，形成了与政府之间的横向市场监管权的分权。此种市场中间层组织作为非政府组织，基于他们对市场主体的需要有较为贴切的认识，所以能够有效地提高市场监管的效率，回应市场竞争的要求。而且，将市场监管权部分分配给市场中间层组织，可以在一定范围和程度上制衡国家权力，从而使社会权力抵御国家权力对社会主体的侵害。[3]

---

〔1〕　邓正来：《国家与社会——中国市民社会研究》，北京大学出版社 2008 年版，第 115 页。

〔2〕　[英] 理查德·贝拉米：《自由主义与现代社会：一项历史论证》，毛兴贵等译，江苏人民出版社 2012 年版，第 40 页。

〔3〕　郭道晖：《社会权力与公民社会》，译林出版社 2009 年版，第 156 页。

自 20 世纪 80 年代我国经济改革开放开始，政府对商品竞争行为的控制权不断地放宽，交由市场机制来决定资源的配置走向，市场在自我调节的基础上焕发了生命活力，不断地创造了经济发展的奇迹。与经济生活自由化相伴随的是社会经济管理的民主化，大量的社会经济事务的管理交给了社会去自我管理。诚如学者所说，现代化对传统社会最直接的影响，在于与现代化进程相关的新角色的形成。[1]与原有经济集权的计划经济相比，市场经济领域中的承担监管职能的新角色不断出现，而不是仅仅由政府一家承担。这些新的角色以其所拥有的权力和声望，加入到现代化发展所形成的新的社会等级结构中来，并在不断地改写着原有的商业领域的法律制度规定。表现在市场监管体制上，原有的"政府—市场主体"的二元结构变换为"政府—市场中间层组织—市场主体"的三元结构。在每一个行业经济领域，除原有的政府监管之外，都实行了行业主体自身的自我监管的配合。国家立法也在制度设计上顺应了市场经济的需要，承认了社会团体同样可以享有公权力性质的管理市场竞争行为的权力。从 1998 年《社会团体登记管理条例》颁布以来，各地方纷纷制定了地方性社会团体登记管理条例，各种行业协会或者社会团体大量设立，市场监管权由这些团体适度分担已经成为常态。

社会团体承担市场监管的功能，既是现代经济管理变革的内在要求，也填补了由于市场经济因放松管制，国家退出造成的权力空白，防止了经济秩序出现过度自由化的紊乱，[2]其所

---

〔1〕［美］戴维·E. 阿普特：《现代化的政治》，陈尧译，上海世纪出版集团 2011 年版，第 94 页。

〔2〕鲁篱："行业协会经济自治权研究"，西南政法大学 2002 年博士学位论文，第 88 页。

具有的意义是不言而喻的。但是，由于市场性社会团体的组织成员为市场经营性主体，出于自身经营事业利润追求的考虑，在实施行业竞争管理的过程中，难免会自徇私情，不能真正地考虑市场发展的长远利益，损害消费者的利益，使国家赋予其的监管职权流于形式。故此，在对市场监管权的横向社会配置中，要注意社会性自治监管主体的缺陷，依法监督此类社会性监管权力的行使。

一、横向社会配置的市场监管分权对象

我国传统上是一个市民社会不发达的国家，政府对社会的管理权力高度集中，社会组织稀少且不具有多少管理权。从中国特色社会主义市场经济角度讲，我国政府开始在经济管理权力上大力放权，培养市民社会自身的管理自我能力。从国情上说，横向社会配置的市场监管分权就是一个政府逐步释放手中权力的过程，将权力交给社会，其分权的对象就是各类社会性组织。通过政府对外放权取得市场监管权力的组织主要包括各类行业协会、证券交易所、期货交易所、消费者组织等。经济法理论中将处于政府与市场之间承担服务市场职能的主体称之为社会中间层主体，除了前述的行业协会、交易所和消费者组织之外，还有"政策性银行、商业银行、国有投资公司、工会、仲裁委员会、会计师事务所、律师事务所、审计师事务所、计量和质量检验机构、资产和资信评价机构、交易中介机构"等。政策性银行等社会中间层主体的"干预和协助职能"主要集中在宏观调控、产品检查、企业资质认定、经济鉴定、法律服务等方面，与对市场竞争行为的监管联系并不密切，而行业协会、交易所和消费者组织依据法律、自律性章程对会员企业或者市场主体扰乱市场竞争秩序的行为进行主动监督，以保护消费者

的合法利益，目的明确，手段主动，我们可以将其视为与"行政性市场监管权主体"并列的、独立的社会性市场监管权主体，称之为社会性市场监管权主体。社会性市场监管权主体是由市场主体自愿组成的，依照法律或者行政机关的授权，或者按照章程的规定，对会员企业或者与消费者权益有关的企业的市场经营活动进行监管的非营利性社会组织。该主体具有以下特点：

（1）在法律性质上属于非营利性社会组织。社会性市场监管权主体作为独立的法律主体，不依附于政府而存在，不属于行政主体，与具有市场监管权的行政性经济管理机关形成对比。社会性市场监管权主体不以营利为目的，不从事营利性活动，提供的是社会性公益服务，不属于市场主体，与市场主体属于监管与被监管的关系。

（2）依法拥有市场监管权。社会性市场监管权主体根据法律的规定或者行政机关授权，拥有一定的市场监管权，可以对市场主体的违法违规行为进行监管。有些社会性市场监管权主体以市场监管为其主要社会职能，如交易所；而有些却是将市场监管仅作为其多种社会职能的一部分，如行业协会和消费者组织。

（3）以自律性管理的方式进行市场监管。经济管理机关的市场监管权是一种强制性的他律监管，监管规则有明确立法规定，被监管的对象必须服从。社会性市场监管主体的监管权是一种协议性的自律监管，其监管权来源虽然有法律依据，但是法律将其监管规则认定为是组织成员一致同意的结果，其监管权在效力上并不一定具有强制性。社会性市场监管主体的监管内容除法律规定外，大量地以组织章程或者内部规则的方式存在。

（4）市场监管的范围受到严格的限制。社会性市场监管权主体与经济管理机关的市场监管权不同，不是针对一般性市场主体，而仅仅适用于组织内部会员性企业或者与消费者权益有关的企业。因此，社会性市场监管权主体属于功能性社会团体，在设立目的上需要有明确的职能行使范围。

（5）主体属于社会中间层主体的一部分。经济法主体体系包括三个部分：经济行政主体、市场主体和社会中间层主体。经济行政主体既可以在宏观调控规制关系中成为宏观调控权主体，又可以在市场规制关系中成为市场监管权主体，同样，市场主体在经济法律关系中既是宏观调控受体又是市场监管受体。社会中间层主体作为独立于政府与市场主体的第三类主体，其作用是为政府干预市场、市场影响政府以及市场主体之间的协作提供中介服务。在主体地位上，社会中间层主体既是协助政府宏观调控和市场监管的管理主体，又是需要接受政府监管的被管理主体。

以下我们对市场监管权横向社会性配置的论述将主要围绕行业协会、交易所和消费者协会这些社会性市场监管权主体为例来展开。

二、横向社会配置的市场监管权内容

（一）行业协会的监管权

何为行业协会，目前全国性立法没有给出明确的定义，只能在一些地方性法规中找到定义，而且这些法规也都肯定了行业协会具有一定的市场监管职权，这种监管权通过对行业会员企业的自律性管理体现出来。如中共广东省委、广东省人民政府《关于发挥行业协会商会作用的决定》将行业协会定义为，从事相同性质经济活动的经济组织，为维护共同的合法经济利益而自愿组织起来的非营利性社会团体。对于行业协会的市场监管职权规定为：①规范本行业生产经营者的行为。通过制定行业行规，规范行业内的生产经营行为；监督会员依法经营和照章纳税；强化行业价格自律；防范和制止市场垄断行为，维护行业市场内部的公平竞争和整体利益；与政府协作打击假冒伪劣产品的制售，监督会员企业产品和服务质量的自律。②接受政府委托授权，承担本行业企业和个人资质认定以及商品质量认定工作。如依据行业行规，认定企业资质等级、专业技术职称、执业资格、行业检验评定；对行业企业进行评优评先；对产品出具原产地证明。③对行业会员进行监督指导。包括对行业价格制定进行监督指导；规制市场垄断和不正当竞争行为，维护行业市场竞争秩序；维护行业合理布局和市场有序进入，防止重复建设和无序竞争；在全行业监督执行安全生产和环保标准，督促企业落实安全生产和环保标准。再如，《上海市促进行业协会发展规定》将行业协会定义为，由同业企业及其他经济组织自愿组成、实行行业服务和自律管理的非营利性社会团体。该规定将行业协会的市场监管职能规定为：①依照协会章程或者公约，制定本行业质量规范、服务标准。②协调会员之间、会员与非会员之间或者会员与消费者之间就行业经营活动产生的争议事项。③对违反行规行约和行业协会章程的会员采取行业自律措施；对违法经营的行业内企业或其他经济组织，建议并协助政府部门进行查处。④接受政府委托开展行业服务，开展行业统计、行业调查、发布行业信息、公信证明、价格协调、行业准入资格资质审核等工作。⑤对行业企业经营活动进行监管。对于违反行业自律规定，产品质量或者服务标准不达标，损害消费者利益，参与不正当竞争的会员进行处罚。⑥参加反倾销、反补贴、反不正当竞争的有关活动。在监管机构方面，我国各类行业协会对会员企业的经营活动监管主要通过理事会进行，或者内设"行业自律委员会"负责行规行约的执行。行业协会对会员违反公约的行为，在调查核实的基础上，可以采取劝诫、警告、同业制裁、向全体会员通告和向媒体披露等处罚措施；对于情节严重者，可以开除其会员资格。对非会员企业，可以向经济管理机关提议进行制裁。[1]

（二）证券交易所和期货交易所的监管权

依照我国法律，证券交易所和期货交易所是依照章程和交易规则实行自律管理的法人。我国两大证券交易所均实行会员制法人形式，设有理事会和一名总经理。证券交易所对证券市场的监管职权主要包括：①对证券上市交易和转让进行审核安排，决定证券是否终止上市交易或转让；②对证券交易活动进行组织和监督；③组织创新证券交易品种和交易机制；④依据各会员的风险管理水平进行分类管理和日常性监督管理；⑤对上市公司的信息披露行为等进行监管；⑥针对遵守本章程和业务规则的情况，对会员、证券发行人和其他市场参与主体进行现场或者非现场检查；⑦对违反证券交易业务规则的证券发行人及相关市场参与人采取自律监管措施或者纪律处分。目前，我国证券交易所在职能上承担着对证券交易活动和交易所会员的一线监管责任。

在期货交易所对期货交易的监管方面，我国《期货交易所管理办法》将期货交易所定义为不以营利为目的，依照章程和交易规则实行自律管理的法人。期货交易所的组织形式为会员制或者公司制的组织形式，但是，我国各类期货交易所基本采用会员制。期货交易所的市场监管职能主要为：依照法律规定健全各项规章制度，加强对交易活动的风险控制和对会员及其交易所工作人员的监督管理。具体包括：①设计合约、安排合约上市，保证合约的履行；②组织并监督期货合约的交易、结

---

〔1〕　本部分有关行业协会的地方性法律法规内容来源于中国行业协会官方网站。中国行业协会商会 http://www.fctacc.org/zcfg/list-13-8.html/2018/3/1/.

算和交割；③依照章程和交易规则对会员进行监督管理；④建立健全期货交易风险管理制度；⑤对期货市场异常情况采取紧急风险处置措施；⑥查处会员或者客户的期货交易违规行为。期货交易所的管理机构中，会员制的采取理事会和总经理的治理结构，公司制的采取股东会、董事会、监事会的治理结构。

以上之所以将证券交易所和期货交易所作为市场监管权的社会主体之一，将其监管职权作为市场监管权在政府与社会主体之间横向分权的一种体现，原因在于证券交易所和期货交易所并不是政府经济管理机关，同时又不是市场经营性组织，其本身不参与证券或者期货的经营活动，不以营利为目的，而仅仅是为其会员提供交易场所的组织。两者在本质上属于社团组织，而不是企业。

（三）消费者组织的监管权

消费者协会和其他消费者组织是依法成立的对市场上的商品和服务进行社会监督以此来保护消费者权益的社会组织。在法律性质上，消费者协会在职能上属于半官方的群众性团体，其他消费者组织属于民间社团组织。[1]消费者组织在法律上有两项职能：一是对商品和服务进行社会监督；二是支持和维护消费者的权益。《消费者权益保护法》赋予了消费者协会八项市场监督职能。从内容上看，消协的市场监管职能属于一种协助性职能，协助政府制定有关消费者权益保护的制度性规定，协助政府部门对市场的监督、检查，协助消费者维权。但是，在实际工作中，很多地方政府市场监督管理机关将某些消费纠纷的解决权交给消费者协会，使消费者协会取得了实际的市场监管权。如宁波市消费者保护委员会制定的《宁波市商业预付卡

---

〔1〕 国家工商行政管理局条法司编著：《消费者权益保护法释义》，长春出版社1993年版，第72页。

消费争议处理暂行办法（试行）》、湖南省消费者保护委员会制定的《湖南省家具行业解决消费纠纷暂行规定》、山东省消费者协会和山东省家庭服务业协会联合制定的《山东省洗染行业消费争议处理办法（试行）》等。[1]这些地方消费者协会制定的规则规定了经营者违规行为的具体表现，经营者不得采取的侵害消费者的行为，经营者对侵害消费者权益的行为需要承担的责任，消费者协会享有对这些内容的规则解释权。

三、横向社会配置的市场监管权存在的问题

社会性市场监管权主体在承担行业自律管理、协助政府管理市场竞争活动、巩固政府职能转变中起到了重要的作用，但是，它们在职能行使过程中也同样存在滥用权力的现象。

（一）利用行业监管权力限制竞争

我国《反垄断法》规定，行业协会应当加强行业自律，引导本行业的经营者依法竞争，维护市场竞争秩序。同时又规定，行业协会不得组织本行业的经营者从事垄断协议行为。行业协会由于由本行业的经营者会员组成，维护的是行业经营者的利益，所以，行业协会具有限制竞争的内在动因。行业协会限制竞争的行为主要是以行业协会的名义，通过行业协议或者其他方式排除或者限制竞争。这些反竞争的行为可以在协会会员、协会与会员、协会与同行非会员、不同地域的协会之间实施。[2]行业协会利用监管权力限制竞争的原因是为了谋取超额利润，因为限制竞争避免了企业之间进行的价格战，固定了商品的销售

---

〔1〕　地方消费者协会制定的相关规则，参见中国消费者协会官方网站：http://www.cca.org.cn/.

〔2〕　梁上上："论行业协会的反竞争行为"，载《法学研究》1998年第4期，第115页。

价格。这种固定价格的行为，侵害了消费者的权益，成为一种以隐晦的方式对公众掠夺的行为，由固定价格而形成的高价也最终转移给了消费者去负担。行业协会的自利性倾向很难消除，因为这是与会员企业的"经济人"理性相关的。当消费者利益和生产者利益相冲突时，在没有外在监督机制的情况下，行业协会在会员的影响下会不自觉地协调企业的立场，通过限制竞争来取得不当的超额利润。亚当·斯密曾经讽刺过商人的限制竞争的行为："同行的经营者们很少聚到一起，即使为行乐和消遣，其谈话的内容也是以共谋损害大众或者以某种阴谋诡计抬高价格而告终。"[1]行业协会的存在使限制行业竞争变得更为方便，行业协会的一些决定和措施会把反竞争的行为变得更加隐蔽和冠冕堂皇。[2]行业协会"组织"的限制竞争行为在我国并不鲜见，如2016年山西省直供电价垄断协议案。山西省电力行业协会组织省内23家火电企业签订协议统一直供电价，对于不愿参与实施协议的电力企业，威胁对其在行业评比中实行一票否决。该案是商品领域反价格垄断执法涉案企业数量最多的案件，包括了山西全省规模以上的所有发电企业。[3]

---

〔1〕 [英] 亚当·斯密：《国富论》（第2版），谢宗林、李华夏译，中央编译出版社2011年版，第375页。

〔2〕 行业协会限制竞争的方式，既可能是《反垄断法》第二章"垄断协议"所列举的禁止行为，也可能是比较隐晦的方式。比如，行业协会通过信息交换来使会员企业规避价格竞争，通过对产品和服务标准、规格进行不恰当的统一来限制彼此间的质量竞争。

〔3〕 网上披露的行业协会组织的限制竞争案还有：2009年11月连云港市建筑材料和建筑机械行业协会混凝土委员会组织本行业经营者从事垄断协议案；2010年慈溪市建设工程检测协会组织本行业经营者从事垄断协议案；2011年7月辽宁省建筑材料工业协会组织本行业经营者从事垄断协议案；2012年2月宜宾市砖瓦协会组织本行业经营者从事垄断协议案；2012年6月常德市保险行业协会组织当地保险企业从事垄断协议案；2012年5月张家界市保险行业协会组织当地保险企业从事垄断协议案；等等。

（二）以监管权的行使而自利

市场监管权或者行业监管权在本质上是一种社会化行政权力，其行使的目的在于为公共利益服务，而不能金钱化。按照行业协会法、证券交易所法和期货交易法，这些行业机构的性质都是一种非营利性的社会组织机构。如果它们拥有的行业自律监管权或者证券、期货交易的监管权营利化，必然会刺激它们的贪利之心，从而将监管对象作为牟利对象，放弃自己的中立公正地位。再有，基于消费者的分散无力，企业经营者在经济和信息上处于相对优势地位，行业协会或者证券、期货交易所更容易被企业的经济诱惑所俘获，从而放弃维护消费者的利益。

行业协会在收取正常会费之外的收费手段很多，比如，通过提供鉴定、公证、检验、产品认证和推广、行业评比、产品和技术转让、市场质询等非竞争性中介服务收费。我国不少行业协会在行业监管的时候利用手中的权力牟利，在新闻报道里屡见不鲜，被称为"戴着行会的帽子，舞着政府的鞭子，坐着行业的轿子，拿着企业的票子，供着官员兼职的位子"，[1]以半官方半民间的身份，向企业收费摊派，大肆敛财。2017年9月，民政部通报了中国钢铁工业协会、中国汽车工业协会等29家全国性行业协会，在中央高度重视减轻企业负担，清理涉企乱收费的政策约束下，依然违法违规向行业企业乱收费的事件。[2]

在证券、期货交易所行使监管职权方面，自利性行为依然存在。有学者认为，交易所会员制并不会导致交易所将会员的利益放在首位，它们更关心的是市场份额的增加、相对竞争地

---

〔1〕 李斌："行业协会，'脱钩'才能正名"，载《人民日报》2015年11月30日。

〔2〕 "民政部：还有行业协会顶风乱收费　把违法违规当儿戏"，载http://www.xinhuanet.com/yuqing/2017-09/13/c_129702608.html.

位的提升、收入的增加以及交易所主要领导和员工的收入增长等，其中增加自己的市场份额是优先考虑的。[1]交易所在这种背景下会采取"不完全监管"的策略，为了自己的利益默许一定程度的市场操纵行为存在，使市场交易变得活跃，增加交易量；另一方面，也会防范严重操纵市场行为的发生，避免自己受到政府监管部门的制裁。[2]另外，从监管成本角度考虑，除非交易所能够将对市场操纵行为进行监管所产生的成本与收益全部内在化，否则，选择一个低于社会最优标准的监管模式，将监管成本分摊给市场外主体，对交易所来说可能是一个更符合自己利益的选择。[3]

（三）取得监管授权而不作为

社会性市场监管主体具有自利性和限制竞争性的原因之一与其缺乏监督有关。行业协会是本行业内规则的制定者、执行者和执法者，三权置于一身，难免会对行业企业颐指气使。[4]同时，行业协会作为本行业的利益代言人，企业也不敢离开行业协会，不听协会的招呼，成为行业内的孤家寡人。如果行业协会取得了行业监管权，在没有外在和内在监督的情况下，谁能保证行业协会不会滥用职权并且置社会公共利益于不顾呢。行业协会也存在权力俘获现象，大企业的话语权总是大于中小企业，如果行业协会被行业内的大企业所掌控，那么它就会变

---

〔1〕 郭晔："'有限理性'框架下证券交易监管研究"，厦门大学2002年博士学位论文，第85页。

〔2〕 曹潇、张弓长、林波："中国证券交易所监管激励分析：政府与交易所监管权分配"，载《河北科技大学学报》2008年第1期，第84页。

〔3〕 媒体上还曾经报道过有些地方的消费者协会通过出卖消费者而敛财的事件，说明消费者组织也会有自利性现象存在。郭松民："靠出卖消费者敛财是典型的权力自肥"，载 http://finance.ifeng.com/news/opinion/jjsp/20090327/487240.shtml.

〔4〕 郭薇："政府监管与行业自律——论行业协会在市场治理中的功能与实现条件"，南开大学2010年博士学位论文，第177页。

成大企业操控整个行业的工具，并且，一旦出问题还可以将责任推卸给行业协会和全体会员。

现在，政府积极推动行业协会的角色转变，推动行业协会与政府脱钩，希望协会能够自立自足。但是，政府将行业管理权下放给行业协会时，如果没有有效的监督约束机制，就试图一推了之，恐怕结果并不会如同政府想象的那样，行业协会就会自动变成一个与政府同心同德的市场监管方面的有力助手，想政府之所想，急政府之所急，可能恰恰相反其有可能会变成一个与政府讨价还价的行业资本的总代理。在目前我国行业协会人员素质、治理结构、管理水平、自律经验都存在问题的情况下，应该注意对行业协会市场管理权力的监督制约，做好政府的市场监管权与行业协会的行业监管权的对接，防止行业协会权力空置，或者权力滥用。

交易所也存在监管放纵现象。2020年证监会发布了《证券交易所管理办法》新修订版，明确强化了交易所对交易活动、会员、上市交易公司的一线监管职责，完善了交易所履行监管责任的手段措施。新修订《办法》的出台，原因在于在近几年的证券市场监管中，证券交易所监管失灵，使一些上市公司坑害股民，使证券交易所沦为企业套利的工具。最典型的乐视股东贾某亭套利事件就是证券交易所监管失效，对违规行为放任自流的表现。

再如消费者协会具有维护消费者利益，追究违法经营者责任的职能，然而，消费者协会在职权行使上有可能自由放纵。因为在法律规定上，消费者协会不是行政机关，只是一个与消费者没有合同关系的社会公益组织，一旦其"履职不作为"，消费者既不能对其提起行政诉讼，也不能提起民事诉讼，所以，消费者协会权力行使可能为所欲为。例如，在过去一些重大的消费纠纷中，如三聚氰胺奶粉、汽车消费、购房消费等，公众很少看到消费者协会的积极介入，甚至其对消费者的投诉都可能置之不理，这种对消费者保护职权的选择性行使，就是在变相地放纵违法经营者。

（四）利用自律监管权不当扩权

社会性市场监管权主体的自律监管具有主动扩张自己权力的现象。如新闻媒体中揭露的一些地方行业协会制定并发布商品和服务的指导价，名义上是规范行业市场，防止企业搞降价恶性竞争，带动商品和服务质量的降低。然而，行业协会在法律上没有限定市场价格的权力，其制定和发布指导价格的行为违反了法律的规定，既构成了限制竞争，也是一种违法扩权的行为。再比如，证券市场上的新三板、创业板、战略板之争，显示了国内证券交易所之间激烈的市场权力争夺战。上海证券交易所在原有深圳证券交易所创业板和全国中小企业股份转让系统新三板之外准备创立战略产业新兴板，旨在为已经越过成长期、规模较大、相对成熟的战略产业新兴企业提供上市条件。支持者认为战略产业新兴板丰富了多层次的资本市场，构建了主板和创业板之间连接的桥梁；反对者认为战略产业新兴板是与创业板和新三板没有多大区别的概念创造，上海证券交易所的行为是不顾全国证券市场的整体利益，在搞地方保护主义，其实质上体现的是各交易所之间的竞争暗战。最后国家采用了反对者的意见，在《国家十三五规划纲要》中拿掉了战略产业新兴板的内容，但是这个争论的过程显示了证券交易所之间对自己的职权扩张与维护都是不遗余力的，显示了各主体之间权力扩张可能造成的与全行业市场整体利益的冲突。

四、横向社会配置的市场监管权的法律规制

（一）对社会性市场监管权主体的去行政化

社会性市场监管权主体兼具公法人和私法人的属性，其一方面作为私法人不具有政府公权力；另一方面代行政府一部分公共服务职能而具有公法人性质。[1]基于此种公、私法人格二重属性，社会性市场监管权主体所拥有的市场监管权也同样具有公权和私权的双重属性。社会性市场监管权主体的自律管理原本是一种没有法律约束力的内部私权行为，但是，在接受法律、法规或者规章的授权后，社会性市场监管权主体即获得了公共事务管理职权，原有的自律性管理权就不再是内部行为，而一跃转变成为"与一般行政机关管理活动没有性质和效力上差异"[2]的准行政权力。但是，此种半官方半民间的角色使"社会性市场监管主体"很容易逃避监管违规的法律制裁，一旦涉诉，其就会"时而以实施公权力的行政管理者之身份来规避民事法律制裁，时而又以民间自治团体之身份来摆脱行政法律制裁"。[3]

要实现市场监管职权的正确分工，就必须按照社会化、市

---

〔1〕　现行法律也将社会性市场监管权主体规定为具有公法人属性。如根据2018年《最高人民法院关于适用〈中华人民共和国行政诉讼法〉的解释》第1条第1款、第20条第3款和2017年《行政诉讼法》第2条第2款的规定，具有国家行政职权的机关和组织的行政行为，包括法律、法规、规章授权的组织作出的行政行为都属于行政诉讼的范围。由此我们可以看到，社会性市场监管权主体依据法律法规规章授权，在履行市场监管或行业自律管理中的行为其实就是一种行政行为，社会性市场监管权主体在此时具有行政主体资格色彩。

〔2〕　焦海涛："行业协会的反垄断法主体地位——基于中国体育反垄断第一案的分析"，载《法学》2016年第7期，第156页。

〔3〕　冯之东："社会公权力的司法救济与民间化——以公私法域交融背景下的足球协会为研究个案"，载张仁善主编：《南京大学法律评论》，法律出版社2010年版，第130页。

场化原则转变社会性市场监管权主体的职能属性，并在此基础上与政府之间进行市场监管权的横向配置分工。只有通过去行政化的方式，切断社会性市场监管权主体与政府行政机关之间的利益链条，才能使社会性市场监管权主体成为真正独立的市场自律监管组织，从而使其监管权回归服务于企业、行业与市场，而不是仅专注于服务政府，使市场监管体制中的"公私合作管制"模式不断得到完善。[1]

（二）对社会性市场监管权主体的合理授权

政府应该对社会性市场监管权主体予以合理授权，不致使其获得过大或过小的市场监管权力。权力过大则易滥权，权力过小则易无为懈怠，都将达不到优化市场监管的目的。在两者的关系中，政府经济管理机关承担着市场监管的主要任务，社会性市场监管权主体处于辅助的地位，从属、服务于政府监管。同时，社会性市场监管权主体作为独立于政府的市场监管者，其本身要受到政府的监督，以防止自律监管中的不当行为。因此，在对社会性市场监管权主体的监管授权中，政府应扬长避短，进行合理的横向社会性市场监管授权。一是要发挥各自的优势，使两者在职能行使上相得益彰。政府应将市场监管的规范制定权、一般监管权、最终监管权、全局性监管权、特定监管权掌握在自己手里，而社会性市场监管权主体在满足效率和安全的前提下，适合承担辅助性的监管职能。如行业协会自律监管在竞争法、产品质量法和消费者权益保护法之下，对会员企业竞争行为加以规范，将法律、法规和规章中对企业产品、

---

〔1〕 2015 年，中共中央办公厅、国务院办公厅印发《行业协会商会与行政机关脱钩总体方案》，要求理清政府、市场、社会关系，厘清行政机关与行业协会商会的职能边界，积极稳妥推进行业协会商会与行政机关脱钩，加强综合监管和党建工作，促进行业协会商会成为依法设立、自主办会、服务为本、治理规范、行为自律的社会组织。

服务要求的标准予以细化。二是要根据承受能力来进行监管分权，对于涉及全社会公共利益、市场影响大的监管权应由政府掌握。社会性组织在此主要是协助政府进行市场监管调查，对政府进行监管信息协助，将政府的市场监管要求传达给企业并要求其严格遵守，同时将行业的竞争状况反馈给政府。[1]三是要根据效率进行分权，对于贴近市场、具备专业技术条件，与政府相比更能及时进行履行监管职能的社会组织，政府可以授予其较多的市场监管权，而且，将一些需要专业技术知识的市场监督，交给具备专业知识的社会性组织来解决，可能在监管成本和效率上更加合算。四是要根据行业发展状况进行分权，对于竞争秩序良好、市场发展规范的行业可以较多实行自律性自我管理，赋予行业组织较多的行业市场监管权；反之，则应加大政府监管力度，强化来自行业外部的市场监管力量。政府将哪些市场监管权力向哪些社会性市场监管权主体让渡，是部分让渡还是完全让渡，取决于不同行业市场过往的自律管理的状况，避免市场监管授权的一刀切。

（三）对社会性市场监管权主体自律规则的制定加以监督

各地区、各行业的行业协会商会对自己自律章程的规定各不相同，各地区的消费者协会针对不同商品和服务消费所制定的消费者保护规定或者办法层出不穷，各类交易所组织更是完全负责与场内交易有关的各种规则、规定的制定。这些社会性组织的自律规则有不少直接涉及企业经营者的经营行为，影响到其市场竞争态势，或者如交易所那样直接监督到每一个场内交易人员的所有交易行为。行业协会等社会组织的自律监管规

---

〔1〕　如食品行业的市场监管基本是政府监管，食品行业协会只是起到协助调查、信息沟通的作用。原因在于食品安全领域曾经发生重大安全事件，影响巨大，加之食品安全与人民生活息息相关，政府必须全力以赴担负起责任，而不能假手于人。

则制定权，如果没有监督制约，难免会将其违法不合理的要求加入规则中，导致行业自律规则变成"恶法"。

对于行业协会等的监督，现行法律有一个基本原则，即按照"谁主管，谁负责的原则"来落实监管责任。如《行业协会商会综合监管办法》指明了各行业管理部门是行业协会商会的主管单位，由各行业管理部门按职能对协会商会进行政策和业务指导，并履行相关监管责任；各行业管理部门对于转移和委托给行业协会的事项，要建立清单并监督指导，还要对委托事项负责。《证券交易所管理办法》第 10 条规定，证券交易所制定和修改证券上市、交易和会员管理等重要业务规则时，必须报中国证监会批准。《期货交易所管理办法》第 92 条规定，期货交易所制定或者修改章程、交易规则，上市、中止、取消或者恢复交易品种，应当经中国证监会批准。上市、修改或者终止合约，应当事前向中国证监会报告。按照中国及各地消费者协会章程的规定，市场监督管理部门受政府委托，负责管理消费者协会。

除了行政管理部门对社会性市场监管权主体自律规则制定权的监督之外，还应对规则的制定过程进行社会监督，通过广泛地征询意见使社会性市场监管权主体自律规则的出台都经过集思广益。社会监督可以采取座谈会、论证会、听证会、各种媒体公开征集意见等方式，征询意见的人员范围应该包括会员、政府相关部门、专家学者、社会团体和公众代表等。

（四）对社会性市场监管权主体的行权监督

当前的去行政化旨在使我国社会性市场监管权主体成为具有独立地位的法人，摆脱与政府的隶属关系，能够在法律允许的范围内享有充分的自主权，不受政府干预。然而，社会性市场监管权主体在拥有监管权限后，具有很大的可能在实施自律性监管中便宜行事，使监管出现偏差。该可能性存在的原因在于政府经济行政机关与社会性组织在监管利益考量上不同，政府在行使监管权时对审慎性的考虑要超过社会性组织。因为在监管失败的情况下，政府很难将由此带来的负成本外部化，失败所带来的市场动荡会影响国民对政府的拥护，这个政治成本是政府不愿意看到的。再有，政府存在的价值就是作为社会公共利益的代表，在一般情况下，政府滥用市场监管权损害社会公共利益也是在损害自身的利益。相反，社会性监管主体既独立于政府也外在于本组织之外的人，所以在将监管异化所造成的负成本转嫁给政府或者本组织之外的其他人的时候，其心理负担比政府要小得多。故此，我们在讨论简政放权给社会性组织的时候，应该对其拥有市场监管权之后的行权行为加以控制，防止权力的异化变形。在具体的做法上，一是要完善法律，根据不同的社会性市场监管权主体分别制定相应的法律、法规，明确其性质、组建条件、职能、权力与义务、违法后果等；二是要在政社分离的前提下，协调好有关部门对社会性监管主体的监督关系，防止一放三不管。要在《社会组织评估管理办法》的基础上建立起对社会性市场监管权主体的独立考评制度，通过民政、行业主管部门、行业会员、消费者、社会舆论等共同打分，来判断其履行自律监管职责的好坏。[1]对于不能履行职责，扰乱市场的社会性监管组织，必要时可以撤销或重组。三是在权力设置上要透明化，无论是政府立法授权给社会性组织，还是社会性组织制定自律规则，都应形成一个政府、社会性组织及其会员、其他利益相关人之间的沟通协商机制，避免造成

---

〔1〕　2010年民政部《社会组织评估管理办法》针对在政府民政部门登记注册的社会性团体、基金会、民办非企业单位。社会性市场监管权主体如产业行业协会、消费者协会属于在民政部门登记的社会团体，自然属于该管理办法的管辖范围，但是，应根据行业协会的产业特点建立符合市场标准的评估办法，评估机关应由行业主管行政部门担任。

政府和社会性组织自我赋权。四是行业性协会组织自由化，会员入会和退会自由；在同一个行业和区域不限定协会数量，可根据需要自由组织，[1]这样可以避免单一的行业协会利用独占地位胁迫会员，会员可以拿脚投票来对抗协会的自利性行为。

（五）对社会性市场监管权主体的司法监督

司法监督是防止社会性市场监管权主体监管滥权的最有效手段。由于社会性市场监管权主体自身具有二重性，一方面是市场监管者，另一方面是市场中的被监管对象。政府经济管理机关在与社会性主体共同携手监管市场的同时，也对社会性市场监管权主体进行着监督，如证监会对证券交易所、行业主管部门对行业协会、市场监督管理部门对消费者协会的监管。然而，这种权力防范机制本质上过于官僚化，它不能及时发现社会性监管主体违法违规的行为，除非该行为严重地扰乱了市场，闹出了很大的动静。另外，这种依靠政府经济管理机关的规制方式，对于受到社会性市场监管主体侵害的个别企业与个人帮助不大，并没有使受侵害主体得到多少经济补偿，只不过是使社会性市场监管权主体受到了行政处罚。如果要实现社会性市场监管权主体的权力防范，在延续现有政府监管的基础上，就必须强化司法诉讼手段来规制行业协会、交易所等社会性组织的市场监管行为。在监管制度设计上，"确保各类经济法纠纷可以进入司法领域，这不仅是解决可诉性问题的需要，也是正确实施公共政策，有效实施国家治理的需要"。[2]通过司法诉讼，

---

〔1〕 传统的行业协会设立方式是在一个地域的一个行业只成立一家行业协会，如广东省民政厅于2012年制定的《关于进一步培育和发展行业协会商会的实施意见》中，降低了行业协会的设立门槛，突破了一业一会的传统做法，引进了竞争机制，允许一个行业设立多个协会，在同一行业中可以申请设立多个同一类型的行业协会，只要名称不同就可以。

〔2〕 张守文："经济法司法理论之拓补"，载《法学论坛》2017年第5期，第12页。

使得受到权利侵害的市场经营者能够及时有效地对抗社会性市场监管权主体的违法行为，也迫使社会性市场监管权主体在行使自律监管权之时能够三思而后行，主动地依法约束自己的行为，避免越权和滥权。[1]

---

〔1〕目前针对社会性市场监管权主体的司法诉讼存在以下一些情况：①行业协会的司法诉讼监督。针对行业协会提起的因监管权不当行使而引发的司法诉讼，起诉人一般是行业会员，双方诉讼主体资格适格。受害会员能否获得损害赔偿，焦点在于原告会员需要证明其损失与行业协会的不当自律监管决定之间具有直接因果关系。②证券交易所的司法诉讼监督。目前出现的案例显示起诉证券交易所的一般是证券市场投资者。此类案件存在以下情况：一是投资者因证券交易所的证券交易规则不当遭受股票投资损失而提起的诉讼，法院一般按照民事诉讼案件受理；二是对于交易所监管职责的性质及交易所是否应就其监管行为承担民事责任的问题，理论界及实务界长期存在争议。一种观点认为，有损害就应该有救济，交易所应该为自己的自律监管不当行为负责；另一种观点认为，交易所的自律监管行为针对不特定的对象，自主管理决定权是其履行监管职责的基础，所以交易所应该对其自律民事责任享有豁免权，只要其监管行为的程序正当、目的合法，且不具有恶意，则无论交易所在行使监管职权过程中作为还是不作为，通常都不应该因其自主决定的监管行为而承担民事责任。③消费者协会的司法监督。《民事诉讼法》第3条规定："人民法院受理公民之间、法人之间、其他组织之间以及他们相互之间因财产关系和人身关系提起的民事诉讼……"同时，根据《消费者权益保护法》第36条、第37条之规定，消费者协会是履行公益性职责的社会组织，其与消费者个体之间就履行公益性职责不产生民事法律关系。所以，消费者依据《消费者权益保护法》起诉要求中国消费者协会履行公益性职责，不属于人民法院受理民事诉讼的范围。

第五章 市场监管权行使范围的法律规制

市场监管权行使范围的法律规制，指的是国家通过法律的手段，对市场监管权的设定、内容和行使加以规定，使权力的运行不超过合理的界限，以免伤害了自由市场竞争机制，阻碍市场经济的发展。市场作为配置资源的决定性力量，应该坚持自由竞争的原则，排除一切妨碍公平、自由竞争的因素，如此才能建立起市场经济的体制。市场监管权作为外在于市场竞争机制的因素，虽然它是因为防止市场失灵而产生的，但是，这种外来的权力并不是与市场天然契合的，其在使用过当的时候会成为市场竞争机制的阻碍物。因此，社会在利用市场监管权弥补市场机制自身不足的同时，也需要防范行政权力对其造成的伤害。

市场监管权范围的法律规制问题是政府与市场关系问题在市场监管方面的写照。政府与市场的关系问题是自资本主义生产模式产生以来一直讨论的话题，各种理论层出不穷，从亚当·斯密、李斯特、凯恩斯、哈耶克到弗里德曼等经济学家一直都在争论市场经济需不需要政府干预市场竞争，在多大程度上需要，政府干预的范围有多大，如何在政府必要干预的同时防止政府对市场的不当侵害等。尽管经济学理论一直强调市场自由竞争的重要性，但是，现代经济发展的历史也是一个政府市场监管越来越多的历史，各种监管权力不断被创设，监管机构也越来越多。无论是发达资本主义国家还是社会主义国家，商品经济发展道路是共同的选择，没有哪一个国家真正地摈弃政府对市场的监管，区别只是各个国家对政府监管市场的法律地位看待的高低不同，采取的监管机制、监管手段和对监管权力的法律制衡不同。

法学家也将政府与市场的关系理论引入经济法律研究领域，探讨政府经济权力和市场主体经济权利的关系问题，研究两种权力（利）的区别、部门法属性、行使与规范。政府市场监管权在被引入市场自由竞争秩序的制度设计之后，各种社会力量的较量逐步明晰了国家权力的基本边界。当公共权力的基本范围被确定之后，无论从社会的角度，还是从权力者自身的角度，都需要建立一套规则，规范权力行使的行为。[1]在经济法上，就需要一系列的法律机制来明确政府市场监管的权力范围，明确政府市场监管和企业自主经营的界限，使作为公权的政府监管权力能够自觉维护市场主体的私人权利，而不至于危害市场经济的自由、公平和效率。

市场监管权范围的法律规制也是人们经常争论的加强市场监管或者放松市场监管的话题。在具体的某一个行业市场中，是应该加强市场监管，还是放松市场监管，总是成为人们对市场发展的期盼。加强和放松，来来回回，在一个行业市场的监管历史中不断循环。支持监管论者认为完备的市场监管才能保证市场秩序有序稳定，松懈的监管总是会埋下未来的隐患；放松监管论者批评过多的监管扼杀了市场竞争的活力，而且监管本身也并不见得就能防止市场失灵的发生，监管者不能把自己当成全知的上帝。市场监管权的行使范围就在这样的争论中，放了又收，收了又放，反反复复。所有的有关市场监管的学说

---

〔1〕　许明月："市场、政府与经济法——对经济法几个流行观点的质疑与反思"，载《中国法学》2004 年第 6 期，第 111 页。

和理论似乎都变成了权宜之计。

市场监管权行使范围的法律规制需要从法律上对政府的监管权力加以限制，没有约束的权力必然被滥用，市场监管权力的行使同样如此。传统上公权力的行使必须有法律的明确规定，法无规定即为违法，以此与私权的法无禁止即为合法相区别，市场监管权存在范围的大小需要法律的明确规定，以符合这一原则。市场监管权范围的法律规制也是首先在立法上对监管权力进行明确的规定，从内容和程序上使权力依法办事。然而，除了传统上立法规制的方式之外，对市场监管权范围的规制还可以通过"国家职能的私人化"来进行，让市场主体参与到市场监管中来，通过监管授权和监管自律来实现市场运行的去管制化，这在很大程度上限制了政府市场监管权的范围。尤其是我国行政机关权力清单的实施，更加明确了市场监管权的作用范围。

第一节　市场监管权行使范围法律规制的理论依据

一、市场监管权行使范围法律规制的哲学基础

人类社会每一个大的社会转变都是有一定原因的，我们总是能从实践中发现自己行为方式的思想根据。政府对市场活动的监督古已有之，但是对政府市场监管权力进行严格的法律约束，却只是在商品经济从前资本主义进入资本主义之后才出现的，因为两个时期的国家经济指导思想不同。

前资本主义时期的经济思想是建立在专制主义基础上的。封建国家对市场经营活动进行过多控制，行政对经济活动形成了一种严重的压制，人民不享有真正的经济权利，社会中也不存在不依赖于政府的市场领域。托克维尔在描述法国路易王朝时期人民被压迫状态的时候说："在旧制度下，像今天一样，法

国没有一个城市、乡镇、村庄、小村、济贫院、工厂、修道院、学院能在各自的事物中拥有独立意志，能够照自己意愿处置自己的财产。当时，就像今天一样，政府把全部法国人置于管理监督之下；如果说这个蛮横字眼当时尚未造出，至少它在事实上已经存在了。"[1]而在中国君主制度下，商人和市民在政治和经济上被政府牢牢所控制，形成不了有力的政治力量，没有独立性，还随时会受到政府的压制和限制。[2]整个国家的国民在君主眼里等同于私人财产，统治的方式经常是直接和暴力的。

封建时代中外不同国家对待工商业的态度基本是一样的，重农抑商是基本，国家的经济政策完全以政治、经济、外交目的为依归，对各种交易进行管制。即使在西欧重商主义时期，社会已经对商业营利大加称赞，但是专制王权依然认为商业的目的是为了国家服务，是为了封建战争服务，政府依然对商人和商业实行严格管制。政府对工商业管制典型的手段就是专卖、专营、禁榷等制度，人们所知道的那个时期的市场基本都是封建主给予特权证书而成立的，很少有自发形成的市场。[3]政府管制甚至深入到具体的产品生产，如法国中央御前会议有时不顾个人意愿，发布法令，强迫手工业者必须采用某种流程生产某些产品；任命"工业总监察官"来往于各地之间监督法令的执行。御前会议有时还明确规定某一片土地应该种植什么农作物，甚至下令农民把不符合要求的种植物直接拔掉。[4]封建中

---

〔1〕〔法〕托克维尔：《旧制度与大革命》，冯棠译，商务印书馆1992年版，第91页。

〔2〕宁可：《中国封建社会的历史道路》，北京师范大学出版社2014年版，第334页。

〔3〕马克垚：《封建经济政治概论》，人民出版社2010年版，第159~177页。

〔4〕〔法〕托克维尔：《旧制度与大革命》，冯棠译，商务印书馆1992年版，第84页。

国对商业活动的管制也是无所不及，明清时期全国的"所有关津、码头、客店、牙行都由官吏控制，举凡客商姓名、贩运货物、数量、时间、路程无不干预，商人履行必须凭出发地的路引，不敢越雷池一步"。[1]

专制主义制度之下国家对经济的控制是没有边界限制的。马克斯·韦伯在分析专制主义统治与经济发展的关系时曾说，世袭制国家的统治者将财富的获取方式作为一种恩惠，可以允许作为统治者的官员、宠信、大商人、经纪人、销售员、财主、供应商、债权人放手发财致富，并且通过统治者的恩惠和嫌弃，特权和没收充公不断诱发财富的新的形成，继而又把它们毁掉。封建的统治结构虽然有明确的权利和义务制度，在形式上构成了一个法制国家，但是它不是建立在客观法律秩序基础上的，而是建立在主观权利之上，这种权利也不是普遍性的权利，而只是一些个人获得的特权，并且需要通过再次授予特权的途径，才能进行资本主义的获利活动。封建领主为了维护自己的政治和经济地位，有时还会主动通过政治权力来遏制资本主义的城市工商业，限制自由竞争的进行。[2]

资本主义时期的经济思想是建立在自由主义之上的，对政府管制经济权力的范围限制是出于对市场主体的个体自由权利的维护。

对于什么是自由，霍布斯认为，自由指的是事物不受外界限制的状况；拥有自由的人，就是那些能够按照自己的意志行事而不受限制的人。[3]洛克认为，自由就是除非经过同意的国

---

〔1〕 曾兆祥：《中国封建社会的轻商思想和抑商政策》，中国商业出版社 1983 年版，第 124 页。

〔2〕 ［德］马克斯·韦伯：《经济与社会》（下卷），林荣远译，商务印书馆 1997 年版，第 432~434 页。

〔3〕 ［英］霍布斯：《利维坦：在寻求国家的庇护中丧失个人自由》，吴克峰编译，北京出版社 2008 年版，第 101 页。

家立法权，人们不接受其他之外的任何立法权的支配；除非依据立法机关依据委托制定的法律，人们不受其他意志或法律的管辖和约束。[1]阿克顿将自由视为一种承诺，即每个人在履行他所信奉的职责时，将会得到保障，可以与权威和多数、流俗和舆论的影响抗衡。国家只能在其最接近的领域内，分配义务和规划善恶的界线。判断一个国家自由的程度，是少数人所享有的保障的程度。[2]以赛亚·柏林认为自由应该包含两种含义：第一种含义，主体（一个人或者人的群体）被允许或必须被允许不受别人干涉地做他有能力做的事，成为他愿意成为的人的领域是什么？第二种含义，什么东西或者什么人，是决定某人做这个、成为这样而不是做那个、成为那样的那种控制或干涉的根源？他将自由分为两类：一是消极自由，就是一个人能够不被别人阻碍地行动的领域；二是积极自由，使个体成为自己的主人的愿望。[3]

自由权利的存在对于市场经济发展具有重要意义。每一个市场经济的参加者都应当是一个自由人，享有为他自己的思想和行动所必需的各种权利和特权。一个自由市场应该做的就是为他的参与者提供发现利润机会的激励，使个体自由能够通过市场这个出口得到表达和实施。市场的运作有赖于个体自由的存在，反过来说，只有在自由市场的背景下，一个社会才能实

---

〔1〕［英］洛克：《洛克说自由与人权》，高适编译，华中科技大学出版社 2012 年版，第 49 页。

〔2〕［英］阿克顿：《自由的历史》，王天成、林猛、罗会钧译，贵州人民出版社 2001 年版，第 5 页。

〔3〕［英］以赛亚·柏林：《自由论》，胡传胜译，译林出版社 2003 年版，第 200 页。

现真正的个体自由。[1]"除非个体被允许过他愿意的生活，按照他们自己有关的方式，否则文明就不会进步；没有观念的自由市场，真理也不会显露；也就将没有自发性、原创性与天才的余地，没有心灵活力、道德勇气的余地。社会将被'集体平庸'的重量压垮。所有丰富与多样化的东西将被习惯的重量、人的恒长的齐一化倾向压垮，而这种齐一化倾向只能培养"萎缩的"能力，干枯与死板、残疾与侏儒式的人类。"[2]约翰·穆勒在谈论"自由贸易的原理"时说，人们在过去认为由国家对商品的价格和制造过程进行限定是有益的，但是，人们现在已明白，只有给予商户和消费者彼此自由选择的权利，才能使得商品物美价廉。[3]亚当·斯密的"经济人"理性假设就建立在人的自由思想基础之上，因为人只有在意志和行动上是自由的，才会对自己想做什么和要做什么做出合理的经济规划和打算。

资产阶级启蒙运动对人的自由的倡导，伴随着资产阶级生产关系的确立，最终融入近现代民法典中，成为调整资本主义商品经济基本法律体系的制度基础。调整商品经济关系的母法"民法"之"意志自治"基本原则，就是对人的基本权利和行为自由的法律宣示。

对人的自由的保护要求防范政府的不当侵害。自由主义认为，国家的作用只有一个，就是保护人民的人身自由、安全和健康，保护人民的私人财产安全，保证私人契约的履行，扶植竞争市场。然而随着现代市场经济的发展，政府在经济和社会

---

〔1〕［美］伊斯雷尔·柯滋纳：《市场过程的含义》，冯兴元等译，中国社会科学出版社 2012 年版，第 56 页。

〔2〕［英］以赛亚·柏林：《自由论》，胡传胜译，译林出版社 2003 年版，第 195 页。

〔3〕［英］约翰·穆勒：《论自由》，孟凡礼译，广西师范大学出版社 2011 年版，第 114 页。

方面拥有的管理权力越来越多，已经成为生活的常态。在整个社会对不断出现的各种危机解决的急迫要求下，政府已经大大地突破了原有的职能权力范围。"大多数自由主义者都承认，自由国家在保护公民权利、伸张社会正义之外还可以拥有一系列的其他服务职能。"[1]在经济事务中，人们并不是排斥任何政府的介入，而是希望能够获得一种法治下的经济活动自由。自由市场的存在也不排除政府的必要干预，但是，市场所要做的是大量减少必须通过政府手段来决定问题的范围，缩小政府直接参与竞争的程度。[2]自由竞争制度并不排斥政府管制性的法律规范的约束，只是希望这种管制权力受到立法与实施上的严格监督和限制。政府的一切强制行动，都必须通过一个长久性的法律框架明白无误地决定，使个人有信心能够依据这个框架来规划自己的行动，使前景的不确定性减少到最小程度。

　　自由主义思想原则有利于我们进一步加深对市场监管权行使的认识。以往人们在反对经济领域中的一切不合理的或者是有害的措施时，总是习惯于使用不干预原则来表述，但是这种习惯性说法，却将两种根本不同的政府措施混淆在一起。一种措施是可以与自由制度相容的；另一种是绝不相容的。这种认识上的混乱，正中那些反对自由企业制度的人的下怀，这些人也希望加剧此种认识上的混乱，进而鼓吹政府采取的任何一个特定措施可取与否仅仅是一个实用性问题，而不是原则问题。[3]这种行为的结果，一方面以"干预"的名义掩盖了政府不当管

---

〔1〕　〔英〕约翰·格雷：《自由主义》，曹海军、刘训练译，吉林人民出版社2005年版，第103页。

〔2〕　〔美〕米尔顿·弗里德曼：《资本主义与自由》（第2版），张瑞玉译，商务印书馆1986年版，第19页。

〔3〕　〔英〕弗里德里希·奥古斯特·哈耶克：《自由宪章》，杨玉生等译，中国社会科学出版社2012年版，第351页。

制市场的恶性，另一方面也给予了某些市场主体假借政府之手垄断经济、限制自由竞争的机会。

二、市场监管权行使范围法律规制的实践需要

政府市场监管权力的行使范围大小是和政府与市场的关系有关的。当市场需要政府干预之时，行政机关的市场监管权自然就会产生或者扩张，社会和法律都会认可这种现象发生；再如政府强制介入市场为其私利的时候，市场和社会固然反对，专制权力依然可以创造和扩张自己对市场的管制地位。当今市场经济国家秉承社会民主伦理，政府以专制手段强力干扰市场的行为很难发生，基本上是在市场自由竞争维护和政府必要干预之间进行不断的摸索和平衡。市场监管权行使的具体范围在如此情况下是不停地在摆动的，在正常的经济态势中是以市场自身的机制来调整经济的，在经济危机或者市场扭曲的情况下政府才会介入干预。当然，在政府市场监管权的存在和行使中，市场机制的自我调整始终是占主导地位的，政府监管权应该服从市场的需要，其监管权行使范围的大小要依据市场竞争状况来调整，如此方符合政治民主和经济民主的要求。

对于市场监管权行使范围的法律规制，我们可以从宏观的角度审视一番。权力的存在与行使是和经济基础联系在一起的，资本主义经济体制建立带来的社会理论的变化当然带来对行政权的严格约束。回想重商主义阶段，西欧国家政府主导经济贸易，国家希望通过贸易顺差获得大量的金银财富，私人资本抢占国内市场需要国家构建贸易壁垒，政府与私人资本利益一致，所以政府在市场干预方面的经济权力是不可缺少的，对市场的权力介入也是广泛和深入的。国家深度介入市场的重商主义模式也是符合那时的经济发展阶段的，当时工业资本脱胎于手工

工厂刚刚起步，既需要首先填满国内市场，也需要积聚工业发展的资金。如英国这样的经济先行国家假如通过自由贸易获得财富，一是面临与西欧其他国家的竞争，国内市场会被别国抢去；二是他国自给经济抵制也使英国不一定能推销出去自己的商品，如英国与远东的贸易逆差。英国在重商主义时期主要采取的是对外贸易管理制度，其中有些涉及市场经营管理，如对产品的价格和质量进行控制，对重要商品实行特许权垄断经营，禁止纺织机械设备出口，禁止羊毛出口、对谷物进出口进行控制等。[1]重商主义经济需要政府对市场进行管理，原因是需要政府出面打破地方保护主义，构建全国统一大市场；需要政府对国家经济进行掌控，来应对其他国家的竞争，以增强本国实力；需要政府对经济发展进程进行管理，以完成国内工业化原始资本积累，平息各种社会矛盾。

英国资本主义进入自由主义经济阶段后，提倡自由竞争反对国家干预，要求通过市场自身来配置资源，认为市场自由竞争是最好的经济发展手段，政府的作用是提供市场竞争秩序和私人财产保护，只在私人不适合、不愿意的领域担负起经营和管理责任。自由主义对重商主义反动的原因在于时代背景发生了变化，一是英国经济发展迅速，国内市场已经不能满足进一步发展的要求，而且英国取得了全球霸权，急迫需要一个广阔的工业原材料取得市场和工业产品销售市场；二是英国资本主义市场经济体制已经稳固，需要打破原有的各种影响生产要素流动的限制。[2]从经济史可以看出，国家权力的存在从来都需要符合经济体制的需要，经济基础决定上层建筑。对政府管理

---

〔1〕　陈祖洲：《通向自由之路：英国自由主义发展史研究》，南京大学出版社2012年版，第194页。

〔2〕　姜达洋：《读懂亚当·斯密》，经济日报出版社2010年版，第26页。

市场的权力范围的大小控制，根本原因在于生产关系的发展要求，不是靠"自由与人权"思想在每个人头脑里泛滥就能够决定的。自亚当·斯密开始，资本主义市场经济理论一直坚持自由竞争为主线，直到现在市场经济也始终强调市场的自由竞争主导作用，商品市场经济几乎与自由经济画等号。自由主义经济思想代表的就是最大化的经济和个人自由，包含了贸易自由化、经济放任、弱国家和思想与良知的广泛自由。然而，从19世纪80年代开始，英国新自由主义开始反思绝对不干预政策，认为不受国家限制的最大限度的自由不是真正的自由，政府需要为市场主体提供必要的帮助，才能使经济自由权利从"自私自利的贪婪地主、剥削性的雇主和寻求垄断的利益集团"手中解救出来。[1]国家干预市场的正当性到了20世纪30年代由凯恩斯做了理论说明，罗斯福新政做了实践验证。但是，到了70年代之后，新自由主义经济学派又转向了极力推崇自由企业制度和私人契约，反对政府对企业的调解和干预。80年代的里根和撒切尔政府采纳了这一主张，大力减少国家对企业的干预，放松对企业规章制度的限制，将国企私有化。然而从现实来看，第二次世界大战后资本主义国家市场经济始终以自由竞争为主线，国家干预仅是起到辅助作用，资本主义国家经济学家争论的焦点只是国家干预多一点还是少一点的问题，而没有一个人否定自由竞争机制在市场经济中的决定意义。

历史只是让我们从宏观上看清了市场需不需要政府干预的问题，但是并不能回答具体干预行为的行使适当与否的问题。恰当的市场监管是人所欢迎的，不当的市场监管却构成市场正

〔1〕〔美〕丹尼尔·罗杰斯："新自由主义的应用与滥用"，载 http://www.guancha.cn/DanielRodgers/2018_04_29_455283_s.shtml#0-tsina-1-73988-397232819ff9a47a7b7e80a40613cfe1.

常运行的阻碍，但是，什么样的市场干预是合理的？这并没有一个令人信服的标准。以金融市场监管为例，严格监管还是放松监管，从来没有哪一方占据主导地位，总是在不断地反复。

　　例如，2008 年美国金融危机爆发，很多人认为危机产生的原因是政府对金融市场监管不力造成的。美国政府与国会设立的"金融危机调查委员会"的报告认为，金融危机的爆发原因是因为金融系统的决策者和管理者对风险视而不见，金融调控和监管普遍缺失，人们过于相信市场的自我修复能力，使得金融业自身在弱化对机构、市场和产品监管力度方面起了重大作用，能够对政策制定者和监管机构施加压力。[1]2010 年美国国会通过了奥巴马政府为加强金融监管制定的《多得-弗兰克法案》，从监管体制、监管机构改革、金融产品监管、行业经营、金融机构的清算与破产和金融消费者保护等方面进行了严格规定，该法案被认为是自美国大萧条以来最全面、最严格的金融改革法案。然而，有相反的观点认为，金融危机的爆发原因是美国政府住房政策失误造成的，来自于住房抵押贷款的次级债和其他高风险抵押贷款的违约和拖欠机制，将风险传输给了金融系统才造成了金融危机的发生，金融监管政策本身是很严格的，并不是人们所说的疏于监管。如果没有源于美国住房政策的大量违约，市场上的抵押贷款的违约根本不会导致金融危机。[2]金融监管机构所受到的监管失职的指责，只是在代替政府糟糕的住房贷款政策受过。特朗普政府上台后，积极推动修改《多得-弗兰克法案》，并要求证券交易委员会放松金融监管。其理由是过于严格的监管规定，有损经济发展，给被监管银行带来

---

　　〔1〕　〔美〕美国金融危机调查委员会：《美国金融危机调查报告》，俞利军、丁志杰、刘宝成译，中信出版社 2012 年版，第 4~5 页。

　　〔2〕　参见美国金融危机调查委员会关于反对意见的声明。

了难以承受的监管成本，僵化的监管体制掌握了过多的权力，并没有反映出真实的市场情况。

从以上所举的美国 2008 年金融危机以来的监管变化来看，政府对市场的监管行为就是一个试错过程，监管行为正确与否很难具有一个准确的判断标准，不同的人总能找出批判的理由，想让大家都满意是办不到的。另一方面，政府对市场监管的措施也需要不断调整，因为市场情况在发生变化，监管措施也应不断随之改变，没有哪一种监管规定会一直正确下去。再有，从对政府市场监管的需要来看，市场扰乱或者危机发生之时，人们希望政府伸出有形之手来解决市场阻碍，但是，政府的有限理性同样会产生与凡人一样的错误，政府干预行为同样会失灵。如何平衡好政府干预市场与市场自我发展的关系？既然政府不一定能找出最好的或者一定正确的市场监管措施，甚至适得其反，那么退而求其次，我们就应该想方设法减少政府在监管中犯错的概率。这个方法就是需要合理地安排好政府的市场监管权力配置，要尽量在制度层面上规范监管权力的行使。一要明确赋予政府市场监管权力；二要掌控好政府市场监管权力行使的范围，该管的管，不该管的少管。在监管范围的约束上，不能依靠政府自己的自觉自愿，要形成对政府市场监管措施出台的审查机制，不允许政府随意地出台监管规定。政府市场监管权力的扩展及其监管内容，都应经过法律制度和政治机制的审视和辩论，以使监管权力的行使有为而不妄为。

三、市场监管权行使范围法律规制的法律要求

市场监管法律对政府市场监管权范围的调整不仅是立法技术的需要，更是市场监管法律存在的基础问题。市场监管法是对政府市场监管权力的确认，权力义务的内容规定围绕着政府

的市场监管权能展开。在市场监管法律关系的主体中，一方是政府，另一方是市场主体。在主体双方的权利（力）特点上，政府市场管理机关的监管权具有主动性、强制性，即使市场主体作为被监管对象具有经营自主权，但是相对于政府市场监管权力还是处于从属地位。因此从深层次上说，市场监管权行使范围的法律规制，不仅仅是一个经济民主的问题，也不仅仅是一个立法技术中的权力或权利确定的问题，而是"市场监管法"甚至是"经济法"制定之时需要考虑的基础问题。

（一）法学研究范式的分析

法律规范的分析都需要依据一套共同的科学理论体系，库恩将此理论体系称为"范式"，范式指的是那些公认的科学成就，它能够在一段时间内为实践共同体提供典型的问题和解答。[1]社会科学研究引进范式概念之后，范式演变成了科学研究的一种新思维模式、新方法和新的科学理论话语语境。一个没有统一范式的科学研究将是混乱的，每个人都在自说自话。共同的范式使得"科学共同体"内的人员能够站在一个彼此认同的平台上对话，逐步形成共同的学术传统、学术品格和学术努力方向。对范式包含内容的理解是多样的，它可以是代表一个学派，也可以指代一种理论模型与框架、一种思维方式和理解现实的思想体系、一个完整的传统、一种工具来源、一种规范的解说、一种标准、一个原理、一个普遍的认识论观点，等等。[2]范式作为科学理论或理论系列，实际上反映了一个学科科学中所共有的符号特征。

---

〔1〕［美］托马斯·库恩：《科学革命的结构》，金吾伦、胡新和译，北京大学出版社2003年版，第4页。

〔2〕［英］伊姆雷·拉卡托斯、艾兰·马斯格雷夫编：《批判与知识的增长——1965年伦敦国际科学哲学会议论文汇编第四卷》，周寄中译，华夏出版社1989年版，第77~82页。

在法学研究上，虽然学者都认为范式的确立对法学研究非常重要，但是，并没有统一的范式标准被提出来。大家还都是自说自话，各种范式概念不断出现。如有学者认为法学研究的范式分类包括：历史唯物主义法学范式和历史唯心主义法学范式、应然型法学范式和实然型法学范式、概念法学范式和经验法学范式、建构法学范式和进化论法学范式；[1]有的学者提出法学研究的"权利义务范式"，认为"权利和义务关系"是法律规范的核心内容；[2]有的学者以法权为中心，认为"权利—权力"是法学研究的基础范式；[3]还有的提出"法益法理学范式"。[4]其他的法学研究范式提法还有全球化范式、现代化范式、权利本位范式、义务中心论、权利本位论等，众说纷纭。这些花样繁多的法学研究范式，要么是着眼于所有法律部门的研究使用，要么是仅限于对某一个部门法的思考。

在所提出的这些法学研究范式中，没有哪一种范式具有全面的说服力，因为它们任何一个都是可以在一定的限度内拿来说明每个法律问题的，换一个场景或者一个部门法，某范式理论的问题解读功能可能立马变得没有说服力。从这些法学研究范式的使用上可以看出，学者既可能认为范式是一个基础理论

〔1〕 冯玉军：《法经济学范式》，清华大学出版社 2009 年版，第 133～143 页。

〔2〕 张文显主编：《法理学》（第 4 版），高等教育出版社、北京大学出版社 2011 年版，第 98 页。

〔3〕 童之伟："以'法权'为中心系统解释法现象的构想"，载《现代法学》 2000 年第 2 期，第 78 页。

〔4〕 "法益法理学范式"由中南大学教授提出，其含义是：法律的核心内容和法学的核心范畴是权利、权力、义务和责任，并不仅仅是权利和义务，也不只是权利和权力，它们都来源于法益。法益法理学范式可以解释当今各种法律现象，它克服了"权利义务范式"的单一直线性以及"权利—权力范式"的线性思维，从而从权利、权力、义务和责任四个方面多维地提供了法律分析的基本手段。胡平仁："21世纪法学研究新范式"，载 http://www.sohu.com/a/205253039_671251.

框架，也可能认为它是一种分析问题的思维方法。恰如前述对库恩的范式概念的解读，其本身就是一个多义词，学者对范式一词的使用也是不一样的。

（二）市场规制法律的"主体中心"研究范式

市场规制法律的主体中心研究范式，是指市场规制法律的研究应该从市场规制法的主体要素出发，来确定市场规制法律关系主体之间的权利（力）义务关系，以达到国家通过对市场失灵进行适当干预，维护市场竞争秩序稳定的目的，同时还能够防止政府监管权力的滥用和监管失灵。主体中心研究范式是以法律主体为重点，根据法律主体的特点和不同来进行权义配置，以实现立法调整社会法律关系的目的的。

以主体为中心来考察市场规制法律是很有必要的。经济法是调整政府在干预市场的过程中发生的社会法律关系的一种部门法。经济法的主体有一个特点，其一方主体必然是政府经济管理机关，是监管者，代替国家对市场进行监督管理，另一方是市场经营主体和消费者，是被监管者，接受政府的经济监管。双方首先在地位上是不平等的，一方是国家权力的代表，另一方是个体私人。另外，政府的权力行使在特点上具有主动性、扩张性、强制性，在行使过程中不太考虑经济成本，而且存在权力被绑架或者异化的可能；被监管的市场主体在存在上是分散的，在监管关系上是被动的，在监管造成的经济损失上是主要的承担者，在对抗政府不当监管上的维权成本也会令其望而却步。因此，在市场规制法律制定中，就必须首先认清政府监管者主体与市场主体被监管对象之间的差距，合理地配置权力、权利、义务和责任。

市场失灵需要国家干预，国家干预导致了经济法部门法的产生，这是社会发展的客观选择。经济法律关系的三要素包括：

主体、客体和内容，内容就是经济法主体之间的权利义务，权利义务必然是发生在"政府主体—市场主体"两者之间的关系内容。这就存在一个问题：主体与关系内容在立法与研究上谁是第一位的？市场规制法，包括整个经济法，在立法技术和研究上应该将主体放在第一位考虑，这就是市场规制法律的"主体中心"研究范式的含义。市场规制法不适合采用"权利与义务"研究范式。权利与义务范式是从法律关系角度来探讨法律问题的，主要体现在民商法研究中。民商法律关系主体都是平等的主体之间的关系，在形式平等的前提下，不需要考虑各方主体自身的特殊性，只要平衡好双方的权利义务就行。权利义务范式的理论基础体现在民法的平等、自愿、等价有偿原则之中，法律关系主体双方都被抹去了自身特点，变成了一种法律拟制的相同人。近代"从身份到契约"运动使得民商事法律关系是不可能将主体身份当成法律权利义务配置的原因的，但是，现代经济法的出现关注到了市场经济关系主体之间实质上的不平等，认为忽视主体差别的"权利义务关系"设计就是在为强权欺压弱者提供作恶的工具。经济法根据主体的实质差别，在立法上对弱势群体的保护，对政府、经营者和垄断企业的约束，是法律实质公平对形式公平理念的补充和修正。经济法的主体中心主义理论范式背后隐含的是在现代市场经济情况下，对原有自由资本主义"从身份到契约"的思想进行的反思。经济法主体理念所体现的"从契约到身份"的回归，构成了个人权利保护之外的更大范围的社会公平的实现。

（三）从"主体中心"范式到市场监管权行使范围的法律规制

民商法围绕抽象化民事法律关系主体进行的权义设计，可适用于不同类型的交易活动，但是，经济法的权义配置却是只能适用于特定的法律关系、特定的主体和特定的行为，没有在社会经济关系中的普遍适用性。例如民法中的合同法律规定可以适用于所有类型的合同关系，无论合同主体如何变化，合同签订、实施所依据的相关合同法律规则是一直要坚持遵守的，但是，经济法主体的不同代表着所使用的法律是不同的，如同广告管理机关的职权不能被金融管理机关所使用，政府对市场的规制权行使方式在广告法和金融监管法中是决然不同的。民事法律规制的私权自治性特点可以使得民事立法在规定民事主体之间的权利义务关系上尊重当事人的意见，采纳私人交往的习惯，将民事法律关系变迁过程的决定权由民事主体自己来决定，但是，经济法律关系的产生和发展是由法律严格规定的，经济法律关系主体双方没有权力决定他们之间的法律关系，双方只能被动地按照经济法的权义规定来行事，规制主体一方的行为原则是法无规定即为违法。

从经济立法中可以看到，没有以政府为代表的市场规制主体和宏观调控主体，就不可能产生经济法的经济法律关系，这两种经济法主体的干预职权、职权内容、职权行使的方式等都必须严格按照经济法的规定进行，它们与被干预市场主体之间的监管法律关系也不能自由协商，讨价还价。经济法律规范的严格规定以及经济法主体权力的依法行使，体现了经济法的"国家干预本国经济法定原则"的精神。[1]该原则要求经济法主体类型是法定、经济法主体的行为是法定、经济法主体的行为后果是法定，其原则要求恰好与经济法研究的"主体中心"范式相互吻合。经济法主体在经济法研究和立法技术上十分重要，无论是经济法行为规定还是行为的后果都必须围绕主体展开，并且主要是围绕作为经济管理机关的一方主体展开。只有

---

〔1〕　杨紫烜主编：《经济法》（第4版），北京大学出版社、高等教育出版社2010年版，第101页。

经济管理机关作为市场监管者才能发起市场规制关系，而且在这种关系中始终占据主动地位，主导着规制关系的过程发展，但是，经济管理机关能够成为经济法的主体只是一种理论上的可能，并不意味着它一定就能在任何一种市场经济关系中成为市场监管者。经济管理机关成为某一具体经济法律关系中的监管主体的前提条件是，法律赋予了其对该具体经济市场秩序的规制权，否则，一个不允许政府有形之手干预的市场是不会产生有关该市场的市场规制法的，也就不会有监管该市场的市场监管者的存在，进而也不会有针对该市场的市场规制关系的存在。

让我们重新回到市场监管权行使范围的法律规制的问题上来。从以上对经济法主体中心主义的论述可以看出，抓住经济法的主体就等于抓住了包括市场规制法在内的整个经济法制定的核心，然而政府市场监管权行使的范围却决定了具体市场规制法的形成。政府能够监管的市场才可以制定监管法律，才可以赋予某个政府行政管理机关监管权，让这个机关在所制定的市场监管法律中成为监管法律关系的主体。市场监管法的主体与市场监管权行使范围之间是一个互相印证的关系，只有市场监管权的主体才拥有市场监管权，才会吸引人们来思考市场监管权力行使范围的问题，以防止监管权力的滥用；同时，市场监管权行使范围的确定能够使人们认清政府市场监管权存在的合理与否，能够使超越监管范围的"监管主体"被判定为主体不合格。一个超越市场监管权行使范围或者根本没有监管权的政府行政机关，是根本不可能取得合法市场监管权力的，其所有监管行为都是无效的。一个违反上级法的不干预市场规定的下级法，如果给予了某一机关市场监管权，那么这个下级法就是在违反宪法，其授权也是违法的，某一机关也不能取得合法的市场监管权力。

按照自由市场经济的原则，国家不随意干涉市场主体的市场经营活动是正常的，以监管之名来干预市场竞争是反常的。私权行使的原则是法不禁止即为合法，公权行使的原则是法无授权即为非法。对公权力的授予一般不能进行普遍性授权，使得监管机关取得空白支票，可以任意进入一个市场。对公权力的授权必然是特定的，根据不同的情况来具体地进行，需要具体、明确、对象清晰。我们从一个个现行的市场监管单行立法中可以看到，每一部法律都是关于某一个市场监管部门去监管某一个具体市场的竞争秩序的规定，各市场监管法规则之间也没有通用性。[1]除了竞争法之外，市场监管法主要是一个个的单行市场监管法，有三百六十个市场就可能有三百六十部单行市场监管法律，就会产生三百六十种不同的市场监管权力和机关。因此，市场监管权行使范围的法律规制实在是一个重要的理论和监管实践问题。

第二节　市场监管权行使范围法律规制的方式

一、市场监管权行使范围的法律限定

对市场监管权行使范围的法律规制首先必须要求有法可依，这就需要在经济立法中体现经济自由、反对限制的精神，并且在各项法律规范中具体表现出来这一要求。当今法治国家必然

---

〔1〕　各市场监管法之间没有通用性是指他们在使用上是彼此分离的，不是一体的。比如，金融监管规则不能拿来规制广告监管行为，证券监管规则不能拿来规制银行监管行为，食品安全监管规则不能拿来监管汽车行业，因为彼此之间差别太大。反观民法，比如，在一个具体的产品买卖合同法律关系中，法律关系的成立和履行需要符合合同法的规定，合同交易的客体"物"需要符合知识产权法或者物权法的规定，合同的不履行救济又有债权法的规定来保证实现。单单一个合同法是不能保证合同的顺利实现的，需要民法各部门法规共同规定，它们在任何一个民事法律关系中都是一体通用的。

是一切行为要依据法律来行事，不能脱离法律的要求实行长官意志、行政命令。如果没有在国家法律中体现出政府依法干预市场，保护市场自由的规定，监管权力就无法得到控制并可能不断超越范围，威胁整个市场。

首先，宪法在经济制度上必须采取市场经济发展模式，奠定建立权利自由社会和经济民主的基础。宪法是国家的根本大法，是指导其他法律制定的基本准则，没有宪法对自由竞争市场制度的支持，就无法从根本上对行政管理权力进行规范。宪法应当将提倡经济活动自由，防止政府不当干预市场的基本要求规定出来，给整个社会画出一条基本的准线。从我国改革开放以来的宪法演变来看，根本法对市场经济的追求逐步出现、确立和完善，对政府干预市场权力的约束规范逐渐重视起来。在经济改革开放之初的1982年，宪法所规定的经济发展模式是在公有制基础上的计划经济体制，同时还要求以国家计划手段保证国民经济按比例协调发展，国营企业、集体企业必须接受和服从国家的计划指导和管理，尤其是国营企业必须在全面完成国家计划之后，才能有一定的经营管理自主权。虽然宪法中出现了商品经济的一些规定，但是当时仅仅将商品交易当成对计划经济的辅助性调节，而且为保证计划实施还专门规定：禁止任何人和组织破坏和扰乱国家经济计划的实施，扰乱社会经济秩序。1982年《宪法》给予了政府对经济的主导性管理权力，延续了以前权力掌控一切的模式，在此情况下是不可能对政府经济管制权进行限制的。当时的市场经济还处于简单的起步状态，完全市场化交易的商品主要局限于"部分农副产品、日用小商品和服务修理行业类劳务活动"。[1]1993年的我国

---

〔1〕 参见《中共中央关于经济体制改革的决定》（中国共产党第十二届中央委员会第三次全体会议1984年10月20日通过）。

《宪法（修正案）》正式规定我国要实行社会主义市场经济，放弃以前的计划管理体制，国家今后要以法律的手段来引导经济，国有企业和集体经济组织在遵守法律的前提下自主开展经营。《中共中央关于建立社会主义市场经济体制若干问题的决定》（1993 年 11 月）对政府与市场的关系作出了明确解释，其中政府的经济管理职能主要是"制订和执行宏观调控政策，搞好基础设施建设，创造良好的经济发展环境；培育市场体系、监督市场运行和维护平等竞争"；政府经济管理以经济、法律手段为主，行政手段为辅，不直接干预企业的生产经营活动。这是宪法和国家政策对政府经济管理权力全面规范的开始。在宪法对自由经济制度的肯定之下，我国法律和政府政策才开始不断将国家权力从市场中退出来。几十年来对市场经济体制改革的深化就是一个市场主体不断取得各项经营自主权的过程，人们将其称为经济上的"国退民进"。

其次，宪法在实施的过程中必须形成对政府经济管理权力的真正监督制约。我国宪法赋予了政府极大的经济管理职权，但是缺乏对政府行使这些权力的监督。《宪法》第 89 条规定，国务院作为中央政府行政机关负责领导和管理经济工作，根据宪法和法律享有广泛的行政立法权，当然也包括市场监管法律。《地方各级人民代表大会和地方各级人民政府组织法》第 59 条也规定，县级以上各级人民政府负责管理本行政区域内的经济事务，同时依据法律还拥有行政规章制定权。从这些宪法性法律的内容看，各级政府被授予的经济管理权限是广泛的、无所不包的。现代社会需要政府出面解决日益复杂的国家经济问题，我国宪法对政府的经济管理权力授权也符合现代法治规则，但是，我国宪法对政府的行政立法权和经济管理权的监督还不是及时到位。例如，在宪法中规定，全国人大常委会有权撤销国务院制定的与宪法、法律相抵触的行政法规、决定和命令，这是在对政府的经济权力进行监督，但是，这种事后监督能不能应付得了数量浩繁的行政立法，很难保证。以国务院名义发布的行政法规的数量是较少的，审查的任务量不大，而众多由部委及其职能部门制定的规章、决定，数量太大，人大常委会不易应对。如果将这些规章、决定和命令交给国务院或者各部委自己来审查，一是难免部门保护主义，对审查走过场，二是如果自身就已经违规，还怎么能纠正内部下属部门的规章行为呢？即使人大对政府行政立法的监督存在一些不足，但是，目前还是要在坚持和加强人大现行监督制度的基础上，通过其他方法来弥补人大事后监督之不足。例如，可以在全国人民代表大会常委会内部设立专门的宪法保护委员会，专门对政府行政机关遵守宪法的情况进行监督。

最后，在宪法维护市场自由精神的引导下，通过政策和法律对政府监管越权行为进行规制。政府经济管理机关超越市场监管权的一般表现有：

其一，直接以行政垄断行为限制、排斥竞争。我国《反垄断法》第五章专门规定了行政机关和公共事务管理组织可能会采取的行政垄断行为，主要包括：第 32 条的滥用行政权力以限定商品经营、购买、使用的行为；第 33 条的滥用行政权力妨碍商品在地区之间自由流通的行为；第 34 条的滥用行政权力排斥或者限制外地经营者参加本地的招投标活动的行为。《国务院关于在市场体系建设中建立公平竞争审查制度的意见》将市场"政策制定机关"[1]不当干预市场破坏公平竞争的行政垄断行

---

〔1〕 政策制定机关指的是有权制定"涉及市场主体经济活动的"规章、规范性文件及其他政策措施的"行政机关和法律、法规授权的具有管理公共事务职能的组织"。

为称为"破坏商品和要素的自由流动"的行为，主要表现为针对来自外地的商品、服务或者经营者采取下列行为：①对外地和进口商品、服务进行歧视性价格和补贴政策，限制其进入本地市场或者阻碍本地商品、服务输出；②对来自外地的经营者排斥或者限制其在本地参与招投标，排斥、限制或者强制其在本地进行投资，对其在本地的经营实行歧视待遇等。

其二，在市场监管过程中，以加强监管的名义，设立各种事项审批，人为设置市场进入门槛。《反垄断法》第37条概括性地规定了行政机关不得滥用权力制定含有排除、限制竞争内容的规定的行为。《国务院关于在市场体系建设中建立公平竞争审查制度的意见》规定市场"政策制定机关"不得滥用行政权力，对市场准入和退出标准进行不合理限制，主要包括：对市场准入和退出条件设置不合理和歧视性的条件，不当授予某个经营者特许经营权，限定他人必须经营、购买、使用特定经营者的商品和服务，没有任何法律依据而擅自设置审批和事前备案程序，对已公布的市场准入负面清单以外的行业、领域和业务等设置审批程序。

其三，在市场监管过程中，不按照法律的规定，违法行使市场监管权。《国务院关于在市场体系建设中建立公平竞争审查制度的意见》规定市场"政策制定机关"不得采取影响生产经营成本和生产经营行为的行为，主要有：对特定经营者给予违法的优惠政策，对特定经营者违法免除其应交的社保费用，在法律规定之外扣留或者强制要求经营者提供各类保证金，超越定价权限进行政府定价，违法干预商品和服务的价格水平。

对政府超越市场监管范围的行为规制，除了少数法律作出部分规定外，基本上还是依靠国家行政体制框架来解决这一问题。如我国《反垄断法》对行政机关和公共事务管理职能组织排斥、限制竞争的行为，规定由上级机关责令改正，必要时对直接负责的人员给予行政处分。对于由国务院部门和省政府排斥、限制竞争的行为，国家市场监管总局只能向国务院提出处理建议，然后由国务院决定如何处理。省级市场监管局负责对省级部门及以下政府的反竞争行为向上级反映处理。按照《国务院关于在市场体系建设中建立公平竞争审查制度的意见》的规定，我国对政府妨碍公平竞争的行为，主要是依靠行政机关健全内部决策合法性审查机制，发挥我国行政体制高度一体化的优势。为防止某些行政机关不认真落实公平竞争审查工作，意见规定上级机关采取政府绩效评价体系考核、政务和行政承诺考核、政务诚信约束和问责制等方式，以督促下级政府坚决执行中央公平竞争审查工作的文件精神。在外部约束机制上，还要求政府要实行重大决策事项公示和听证制度、公民检举举报等，接受全社会的监督。

以国家政策来指导政府行为，以行政权力来纠正行政权力，这是我国现在的市场经济发展初期采取的有效手段，符合我国国情，但是，行政手段干预市场过深的问题还是要靠不断推进市场化改革来解决。如发达国家自 20 世纪 80 年代以来，为减少行政对市场的干预而采取了去管制化措施，希望以此消除国家对公民的行为限制和处分限制，"降低国家为实现与市场无关的政治目标而干预市场的强度，从而使市场和竞争的自我调节力量尽可能地自由发挥作用"。[1]

二、市场监管权行使范围的权力清单

政府权力和责任清单是指中央和地方各级人民政府，以清

---

[1] [德] 弗里茨·里特纳、迈因哈德·德雷埃尔：《欧洲与德国经济法》，张学哲译，法律出版社 2016 年版，第 310 页。

单的方式详细列明各部门的行政权责及其依据、行使主体、运行流程等内容的行政性文件。2015 年中共中央办公厅、国务院办公厅印发的《关于推行地方各级政府工作部门权力清单制度的指导意见》要求各级政府公布自己的权力和责任清单，希望通过推行权力清单制度促进行政机关简政放权，加快形成边界清晰、分工合理、权责一致、运转高效、依法保障的政府职能体系和科学有效的权力监督、制约、协调机制，全面推进依法行政。

（一）政府权力和责任清单的背景

随着国家经济的不断发展，社会事务变得越来越复杂，政府管理任务很繁忙。在繁杂的职责和快速的处理事务能力之间，产生了一个持续的矛盾。前几年我们经常从新闻上看到，某某人到政府机关办事，跑了多少路，盖了多少个章，花费了多少精力和时间。本来一个简单的事情却需要一趟趟地补办各种材料，最夸张的是开办一个企业需要盖一百多个公章。[1]这些看起来像笑话的新闻却是行政审批制度改革以前的真事。李克强总理在十二届人大会议期间回答记者提问的时候说："我在地方调研的时候，常听到这样的抱怨，办个事、创个业要盖几十个公章，群众说恼火得很。这既影响了效率，也容易有腐败或者叫寻租行为，损害了政府的形象。所以必须从改革行政审批制度入手来转变政府职能。"[2]

这些问题产生的原因是行政管理渠道发生了严重的"塞车"现象。除了上面所说的社会事务日益庞杂造成的政府不堪其重、

---

〔1〕 "项目立项要盖 100 多个印章 国务院发文精简审批"，载 http://finance. cnr. cn/txcj/20141230/t20141230_517260005. shtml.

〔2〕 "李克强：办个事要盖几十个公章 群众恼火得很"，载 http://news. si-na. com. cn/c/2013-03-17/104426556718. shtml.

超负荷运转之外，更主要的原因是政府管得太多，延续了传统的保姆式社会管理模式。一是政府自己的原因。政府管理没有跟上我国现代市场经济的步伐，过于相信自己的能力，对社会的自我管理和纠错能力太不信任，才会把过多的权力掌握在自己的手里。这导致了不该管的政府却偏要去管，既拖累了行政管理效率，也不见得管得好，让管理对象不满意，属于出力不讨好的行为。而有些需要政府管理的事物，因为不该管的事务管得太多，导致政府没有精力去管，造成了混乱，大家很不满意。二是社会群众的原因。由于人们长期习惯了政府的保姆式呵护管理，加之社会自我管理的落后，一旦某个社会环节出了问题，大家的第一反应都是"政府为什么不管一管"呢，这又逼着政府不断担负起更多的额外管理负担，以让人民满意。所以，一个奇怪的现象是，社会某一方面出问题了，然后人民要求政府站出来承担自己的责任，政府就加大管理力度去管更多的事情，管的事情多了，群众就发现无论办啥事都需要经过政府允许才行，到政府办事的时候，发现要开的证明和需要满足的条件也多了起来。政府行政管理的准则是依法行事，这个依法就是任何一个机关的每一项职责都必须按条件和程序来，就是人们常说的官僚机制运行方式。在群众眼里，这些行政机关的办事条件和程序要求就变成了"腿跑断，事难办"，纷纷去埋怨政府不为老百姓办实事，很多时候政府也是委屈万分。

不能轻易地把"一百个公章"这样的事情说成是行政机关为了权力寻租或者腐败而主动揽权，现实的情况是日益复杂的社会变革需要与政府行政管理方式滞后的矛盾。对很多社会事务的行政管理不见得是政府的要求，只不过市民社会自治能力的欠缺使得政府担负起了过多的责任。计划经济传统之下的行政管理方式在现代市场经济条件下遇到了新问题，没有理顺政府行政与市场和社会之间的关系。加之，我国两千年的历史是一个中央集权式的国家管理模式，这种巨大的惯性使得政府对"行政包办式"社会管理"轻车熟路"，是在传统社会保持社会稳定的最省力的方法，当然这种管理方式牺牲的是整个社会的创新活力。当市场经济到来之后，国内和国际的经济竞争需要的是整个国家和社会成员投入到创新之中去，自由的精神才能迸发出创新的动力，旧有的捆绑式社会管理需要被抛弃。目前的政府行政审批改革将是一场深刻的行政体制改革的开始，将逐步形成社会自治与政府管理相互辅助的国家治理结构和治理能力新模式。

（二）政府权力和责任清单的作用

国务院将权力清单制度的实行视为建设廉洁、创新、法治政府的重要手段。通过公布各级政府机构的权力内容，接受社会的监督，同时在权力清理中，取消不必要的职权，下放不当集中的权力。自2013年到2017年国务院取消和下放了行政审批事项共618项，其中取消491项，下放127项，[1]清理规范的国务院各部门行政审批中介事项共323项，取消的中央指定地方实施行政审批事项共283项。[2]权力清单背后的行政审批制度改革主要是围绕政府经济职权进行的改革，发展经济，释放市场竞争的活力是权力清单制度和行政审批制度改革的主要目的。李克强总理曾说，政府简政放权，以公平监管促进市场竞争，营造良好营商环境，其目的就是培育市场环境，以政府"减权限权"和监管改革，换来市场活力和社会创造力释放。抓

---

〔1〕 "国务院2013年以来取消下放了哪些'审批权'？"，载 http://www.gov.cn/xinwen/2017-02/10/content_5166968.html.

〔2〕 "2013年以来国务院已公布清理规范的国务院部门行政审批中介服务事项和取消的中央指定地方实施行政审批事项"，载 http://www.gov.cn/xinwen/2017-03/02/content_5172365.html.

住政府职能转变这一关键点,深化"放、管、服"改革,提升营商环境,才能进一步提高经济发展的竞争力。[1]政府权力和责任清单制度主要包括:

(1) 取消不适当的行政审批事项,主要是妨碍市场竞争和不符合现实要求的一些规定。如,国家发展与改革委员会正式取消了一些产业内的规模以上企业项目的投资审批,在经济疲软的市场状态下有利于激励民间资本进行企业投资的热情。再如,商务部取消了对石油、天然气、煤层气对外合作合同的审批工作,扩大了能源企业的经营自主权。毕竟企业更加了解国际市场和合作对象企业的情况,原有繁琐的政府审批过程很可能耽误企业对外合作的良好机会。该行政审批取消之后,将鼓励企业积极对外进行能源开发合作,鼓励企业走出去,更大规模地参与到全球能源产业竞争中。简政放权给市场,取消不适当的行政审批事项,可以大大激发市场的创新活力。如,商务部于2013年取消"机电产品国际招标机构资格审查"后,到2016年12月底,有561家新的国际招标机构注册成立,比取消前的223家增长2.5倍,总数达到784家。新成立的招标机构中,有292家开展了国际招标代理,招标项目6320个,完成招标中标金额34.3亿美元。[2]与此同时,国务院还取消了一批原来由中央制定地方实施的行政审批事项,共283项,其中不少涉及市场监管内容,这些都有力地释放了市场竞争的自由活力,将经营的自主权交给了市场主体。

(2) 清理规范政府部门行政审批中介服务事项。企业和公

---

[1] 付聪:"李克强:'放管服'改革说到底就是培育市场环境",载 http://www.gov.cn/premier/2017-09/08/content_5223450.html.

[2] 李洪雷:"数字来说话 | 商务部:行政审批取消后新注册国际招标机构数量增长2.5倍",载 http://www.gov.cn/xinwen/2017-01/26/content_5163598.html.

民在向政府部门申请行政审批的时候，往往会被要求提供各类事项证明，很多证明材料是需要申请人花钱委托中介机构验证提供的。但是，中介机构在提供这些证明材料的时候，存在环节多、耗时长、乱收费、垄断经营的问题，而且时间一长，行政审批中介服务机构和审批机关形成了利益关联，会导致审批所要求提供的证明材料越来越多，中介服务机构变相扩展了自己的业务从中牟利。这种现象造成企业和个人在申请行政审批时为各种材料证明来回奔波，不堪重负。各种审批证明材料也变相构成了市场进入的障碍，阻碍了企业和个人投资的积极性，扰乱了市场竞争环境。2015 年《国务院办公厅关于清理规范国务院部门行政审批中介服务的通知》要求清理行政审批涉及的中介服务事项，除法律要求的事项外，审批部门不得要求申请人提供中介服务证明材料。对于保留的行政审批受理条件的中介服务事项，实行清单管理，明确项目名称、设置依据、服务时限。通知还规定放开中介机构执业限制，开发中介服务市场，切断和政府的利益联系，以实现中介服务和中介机构的完全市场化。2018 年 6 月国务院常务会议要求，对于国务院部门规章和规范性文件要求的证明事项，能直接取消的立即取消；地方自己设定的证明事项，除地方性法规有规定外，也应立即取消；各级政府部门要及时公布取消和保留的证明事项清单。[1]

---

[1]　"李克强：不能再让老百姓为个证明东奔西跑了"，载 http://news.ifeng.com/a/20180609/58641121_0.shtml.

第六章 市场监管权不当行使的法律责任

政府在对市场竞争活动进行监管之时，需要对自己的不当监管行为承担法律责任。马克思在阐释人的社会责任和义务的必然性时曾说，"没有无权利的义务，也没有无义务的权利"。[1]每一个人的权利和义务都是相伴相生的，都应在享有权利的同时为自己的行为负责，这一理论也同样应该适用于国家及其代表者——政府。作为国家权力的受托者，政府获得了治理国家的权力，人民在法律规定的治理权面前有服从的义务，然而政府在行使权力的时候也必须为自己的不当行为承担责任。政府承担责任的方式是多样的，极端情况下如霍布斯或者洛克所说，如果最高权力执行者玩忽职守和放弃他的职责，[2]违反与人民约定的法律，[3]使社会陷入无政府状态，人们可以解散政府或者国家，使社会契约回到签订之前的状态。这种最终的权力当然属于全社会人民，但是它并不适合日常的状态，毕竟政府解散并不意味着受到权力侵害的个人就得到了权利的补救和补偿。法律代表着一种常规性的生活，表示人们希望在常态性的路径中解决

---

[1] 《马克思恩格斯选集》（第2卷），人民出版社1995年版，第137页。

[2] ［英］洛克：《政府论》（下篇），叶启芳、瞿菊农译，商务印书馆1964年版，第132页。

[3] ［英］霍布斯：《利维坦》，黎思复、黎廷弼译，商务印书馆1985年版，第253页。

发生的问题，包括对政府的行为约束也只是一种均衡的权力义务规定。行政机关在工作中做了违背法律的事情，应当像私人一样承担法律规定的责任，这是现代责任政府的表现。在我国大量的市场监管过程中，政府担负着监管权主体的角色，任务重、权力广泛，做得好有利于市场的繁荣，做得不好会毁掉一个市场，着实举足轻重。我国市场监管法律规范明确了政府市场监管权的内容，强调了监管权行使的程序要求，并对经济管理机关在权力不当行使情况下的法律责任和救济措施作出了规定。

第一节　市场监管权不当行使

一、市场监管权不当行使的概念

"不当"一词具有多个含义，汉语词典对"不当"的解释是：不合；抵不上；不该不是。"不当"（improper）的英文含义有三个：不诚实、不道德的（dishonest）；不适当、不得体的（not suited to the situation）；错误，不正确的（wrong, not correct）。[1]民法之债的发生原因中有"不当得利"的概念，其"不当"被理解为"没有合法根据"的意思。"市场监管权不当行使"之"不当"一词，具有多方面的含义，其中包含"没有合法根据"的意思。按照市场监管法对监管主体行使监管权的不当行为表现规定来看，英文对"不当"（improper）的三个解释比较符合本处所述"不当行使"市场监管权的含义。详细来说，市场监管权不当行使是指市场监管权主体作为法律规定的监管者，在对市场主体的经营活动进行监管的过程中，对监管

---

〔1〕　［英］霍恩比：《牛津高阶英汉双解词典》（第6版），石孝殊等译，商务印书馆、牛津大学出版社2004年版，第886页。

权力做了不诚实、不适当、不正确的使用，违背了监管设立的目的，扰乱了市场竞争秩序，依法应当承担法律责任的行为。市场监管权不当行使主要有以下几方面的基本含义：

第一，市场监管权不当行使的主体是市场监管者。市场监管权不当行使的责任主体是依法享有市场监管权的政府经济管理机关和社会组织。只有在法律上拥有市场监管权的组织或者个人才能行使该权力，也才会在权力行使过程中出现"正当"或者"不当"的问题。一个在法律上不享有市场监管权的主体因为根本没有监管权力，所以就谈不上其行为中的监管权力行使效果好坏的问题。它的行为所引发的不是监管关系存在与否的问题，而可能是对他人行为进行不当干涉的民事侵权问题。

第二，市场监管权不当行使的表现是执法不当。不当行使是指市场监管权主体对监管权力在执行过程中进行了不正当的使用，包括不诚实、不适当、不正确的使用。权力的不当行使是权力主体在行权过程中违反法律的实体性或者程序性规定，导致监管执法偏离了正确的法律要求。市场监管权的不当行使可以表现为以下几个方面：①监管越权。市场监管权主体应该严格按照监管权的权限范围来行使，超越权限范围就是为自己扩张权力，会损害市场经营者的权益，扰乱正常的监管体系的协调。②监管滥权。监管应该按照法律规定的标准进行，监管程序不合法会损害作出的监管结果的正当性，监管处罚的轻重失当会使监管没有说服力，达不到矫正市场秩序的目的。③监管失职。监管者身负维护市场秩序稳定的责任，却对市场中的违法违规行为视而不见，怠于履行自己的责任，或者在接到举报之后，不追查、不追究。④监管执法错误。这个错误可以是认定事实错误，也可以是适用法律依据错误。不当监管的原因可以是因为法律使用上出了差错，属于不适当、不正确地使用了法律；也可以是监管者故意的行为，对监管规则进行错误使用，属于履行公职不诚实、不道德的行为。

第三，市场监管权不当行使违背了监管权设立的目的。国家对市场竞争秩序进行监管的目的就是为了防止扰乱竞争的行为发生，以解决市场自由竞争自身不能解决的危机。在市场与政府的关系中，市场配置资源的主导作用是第一位的，政府的作用只是一个辅助性的帮助作用。市场能够自己解决的问题不应当由政府行政权力插手干涉。经济管理机关的监管权力是为了服务于市场经济而创设的，它自己没有自我发生的理由。市场监管权为市场而产生，为市场而改变，也为市场而设定了监管职能的具体内容。市场监管权存在的价值是建立在市场自由竞争和市场主体权利保护的精神上的，监管权行使的效果评价必须以市场竞争秩序的良好为标准。无论市场监管采用了什么样的手段，能够更好地促进市场竞争的活力才说明达到了监管权力行使的目的。不当的市场监管既不能惩治扰乱市场的经营行为，又会伤害合法经营者的守法积极性，使公平、合法竞争的市场风气得不到彰扬，压抑全社会创业投资的积极性。尤其政府性市场监管机关在市场监管中违法行使职权，对市场主体的经营自主权危害更大，会对经营者的权利和财产造成严重的侵害和剥夺。市场竞争造成的垄断和不公平，随着市场的变化和技术的进步会被逐渐打破；而不当监管形成的行政垄断和管制，靠市场的私人力量很难与之抗衡。不当的市场监管维护的不是社会公共利益，它是部门利益和少数人利益的表现，是经济特权的象征。不当的市场监管权背离了权力设立的目的，它是一种比没有监管权还坏的权力存在。

第四，市场监管权不当行使应当承担法律责任。市场监管机关依照法律授权享有市场监管职权，对市场的监管行为大多是以政府的名义作出的。在以前，一种行政行为如果是由具备法定资格的政府官员依照法律规定的程序和条件作出的，那么无论其行为的目的是什么，它都不会在诉讼中被打败。大多数行政机关对其职权的变通使用或者不当使用，都可以以属于行政机构的自由裁量权范围遮掩过去。然而，"现代公法击溃了政府使其行为超越于法律控制之外的企图，政治理性再也无法提供一种阻止司法制约的借口"，[1]这是因为人们对行政机构的自由裁量权背后的动机抱有很大的怀疑，并不是行政机构以全社会利益的名义所做的事情就必定不是利益团体或者个人的利益。政府对于自己行使市场监管权的不当行为，同样应当积极采取补救措施并承担相应的法律责任。对市场监管权力的不当行使追究法律责任能够起到警示作用，使政府在干预市场之时不敢轻易越权，能够有效防范监管权力的滥用。毕竟在对经济市场干预的过程中，牵涉太多的经济利益关系，监管权力时刻存在异化的可能。法律明确规定市场监管者的责任，有利于受到侵害的经营者依法维权，使得政府的市场监管权时时刻刻处于社会的监督之下。

二、市场监管权不当行使法律责任与其他责任的区别

市场监管权主体是市场监管法律关系的监管者一方，在存在形态上具有单一性，所以市场监管权不当行使的法律责任与经济法主体违法责任不同，也与宏观调控权主体在不当行使职权之时所应承担的法律责任不同。

（一）与经济法主体法律责任的区别

1. 承担责任的主体不同

经济法主体类型多样，从法律关系上说有市场监管权主体、

---

[1]　[法]狄骥：《公法的变迁》，郑戈译，商务印书馆2013年版，第168页。

宏观调控权主体、市场监管权受体、宏观调控权受体；从经济法主体类型上说，有政府经济管理机关、市场中介组织、市场主体；从市场监管环节上说，有市场监管者、经营者、消费者；从作为市场主体的形态上说，有大企业和中小企业、垄断企业和非垄断企业；按照企业的生产领域不同又可以分为广告企业、金融企业、食品企业、电子企业、汽车企业等。经济法主体在法律性质上具有特殊性，既可以是经济法主体，也可以是民法主体、行政法主体，其法律关系主体身份具有多重性。

作为不当行使市场监管权的主体主要是政府经济管理机关，市场监管权主体是经济法主体之一，而且是作为对市场竞争秩序进行监管的法律主体，代行的是国家有形之手对市场的直接干预。它在与广大的市场经营者和消费者的关系中，处于经济监管法律关系的主导地位，在行使市场监管权力时，市场主体必须接受它的管理。政府将拥有的市场监管职能交给不同的部门具体行使，各部门可以以自己的名义对市场主体的违法行为进行查处，但是它们都是政府的一部分，责任也由政府最终承担。在市场监管法律关系中，一方是市场监管主体，另一方是形态各异的市场主体。

2. 承担的法律责任不同

经济法主体形态多样，每个主体所参加的具体经济法律关系不同，它们在经济监管关系中面对的对象不同。例如，市场监管主体—市场监管受体，宏观调控主体—宏观调控受体，上级监管主体—下级监管主体，经营者主体—消费者主体，政府监管主体—市场中介主体，它们彼此之间在经济法律关系中的权利义务关系不同，所能够承担的法律责任形式也不同。市场主体在经济法中承担的法律责任是民事责任、行政责任和刑事责任的综合运用。如果违法造成其他市场主体经济损失，经营者需要承担民事责任，违反市场监管义务规定需要承担行政责任，严重侵害社会利益还将承担刑事责任。

市场监管职责主要是由行政经济管理机关承担，其监管经济市场的行为既是经济法行为，也是行政行为。之所以如此的原因在于，"政府在发挥经济调节作用的经济领域和经济环节中，行政经济管理机关的经济法与行政法主体角色相互交叉"。[1]政府经济管理机关对于自己不当的市场监管行为，应当按照行政行为不当来承担相应的行政责任。在经济法中并不是只有市场监管权主体才承担行政责任，市场主体违反市场经营规则接受市场监管部门的处罚，承担的也是行政处罚责任。但是市场主体违法侵权向受害市场主体的赔偿是民事责任，而市场监管机关不当监管使被监管的市场主体权益受损所承担的经济赔偿，依然属于行政责任的内容。从这个意义上说，虽然经济法规定的法律责任形式多样，但是市场监管权主体因监管原因需要承担的责任形式单一，基本上是行政法律责任。

有学者认为，经济法上的法律责任，既是法律责任，也是角色责任。在多样化的经济法角色分类中，作为被监管者被调控者的市场主体，与一般性市场主体在其他法律领域所承担的法律责任在表面形式上是相同的，只有市场监管和宏观调控主体的法律责任具有经济法责任理论上的特殊性。[2]

（二）与宏观调控权主体法律责任的区别

经济法的部门法体系主要由市场监管法律和宏观调控法律构成，市场监管法针对的是对国家以有形之手对微观市场竞争

---

〔1〕 程信和："经济法中主体权利设置的走向"，载《社会科学家》2014年第12期，第93页。

〔2〕 张守文："经济法责任理论之拓补"，载《中国法学》2003年第4期，第19页。

活动的干预行为的调整，宏观调控法是对国家对国民经济总量和结构平衡进行有效干预的行为进行的调整，两者在法律关系主体、关系内容、调整手段和法律责任上存在差别。在对不当行为的法律规制上，市场监管行为和宏观调控行为两者的法律责任采取方式主要有以下几个区别：

1. 承担责任的主体不同

市场监管和宏观调控都是国家干预经济的表现，代行这一权力的主要是独立于市场主体的、代表全社会利益的政府。政府既可以成为市场监管权主体，也可以成为宏观调控权主体，在政治体制的意义上，宏观调控和市场监管都由政府一力承担。然而，国家干预的职责完成需要在政府内部各部门之间进行分工，并不能使每一个经济部门都能够拥有两种经济规制权。在经济管理职责分工上，存在两种方式：一是采用机关分开的方式，即将不同的经济管理职权在不同的行政管理机关之间进行分工，比如，证监会和市场监管局之间的分工，这属于一种在不同行政系统之间的横向区分。这样做的好处是事权和责任划分明确，不会互相扯皮；二是规则分开，即将权力交给同一个行政管理机关，使它既行使市场监管权也拥有宏观调控权，在行使不同的职责时，按照市场监管法和宏观调控法分别调整。比如，商务部既有宏观调控权，也有市场监管权，[1]行使职能时

---

[1]　根据商务部网站所述的职责内容，商务部的职能一共有十七项。宏观调控职能有十一项，分别是：商品和服务贸易的宏观调控、外商投资宏观指导、进出口贸易调控管理、产业机构调整、对外经济合作管理等。市场监管权职能有两项，分别是：①承担牵头协调整顿和规范市场经济秩序工作的责任，拟订规范市场运行、流通秩序的政策，推动商务领域信用建设，指导商业信用销售，建立市场诚信公共服务平台，按有关规定对特殊流通行业进行监督管理；②承担组织协调反倾销、反补贴、保障措施及其他与进出口公平贸易相关工作的责任，建立进出口公平贸易预

要根据其是在进行市场监管和宏观调控行为从而分别遵循不同的经济法律。前述的两种职能分工方式既可以在不同的行政机关间进行，也可以在同一机关的内部各部门之间区分。然而，在承担不当市场监管行为的法律责任之时，监管者只能以市场监管者的身份去承担，而不以他的其他职能身份为考量，无论他还肩负着多么重要的其他非市场监管职能；反之，监管者在承担宏观调控法律责任之时标志着其自身主体身份是宏观经济调控权力的拥有者。

2. 承担的法律责任不同

由于宏观调控手段和措施的特殊性，宏观调控行为不当行使的法律责任很难确定。政府对经济的调控采取的是抽象性的行政手段，是依据法律和政策对经济全局或者某一市场进行经济总量和结构方面的调整，它的表现形式是发布的各种抽象性的法律、政策或者公告。宏观调控影响的是所有的市场中的经营主体，并不针对某一个具体的企业或者个人。再有，宏观调控的内容指向的是未来的市场经济发展动向，希望通过调整达到商品、服务的总量平衡和产业结构优化，这相当于对未来的预期。以上宏观调控的特点使宏观调控权主体承担宏观调控失败时的法律责任很难规定，抽象性的间接调控行为不针对具体的对象，使得受到调控影响的市场主体不能提起诉讼维权，抽象行政行为不可诉同样适用于宏观调控行为。"过去有一种观点认为，如果某人因怠于履行法定义务的行为而受到伤害，则他可以提起诉讼，要求有责任履行该义务的人来赔偿损失。今天的法律早已不是这个样子……有些义务，实际上是无法通过任何

（接上页）警机制，依法实施对外贸易调查和产业损害调查，指导协调产业安全应对工作及国外对我国出口商品的反倾销、反补贴、保障措施的应诉工作。

诉讼来有效地执行的。"〔1〕再有，宏观调控行为是由中央政府作出的，是国民经济发展的必要手段，它本身带有预测性和探索性。虽然在宏观调控政策出台之前政府经过了充分的论证，但是人类的智识毕竟是有限的，未来的世界充满了各种可能，谁也不能保证对未来的国家经济发展规划一定就是正确无误的。假如法律规定对宏观调控行为的失误进行惩罚，那么面对巨大的未来不确定性，没有哪个政府负责人敢于冒着法律制裁的风险去做一件50%概率的事。对宏观调控行为的法律责任规范会压制政府勇于开拓创新的勇气和信心，政府会很理性地选择什么事情都不做来减少犯错概率。人们常说的行政机关"懒政怠政，不作为慢作为"，〔2〕其原因就是外在的约束过于严厉之时，行政官员就选择了什么都不干，以争取少干活少犯错。政府的宏观调控行为失败并不是毫无约束可言的，在很多国家政府的失败经济政策会导致执政政党在下一届选举中失败，被选民更换掉，所以他们承担的主要是政治责任而不是法律责任。

对市场监管不当行为追究法律责任不存在以上障碍。市场监管基本上表现为市场纠察行为，是市场监管权力部门依照法律的具体规定对违法行为进行执法，其具体监管行为针对的是具体的市场经营者。按照具体行政行为具有可诉性的原则，权益受到侵害的经营者可以对其具体监管执法行为进行诉讼。另外，市场监管不当行为的救济措施也不适用于宏观调控行为，如行政复议、行政赔偿、行政补偿可以适用于市场监管行为，而不能适用于宏观调控行为。

---

〔1〕　［英］A. W. 布拉德利、K. D. 尤因：《宪法与行政法》（第14版）（下），刘刚、程洁译，商务印书馆2008年版，第825页。

〔2〕　辛识平："官员推诿拖 实则是懒政、怠政"，载 http://news.sina.com.cn/o/2018-06-13/doc-ihcwpcmq4600298. shtml.

第二节 市场监管权不当行使的表现

市场监管权不当行使的表现是多样的，我国《行政复议法》第 28 条和第 29 条将行政机关在行政管理中的具体违法行为分为：主要事实不清、证据不足的；适用依据错误的；违反法定程序的；超越或者滥用职权的；具体行政行为明显不当的；不履行法定责任等六种。英国行政法中将行政不当行为分为：违法越权；束缚裁量权；执法不合理；程序不当等四种。[1]法国行政法将需要进行审查的行政机关不当行为分为：无权、形式上的缺陷、违法及权力滥用。[2]政府市场监管机关既是经济法上的经济管理机关，也是行政法中的行政机关，两种身份是重合的，所以行政法对行政不当行为的分类对市场监管权的行为研究同样具有指导意义。从以上分类大致可以看出，市场监管权作为具有行政权力性质的经济法监管权，其不当行使的表现可归纳为以下几种：一是大的分类，包括实体违法和程序违法；二是实体违法，又可以分为执法不当、执法枉法、不履行职权、越权。具体表述如下：

一、市场监管违反法律程序

（一）程序违法不同于实体违法

市场监管实体违法行为是指市场监管权力的行使、市场监管权力的内容等不符合有关市场监管法实体权力义务的规定的

---

〔1〕［英］彼得·莱兰、戈登·安东尼：《英国行政法教科书》（第 5 版），杨伟东译，北京大学出版社 2007 年版，第 291 页。

〔2〕［英］L. 赖维乐·布朗、约翰·S. 贝尔：《法国行政法》（第 5 版），高秦伟、王锴译，中国人民大学出版社 2006 年版，第 229 页。

监管行为。其具体包括：执法不当、执法枉法、不履行职权、越权等形式。市场监管程序违法是指监管行为程序上的违法，监管行为违反了市场监管法律对监管行为的步骤、阶段、顺序、方式、时限等的规定。监管程序违法是对行政执法程序上的权利义务规定的违反，并不包括行政程序诉讼的程序。实体和程序规定是市场监管行为的两个方面，是监管权力正确行使的基本保证。区分市场监管实体违法和程序违法的意义有：

（1）监管权的违法既可能是违反了监管实体法的规定，也可能是违反了程序性的规定，所以，市场监管权主体在履行职责之时既要遵守实体性职责规定，也要重视执法程序性规定。经济法与民法相比比较重视大小实力不平等的市场主体之间的权利义务的平衡，单行法律中强调对消费者和中小企业的保护，理论将其说成经济法追求法律主体之间权利义务实质公平要大于其他法律。然而面对经济管理机关的市场干预，既要强调执法内容的正确，也应强调程序约束的意义。公权力行使的腐败，既有官员故意贪赃枉法的缘故，也有正当法律程序缺位的原因。行政权力实体内容与程序规定的关系，如同大坝之水与干渠水道的关系。实体违法如同水源被污染，危害环境；程序违法如同渠道被破坏，洪水将到处泛滥，冲垮一切。

（2）两者所造成的影响不相同。监管权的实体违法将会直接危害到市场经营者被监管对象的财产权、经营权或者人身权等切身利益，对程序性规定的违法对市场经营者的实体权益既可能造成侵害，也可能没有造成影响。监管者违反实体法律规定对市场主体侵犯的危害是无需多说的，法律程序保障是一项公民宪法权利，市场监管行为程序违法同样构成对市场主体权利的侵犯。市场监管的结果即使没有违反实体性法律规定，达到了监管职权设立的目标，但是缺乏程序性保障的监管行为的合法性会受到怀疑，也会使得以后监管行为出错的风险性增加。

（3）两者的补救方式不同。市场监管行为如果实体违法和程序违法，通过行政诉讼和行政复议都可以撤销该监管行为。但是，一旦撤销程序违法监管行为之后，市场监管机关可以重新补正缺失的行政程序，或者按照同一事实和理由重新作出与原来的行政决定相同的决定。而实体违法监管行为被撤销后，就不得再以相同的事实和理由作出相同或者基本相同的行政行为。[1]

（二）市场监管程序违法的表现

市场监管程序性规定主要表现在法律、行政法规和部门规章之中，人大立法如《行政处罚法》《行政强制法》《行政许可法》是市场监管的基本程序规则，全国多个省还制定有专门的行政执法地方性法规，如湖南、湖北、黑龙江、山西、上海、辽宁、河南等省出台的行政执法条例，都设了专章"行政执法程序"。除此之外，还有经济法之市场监管法律中对监管机关的监管程序规定，典型的有：《反倾销条例》第14、16、19、20、26、33、34条规定的反倾销调查，[2]《反补贴条例》第14、16、20、27、28条规定的反补贴调查的程序，[3]《反垄断法》第40条反垄断执法机构调查程序，《银行业监督管理法》第42条规定的调查程序，《反洗钱法》第23、24、25条规定的调查、笔录、核查、临时冻结程序，《证券投资基金法》第113条规定的调查程序，《证券法》第170条规定的调查程序，《保险法》第154条规定的调查程序，等等。市场监管程序内容也体现在行政

[1] 杨解君：《行政违法论纲》，东南大学出版社1999年版，第29页。
[2]《反倾销条例》第14条申请书的内容、第16条审查申请、第19条立案调查决定、第20条调查方式，第26条调查期限，第33、34条调查中止和终止。
[3]《反补贴条例》第14条申请书的内容、第16条审查申请、第20条调查方式、第27条调查期限。第28条调查中止、终止。

法规和规章中，如《中国证券监督管理委员会行政许可实施程序规定》规定了证券期货行政许可实施程序共 53 条。市场监管行为对法律程序规定的违反主要表现为：

（1）违反法定程序。法定程序是法律、法规和规章所设定并要求行政主体在从事行政行为时必须遵循的程序。法定程序既是行政行为依法履行的基本保证，也是行政相对人对抗行政权力侵害以进行自我权利保护的前提条件。违反法定程序是指行政监管主体违反了市场监管法律规范中明确规定的监管行为必须遵守程序规则。有学者将行政行为的法定程序违法情形分解为：法定步骤省略、法定步骤颠倒、无根据增加法定步骤、不遵守时效、不遵守法定形式、行政决策所载内容不全等。[1] 虽然这是针对所有行政行为违反程序情况的分类，但是对政府市场监管机关程序违法的情形同样适用。

（2）违反正当程序。立法并不一定会将每一部监管法律的监管权行使程序规定出来，在这种没有明确程序标准的情况下，就必须按照正当性程序原则来审查监管程序是否违法。正当程序原则又称为自然公正原则，其要求凡行使对公民权利有影响的行政权力之时，均应当遵守自然公正原则和公正规则。正当性程序规则既可以通过法律对行政程序的明确规定体现出来，也可以从法律原则和精神中表现出来。正当程序原则要求行政机关的行政管理行为必须公开，以满足公民的知情权；法律制度设计上要方便公民参与到行政管理中来，尤其对重要的行政管理决定，使公民有提出意见和建议的权利，特别在作出不利于公民、企业或者其他组织不利的决定时，要积极听取他们的申述和抗辩，必要时要进行听证；行政机关工作人员与所处理

---

〔1〕　该分类参见胡建淼：《行政法学》（第 4 版），法律出版社 2015 年版，第 671 页。

的问题不得有任何个人利益牵连，以免有偏私。违反正当程序行政行为的主要表现是：不告知行政主体、不事先告知和听取意见、不提供听证机会、重大决定不经集体研究、对行政结果不通知或不在合理期限内通知、不回避、不提供或不告知事后救济权利、程序导致相对人行为不能等。[1]

二、市场监管权超越权限范围

监管越权也就是行使市场监管权的行政机关的行政越权行为。对于什么是行政越权，法国学者将其称之为行政机关"无管辖权"或者"缺乏授权"，[2]英国学者将其界定为公共当局超越法律所授予其权力的行为。[3]我国行政法学者将其定义为，行政越权是指行政主体超越职务权限而进行的行政行为；或者行政越权是指行政机关及其公务人员超越约定的权力及其限度而作出的不属于自己行政职权范围的行政行为。我国《行政诉讼法》和《行政复议法》将其表述为"超越职权"的行为。《行政复议法》规定对于超越职权的具体行政行为，复议机关可以决定撤销、变更或者确认该具体行政行为违法。《行政诉讼法》规定，超越职权的具体行政行为，人民法院可以判决撤销或者部分撤销。

现代市场经济活动范围广泛、业务众多，形式多样，几乎整个社会活动都与市场经营有所关联。如此多样的经济活动必须在不同的部门之间进行分工协作，以应对不断增加的市场监管问题。部门权力交叉或者职能划分不清，行政职权行使之时

---

〔1〕 胡建淼：《行政法学》（第4版），法律出版社2015年版，第673页。

〔2〕 ［英］L.赖维乐·布朗、约翰·S.贝尔：《法国行政法》（第5版），高秦伟、王锴译，中国人民大学出版社2006年版，第231页。

〔3〕 张越编著：《英国行政法》，中国政法大学出版社2004年版，第671页。

就有越权的可能。另外，某些行业领域的新颖性也增加了部门之间管辖权冲突的发生。

（一）市场监管横向越权

在行政机关内部，需要根据行政权力所承担的任务及其作用客体的状况而进行横向水平的分割。行政机构设置中部门与部门之间的关系，可以看作是各专业领域行政权力分配的结果。在职能分工确定的情况下，一个经济行政部门没有合法依据地行使了另一个部门的管辖权力，就构成了权力越位。以下案例就属于此类：

（1）哈尔滨市原工商局叫停电信计费案。[1]电信行业通话收费一直以分钟来计费，即使你仅仅用了一秒钟，也需要按照一分钟来计费。2012年哈尔滨市原工商局认为此规则侵犯了消费者的财产权和公平交易权，要求电信部门停止这种不合理的电信计费标准。电信部门极力反对工商局的处理决定，认为其无权监督电信收费问题，属于违法超越了自己的市场监管权。《人民邮电报》甚至发文辩称："依据《电信条例》第3条规定，国务院信息产业主管部门是电信业的唯一主管部门，各地方尤其派出机构电信管理局进行监管，只有它们才有电信业务管理执法权，这属于专门性监管，工商局根本无权叫停电信收费规定。"哈尔滨市原工商局辩称，工商局叫停的不是计费问题，而是电信服务计费中侵害消费者权益的行为，该行为侵害了消费者的公平交易权和财产权，这是属于工商局保护消费者权益的职责范围内的事情。双方各执一词，争论不休。

---

〔1〕 杨超、郭毅："哈尔滨工商局叫停固话按分钟收费　电信指其越权执法"，载 http://finance. people. com. cn/GB/70846/17105356. html.

（2）工商局越权监管"奇虎360"案。[1]2013 年 1 月 24 日，北京市原工商局、西城区原工商分局相关业务部门共同约见了北京奇虎360 科技有限公司（以下简称"奇虎360"）相关负责人，并对"奇虎"利用"360 安全卫士"在浏览器领域实施不正当竞争行为予以行政告诫。[2]针对北京市原工商局的处理决定，"奇虎360"公开表示了不满，他们在发给媒体的声明中称："我们不了解为何工商部门会介入对互联网行业间的市场竞争，此前，互联网企业的管理由上级主管部门工信部牵头。"这个案例牵扯出一个问题，即工商局是否有权监管互联网行业的竞争活动。

原国家工商总局市场规范管理司表示，依据我国《反不正当竞争法》的规定，工商部门有权查处互联网行业领域内的不正当竞争行为和滥用市场支配地位的垄断行为，只要是市场经济领域就都在工商部门的市场监管范围之内，也不会与行业主管部门的权力产生冲突。但是，原国家工商总局的声明并不能证明其没有侵犯电信主管部门的职权范围。的确，《反垄断法》《反不正当竞争法》《消费者权益保护法》赋予了工商部门对扰乱市场秩序的行为进行监督、检查和处罚的权力，互联网也是经济市场领域，工商局应该有监管权。

但是，《电信条例》第 3 条规定："国务院信息产业主管部门依照本条例的规定对全国电信业实施监督管理。省、自治区、直辖市电信管理机构在国务院信息产业主管部门的领导下，依

---

[1] "工商总局否认越权监管奇虎：与工信部职责不矛盾"，载 http://news.sohu.com/20130202/n365363078.shtml.

[2] "奇虎"360 的行为表现是，利用垄断市场优势，通过不兼容、难卸载等方式阻止网民安装其他软件。还用推荐诱导、默认同步安装甚至伪装成微软官方补丁等方式，将其旗下的 360 浏览器、360 网址导航等产品强行安装至网民电脑中，通过默认设置、强制升级等方式，修改用户的浏览器和主页设置。

照本条例的规定对本行政区域内的电信业实施监督管理。"2011
年工信部颁布的《规范互联网信息服务市场秩序若干规定》（以
下简称《若干规定》）第 3 条规定，工业和信息化部和各省、
自治区、直辖市通信管理局依法对互联网信息服务活动实施监
督管理。我国法律和规章明确将电信业的市场监管权力交给了
信息产业主管部门，如同证券监管一样形成了专门化监管。

其次，在对互联网服务市场的不正当竞争行为和垄断行为
的监管上，《电信条例》第 4 条规定电信监管要遵循政企分开、
破除垄断、鼓励竞争、促进发展和公开、公平、公正的原则。
2011 年工信部颁布的《若干规定》第 5 条、第 7 条、第 8 条就
对互联网服务提供者进行不正当竞争，侵害其他互联网信息服
务提供者和消费者权益的行为作出了明确的禁止性规定，其中
就包括"奇虎 360"实施的此类不当竞争行为。《若干规定》还
规定了对扰乱互联网信息服务市场的不正当竞争行为和垄断行
为，由电信管理机构负责查处。

从以上所述可以看出，在对"奇虎 360"的监管中，工商部门
和电信管理部门都是于法有据的，双方不见得能够监管共存，《电
信条例》和《若干规定》赋予电信管理部门的专属电信市场监管
权，不见得电信行业主管机关会轻易同意拱手让给别人。即使原
国家工商总局出来说了话，但是也并不代表工信部背后没有话说。

（二）市场监管纵向越权

市场监管纵向越权是指某一市场监管部门没有合法依据地
行使了属于其上级或下级的监管职权。有学者将"纵向越权"
直接称为"超越层级管辖权"，认为就是下级行使了上级的职权
主体的权力，或者上级职权主体行使了下级的权力。[1]联系我

---

[1]　参见张武："政府经济职权研究"，西南政法大学 2003 年博士学位论文。

国国情，行政越权是否违法需要综合考虑。

（1）上级行政机关行使下级机关的权力是否违法越权的问题。笔者认为虽然随着简政放权、放管结合的实施，各级政府之间具有了职权划分，上级政府也以权力清单的方式公开了彼此的权限范围，但是，在上级政府处理了下级政府市场监管职能权限范围内的事务时，并不见得行为违法。原因在于：第一，各级政府之间是领导与被领导的关系。地方政府是国务院统一领导下的国家行政机关，国务院决定中央与地方政府之间的权力分工。地方各级政府必须服从国务院的领导，国务院有权改变或者撤销所属各工作部门和下级人民政府的不适当的决定。第二，下级以上地方人民政府之间的关系也是上级领导下级，下级服从上级，上级认为下级的行政工作有问题，有权改变或者撤销所属各工作部门和下级人民政府的不适当的决定。[1]可以看出，我国各级人民政府之间是一种绝对的上下级领导关系，上级人民政府权力远大过下级，上级人民政府掌握着主要的权力，下级人民政府权力实质是上级权力的下放，下级人民政府权力没有独立性，更像上级的派出机关。并不是说所有下级人

----

〔1〕《宪法》第89条第（四）项和第（十四）项规定，国务院统一领导全国地方各级国家行政机关的工作，规定中央和省、自治区、直辖市的国家行政机关的职权的具体划分；改变或者撤销地方各级国家行政机关的不适当的决定和命令；第108条规定，县级以上的地方各级人民政府领导所属各工作部门和下级人民政府的工作，有权改变或者撤销所属各工作部门和下级人民政府的不适当的决定。第110条第2款规定，地方各级人民政府对上一级国家行政机关负责并报告工作。全国地方各级人民政府都是国务院统一领导下的国家行政机关，都服从国务院。《地方各级人民代表大会和地方各级人民政府组织法》第55条又明确重申，在与中央政府关系上，全国地方各级人民政府都是国务院统一领导下的国家行政机关，都服从国务院。在与地方政府关系上，县级以上的地方各级人民政府行使下列职权：①执行上级国家行政机关的决定和命令；②领导所属各工作部门和下级人民政府的工作；③改变或者撤销所属各工作部门的不适当的命令、指示和下级人民政府的不适当的决定、命令。

民政府的权力都可以被上级直接行使，例如，分税制下的地方征税权，但是在具体的社会事务管理上，上级直接越过下级政府机构对某件事项进行处理，基本不会被认为是越权违法。市场监管基本是具体行政行为，当某地市场秩序出了问题，严重侵害消费者权利的事件发生，上级人民政府派人直接下来调查查处，基本也被认为是合法合理的。一句话，上级人民政府在本行政区域内是负总责的，权力下放也只是办事权力下放，实质权力还是掌握在上级人民政府手中，所以上级人民政府不存在越权行使下级政府权力的问题。

（2）下级行政机关行使上级行政机关的权力是否违法越权的问题。从前面所述上下级政府的权力关系可以看出，地方政府一般不能行使属于上级政府的权力，否则就会构成违法越权。但是，如果在取得上级授权或者法律特别授权的情况下，下级政府代行上级政府的某项权力就是合法的，不会构成违法越权。网络上披露的一些纵向越权的监管案例，也基本是下级管理机关在没有授权的情况下，行使了属于上级机关的职权。[1]

三、市场监管权的滥用

（一）市场监管权滥用的含义

对于什么是行政权力的滥用，国内学者认为，行政权力滥用就是滥用行政自由裁量权，系指行政主体在自由裁量权权限范围内不正当行使行政权力而达到一定程度的违法行为；[2]滥用职权是指行政机关及其工作人员在职务权限范围内违反行政

---

〔1〕"地方金融办存在越权监管等三大问题"，载 http://finance.jrj.com.cn/2010/11/0410418485495.shtml.

〔2〕胡建淼：《行政法学》（第4版），法律出版社2015年版，第671页。

合理性原则的自由裁量行为。[1]法国行政学者把滥用职权定义为政府部门"玷污行政法规，无视法律准则，追逐法律规定以外的目标，使赋予政府的权力改向变质，与法定目标背道而驰的行为"。[2]美国行政法将行政权力滥用界定为行政机关对行政自由裁量权的滥用。[3]从定义可见行政权力滥用的特点：一是属于违法行为，为法律所禁止；二是滥用主要发生在行政自由裁量权范围内；三是违背了行政合理性原则；四是违背了行政法规制定追求的共同利益。基于市场监管权力的经济行政权力本质，我们可以将市场监管权滥用定义为：市场监管权主体违背市场监管法律的社会公共利益目标，在市场监管的过程中对其所拥有的监管自由裁量权的不公正、不合理使用。

（二）行政权滥用的表现

对于行政权滥用的表现，国内外学者讨论甚多。美国学者认为行政权滥用的类型包括：①不正当的目的；②错误的和不相干原因；③错误的法律或者事实根据；④遗忘了其他有关事项；⑤不作为或迟延；⑥背离了既定的判例或者习惯。[4]美国法院和学术界认为，滥用行政权的具体表现有几个方面：①不正当的目的；②忽视相关的因素；③不遵守自己的先例和诺言；④显失公平的严厉制裁；⑤不合理的迟延。[5]英国法院判例认为公共机关滥用权力包括两个重要方面：目的不正当与相关或

〔1〕 张武："政府经济职权研究"，西南政法大学2003年博士学位论文，第184页。

〔2〕 [法]让·里韦罗、让·瓦利纳：《法国行政法》，鲁仁译，商务印书馆2008年版，第809页。

〔3〕 [美]伯纳德·施瓦茨：《行政法》，徐炳译，群众出版社1986年版，第506页。

〔4〕 [美]伯纳德·施瓦茨：《行政法》，徐炳译，群众出版社1986年版，第571页。

〔5〕 曾繁正等编译：《美国行政法》，红旗出版社1998年版，第146页。

不相关考虑。[1]法国行政法认为滥用行政职权的适用范围包括：①追求共同利益之外的某种目的；②追求的是共同利益，但却不是法律确切表述的目标；③滥用程序。[2]我国有学者将行政滥用职权的表现分为六种：①因受不正当动机和目的支配致使行为背离法定目的和利益；②因不合法考虑致使行为结果失去准确性；③任意无常，违反统一性和平等性；④强人所难，违背客观性；⑤不正当的延迟或不作为；⑥不正当的步骤和程序。[3]

（三）市场监管权滥用的表现

从以上所列举的权力滥用的例子可见，市场监管权滥用行为的表现主要可归纳为以下几个方面：

1. 监管权的行使不符合法律设定的宗旨和目的

滥用职权首先说明监管者执法行为的主观目的不正确，并不是为了实现维护市场竞争秩序的目的。这可以分为几个方面理解：①职权行使目的的不合理。这种目的不合理包括"别有用心目的或者动机不良"和"不正当目的"两种。第一，"别有用心目的或者动机不良"，是指法律授予市场监管机关的权力本来是为了实现维护市场秩序的稳定，防止破坏竞争的行为，但是却被监管者拿来达到其他目的。如处于行政垄断、个人或者集体牟利、徇私报复、官商勾结、欺诈、满足政治贪欲。"别有用心目的或者动机不良"的"目的不合理"代表的是，市场监管者在执法中追求的不是市场监管法律的社会公共利益，而是一

---

〔1〕 ［英］彼得·莱兰、戈登·安东尼：《英国行政法教科书》（第5版），杨伟东译，北京大学出版社2007年版，第298页。

〔2〕 ［法］让·里韦罗、让·瓦利纳：《法国行政法》，鲁仁译，商务印书馆2008年版，第810页。

〔3〕 胡建淼：《行政法学》（第4版），法律出版社2015年版，第660页。

种不当私利。第二，"不正当目的"是指市场监管机关行使监管权确实是为了维持市场竞争秩序，但是行为却违背了所依据的监管法律的立法目的。也即是说，监管行为表面是合法的，但是所要达到的目的确实和立法的真实目标不一样，监管机关可能是有意或者无意地歪曲了法律授予其权力的目的，使立法的目的落空。例如，某一个地方政府市场监管机关加强了对某一地点市场的检查力度，但是其真实的目的是为了逼迫商家搬迁到另一新建设的偏僻经营场所，这就是属于市场监管权的"不正当目的"行使。

2. 监管权行使忽视相关因素

市场监管机关在对市场竞争活动进行规制之时，需要在法律的范围内根据具体情况决定处置的方式。法律虽然规定了对被监管主体的奖惩条件，但是毕竟是较为原则的规定，具体的运用还需要监管机关自己判定。例如，反垄断执法机构对经营者滥用市场支配地位行为的监管决定，在如何判定竞争者具有市场支配地位和滥用上，就需要对"市场范围""支配地位存在""是否排除和限制竞争""反面证据"等进行一一认定。监管处罚或者奖励的作出所需要的行政自由裁量权，也是法律以一般性规定应对千差万别的案例的手段，避免了法律修改过于频繁，伤害法律的稳定性。监管权忽视相关因素的行为，就是监管机关在作出事实裁定或其他决定时，考虑了依法不应该考虑的相关因素，或是没有考虑法律规定应当考虑的因素，但是该因素为它或应当为它所知，且应当考虑。忽视相关因素的监管行为属于违反法律的行为，是监管权力专横和任性的表现。忽视相关因素的监管结果会变得很不合理。

3. 违反市场监管法律的平等性和可期待性

法律面前人人平等，在符合法律规定的条件下，相同的事情应该采用相同的解决方法。市场主体千千万万，但是法律对相同的竞争行为的监管决定或裁决应该是按照统一标准的。由于市场的广大，不同地区的监管机关对相同的市场经营行为的处理可能会有差别，但是这个差别应该在法律允许的范围之内。在市场监管法的处罚规定中，行政罚款往往有一个数额上下限度，如5万元以上10万元以下罚款、违法收入50%以上3倍以下罚款、情节严重的将会受到什么样的处理等此类裁量性规定，都需要监管机构对经营者在同等条件下同等看待，在奖励和惩罚上不能搞歧视政策。再有，监管行为应当具有连续性、稳定性和可预见性，不能朝令夕改作出对经营者不利的重新决定，这样会损害监管执法的严肃性。监管机关如果作出与以前不一样的监管决定，应当向当事人或者社会作出说明，不使社会对法律的可预期性失去信心。行政机关没有合法正当理由的变更监管决定的行为，只是增加了权力执法的蛮横。《国务院关于在市场体系建设中建立公平竞争审查制度的意见》也明确要求各级政府要严格履行对社会作出的承诺，对作出的政策承诺和政府合同要切实履行和践约，政府重大事项的决策要进行公示和听证，拓展公众参与政府决策的渠道。

4. 监管不合理迟延或者不作为

有些市场监管机关并不是不履行自己的职责，也对违法经营行为进行了查处，但是时间却是在假冒伪劣产品造成严重社会危害之后，属于收拾残局的摆设。迟来的正义等于非正义，即使违法犯罪的经营者得到了最终的惩罚，社会所付出的代价也暴露了市场监管机关的失职。市场监管法律规定的时效限制，监管机关应该严格执行，以使得违法行为能够得到及时制止，如果监管机关拖延时间到时限之外，就给了违法行为者逃脱的机会。尤其在监管权力监督不严格的情况下，监管机关工作人员与商家或者本乡本土，或者日久感情交厚，或者商家是当地纳税大户重点保护企业，都会造成监管权力的拖延和接到举报拖着不办。2008 年"三鹿奶粉污染事件"就是典型的市场监管机关对如此重大违法经营行为，接到大量举报，拖着不办不作为的结果，最后酿成了整个中国食品行业的信誉危机。监管机关对执法期限正确的态度是，有法定时间规定，就应在法定时间内作出；没有法定时间规定，就在合理的期间内作出，不能无限期推延，除非遇到不可抗力。不作为更是不应允许，该行为等于放弃了监管职责。

第三节 市场监管权不当行使的法律责任

市场监管机关对于自己的不当违法行为应该及时予以纠正，受影响的个人和组织可以依法向上级机关进行复议和申诉，也可以向人民法院提起诉讼。因不当监管受到财产和人身侵害的被监管者，还可以依法要求行政赔偿或者补偿。从现行市场监管法律所规定的监管权力违法责任方式来看，可以将市场监管机关的违法责任分为不当监管的纠正责任、监管侵权的行政赔偿责任、不当监管的其他责任。

一、不当监管行为的纠正责任

市场监管机关发现自己的监管决定出现错误，然后主动改正，这当然是最好不过的情况，但是，更多发生的是被监管对象的市场主体通过行政复议和司法诉讼的方式，要求监管机关改正错误。

《行政复议法》第 6 条规定了可以被申请复议的行政行为的类别，除了第（十）项以外，基本上这些行为都与公民和法人的市场经营性行为有关联。如第（三）项之"对行政机关作出的有关许可证、执照、资质证、资格证等证书变更、中止、撤销的决定不服的";第（五）项之"认为行政机关侵犯合法的经营自主权的"等。[1]毕竟政府的公共管理行为与社会生活的市场化息息相关，私人权利的经济因素日益突出。

《行政复议法》第28条规定，行政复议机关对于违反法律规定的监管行为：①不履行法定职责的，复议机关会决定其在一定期限内履行；②主要事实不清、证据不足的，适用依据错误的，违反法定程序的，超越或者滥用职权的，具体行政行为明显不当的，决定撤销、变更或者确认该具体行政行为违法；决定撤销或者确认该具体行政行为违法的，可以责令被申请人在一定期限内重新作出具体行政行为。《行政诉讼法》第70条、第72条所作之规定与《行政复议法》第28条规定相同，人民法院对于第28条之行为，可以判决撤销或者部分撤销，并可以判决被告重新作出行政行为，对监管不作为行为则判决在一定期限内作出。

---

[1]《行政复议法》第6条："有下列情形之一的，公民、法人或者其他组织可以依照本法申请行政复议：（一）对行政机关作出的警告、罚款、没收违法所得、没收非法财物、责令停产停业、暂扣或者吊销许可证、暂扣或者吊销执照、行政拘留等行政处罚决定不服的；（二）对行政机关作出的限制人身自由或者查封、扣押、冻结财产等行政强制措施决定不服的；（三）对行政机关作出的有关许可证、执照、资质证、资格证等证书变更、中止、撤销的决定不服的；（四）对行政机关作出的关于确认土地、矿藏、水流、森林、山岭、草原、荒地、滩涂、海域等自然资源的所有权或者使用权的决定不服的；（五）认为行政机关侵犯合法的经营自主权的；（六）认为行政机关变更或者废止农业承包合同，侵犯其合法权益的；（七）认为行政机关违法集资、征收财物、摊派费用或者违法要求履行其他义务的；（八）认为符合法定条件，申请行政机关颁发许可证、执照、资质证、资格证等证书，或者申请行政机关审批、登记有关事项，行政机关没有依法办理的；（九）申请行政机关履行保护人身权利、财产权利、受教育权利的法定职责，行政机关没有依法履行的；（十）申请行政机关依法发放抚恤金、社会保险金或者最低生活保障费，行政机关没有依法发放的；（十一）认为行政机关的其他具体行政行为侵犯其合法权益的。"

市场监管机关应当依照复议机关或者人民法院的决定或判决履行"纠正监管错误决定"的法律责任，对于拒不纠正错误监管决定的行为，需要承担相应的责任。依照《行政复议法》之规定，对阻挠行政复议的直接负责的主管人员和其他直接责任人员，可以依法进行行政处分。如果监管机关拒不履行复议机关的决定或者人民法院的判决的，《行政复议法》第37条规定，对直接负责的主管人员和其他直接责任人员依法给予警告、记过、记大过的行政处分；经责令履行仍拒不履行的，依法给予降级、撤职、开除的行政处分。《行政诉讼法》第96条规定，行政机关拒绝履行判决、裁定、调解书的，第一审人民法院可以采取相应的处罚措施。[1]

二、不当监管行为的行政赔偿责任

不当监管行为的行政赔偿责任，是指市场监管机关在履行监管职责过程中，由于对监管权力进行了不当使用，侵害了市场主体的合法权益，而依法应当承担的赔偿责任。我国《宪法》第41条规定，由于国家机关和国家工作人员侵犯公民权利而受到损失的人，有依照法律规定取得赔偿的权利。《国家赔偿法》规定，对于行政机关及其工作人员在行使职权之时有侵犯人身权和财产权情形的，受害人可以申请国家赔偿。在市场监管方

---

[1] 《行政诉讼法》第96条："行政机关拒绝履行判决、裁定、调解书的，第一审人民法院可以采取下列措施：（一）对应当归还的罚款或者应当给付的款额，通知银行从该行政机关的账户内划拨；（二）在规定期限内不履行的，从期满之日起，对该行政机关负责人按日处五十元至一百元的罚款；（三）将行政机关拒绝履行的情况予以公告；（四）向监察机关或者该行政机关的上一级行政机关提出司法建议。接受司法建议的机关，根据有关规定进行处理，并将处理情况告知人民法院；（五）拒不履行判决、裁定、调解书，社会影响恶劣的，可以对该行政机关直接负责的主管人员和其他直接责任人员予以拘留；情节严重，构成犯罪的，依法追究刑事责任。"

面，原国家工商行政管理总局出台有《工商行政管理机关行政赔偿实施办法》（已失效）。

（一）赔偿原因

市场监管机关承担行政赔偿责任的原因在于其行为侵犯了市场主体的人身权和财产权。在财产权赔偿范围方面，《国家赔偿法》第4条规定行政机关及其工作人员在行使行政职权时有下列侵犯财产权情形之一的，受害人有取得赔偿的权利：①违法实施罚款、吊销许可证和执照、责令停产停业、没收财物等行政处罚的；②违法对财产采取查封、扣押、冻结等行政强制措施的；③违法征收、征用财产的；④造成财产损害的其他违法行为。《工商行政管理机关行政赔偿实施办法》第8条之第（一）到（四）项所规定的工商行政管理机关的行政赔偿范围与此相同。[1]在人身权侵犯赔偿范围上，《国家赔偿法》第3条规定，行政机关及其工作人员在行使行政职权时有下列侵犯人身权情形之一的，受害人有取得赔偿的权利：①违法拘留或者违法采取限制公民人身自由的行政强制措施的；②非法拘禁或者以其他方法非法剥夺公民人身自由的；③以殴打、虐待等行为或者唆使、放纵他人以殴打、虐待等行为造成公民身体伤害或者死亡的；④违法使用武器、警械造成公民身体伤害或者死亡的；⑤造成公民身体伤害或者死亡的其他违法行为。《工商行政管理机关行政赔偿实施办法》第8条第（五）项也规定在实施市场管理过程中"违法侵犯公民人身权利的"，也属于工商行政管理机关的赔偿范围。

---

〔1〕《工商行政管理机关行政赔偿实施办法》第8条："工商行政管理机关行政赔偿的范围包括：（一）违法实施罚款、吊销许可证和营业执照、责令停产停业、没收财物等行政处罚的;（二）违法对财产采取查封、扣押等行政强制措施的;（三）违反国家规定征收财物、摊派费用的;（四）造成财产损害的其他违法行为;（五）违法侵犯公民人身权利的。"

（二）赔偿的主体

不当监管行政赔偿的关系人分为行政赔偿请求人和行政赔偿义务人。行政赔偿请求人是为人身或者财产权益受到损害的市场活动参与者。《国家赔偿法》第6条规定，受害的公民、法人或者其他组织有权利提出行政赔偿要求。自然人死亡的由其继承人或者有扶养关系的近亲属提出，法人或者其他组织消亡的由其权利承继组织申请。行政赔偿义务人，又被称为赔偿义务机关，是代表国家接受行政赔偿请求，参加行政复议和行政诉讼程序，具体履行支付赔偿的义务机关。[1]设定行政赔偿义务机关的意义在于，使赔偿主体"国家"这一抽象概念转换成具体实体，能够使得受害人找到具体的索赔对象，也为国家对各行政机关的考核提供依据。[2]我国《国家赔偿法》将行政赔偿的责任主体确定为政府行政机关，其第7条规定行政机关及其工作人员行使行政职权侵犯公民、法人和其他组织的合法权益的，该行政机关为赔偿义务机关。在市场监管赔偿方面，国家赔偿责任到底是国家的责任还是直接公务人员的责任，一直有国家代位说、自己责任说、合并责任说和中间责任说几种观点。但是无论哪一种观点，在具体承担赔偿责任之时，都是由政府行政机关来承担对外赔偿的。最本质上说，国家自身不能实施违法行为，只是由公务人员而发生的。如果要求公务人员为公职行为承担赔偿责任，国家不去负担，则公务人员赔偿能力有限，会使得受害人不能得到应有的救济。公务人员如若承担职务履行的赔偿责任，则会使得他们不敢开展行政活动，害怕摊上法律责任。但是，法律制度上的设计是行政机关代表国家对外承担违法赔偿责任，而具有直接责任的公务人员在执行

---

〔1〕 胡建淼：《行政法学》（第4版），法律出版社2015年版，第660页。
〔2〕 江必新、梁凤云：《国家赔偿法教程》，中国法制出版社2011年版，第95页。

公务的某些情况下需要对国家承担赔偿责任。我国《国家赔偿法》第16条规定，行政机关赔偿之后，对于有故意或者重大过失的公务人员或者受委托的组织或者个人需要被追偿部分或者全部费用。《工商行政管理机关行政赔偿实施办法》第29条规定，工商机关工作人员或者工商机关委托的个人故意或者重大过失情况下的市场监管赔偿责任，追偿金额为其月工资的1倍到10倍。

（三）赔偿的方式

依照法律，市场监管机关对于被监管者的赔偿责任形式为支付赔偿金、返还财产或者恢复原状。

（1）人身侵害赔偿。监管不当行为造成的公民人身侵害内容包括对其生命权、健康权或者身体权及其相关人格利益的侵害。行政管理机关的此类监管侵权赔偿只要造成对公民的不法后果即可，不需要考察行政机关的主观方面的态度。在实际监管过程中，有些行政机关暴力执法或者放弃职责，给公民的人身造成损害，《国家赔偿法》第33条和第34条规定了具体赔偿标准。赔偿人身侵权的情况有：①侵犯人身自由的；②造成身体伤害的；③造成全部或者部分丧失劳动能力的；④造成死亡的，⑤致人精神损害的。

（2）精神损害赔偿。依照《国家赔偿法》第35条之规定，行政机关及其工作人员在行使行政职权时有该法第3条所列举之侵犯人身权情形的，受害人有取得赔偿的权利；致人精神损害的，应当在侵权行为影响的范围内，为受害人消除影响，恢复名誉，赔礼道歉；造成严重后果的，应当支付相应的精神损害抚慰金。在行政精神损害赔偿的具体规则上，现在没有专门的立法规定，目前的有关精神损害赔偿的立法是《最高人民法院关于确定民事侵权精神损害赔偿责任若干问题的解释》。该解释将精神损害赔偿金分为残疾赔偿金、死亡赔偿金和其他损害情形的精神赔偿金。精神损害的具体赔偿数额需要根据侵权人的过错程度、侵权行为的手段、场合、方式和后果来综合判断。

（3）财产损害赔偿。市场监管机关违法侵犯市场主体财产权的行为有：①违法进行罚款、罚金、追缴、没收财产或者违法征收、征用财产；②对财产进行违法扣押、冻结、查封；③造成财产损坏或者灭失；④违法吊销营业许可证或者执照；⑤对财产权利造成的其他损害等。对于财产损害的行政赔偿首先以返还财产、恢复原状为主，在不能的情况下给予相应的金钱赔偿。

三、不当监管行为的其他责任

（一）刑事责任

依照法律规定，不当市场监管行为的直接责任人员在某些情况下需要承担刑事责任。《国家赔偿法》第 16 条第 2 款规定，对有故意或者重大过失的责任人员，有关机关应当依法给予处分；构成犯罪的，应当依法追究刑事责任；第 31 条规定，在赔偿案件中有贪污受贿、徇私舞弊、枉法裁判行为的，应当依法追究刑事责任。《工商行政管理机关行政赔偿实施办法》第 31 条规定，需要对责任人员追究行政责任的，由本单位监察部门依法处理。构成犯罪的，移交司法机关追究刑事责任。

在许多具体的市场监管立法文件中，都在其法律责任或者罚则部分规定了市场监管机关工作人员严重违法监管的刑事责任。《反垄断法》第 54 条规定，反垄断执法机构工作人员滥用职权、玩忽职守、徇私舞弊或者泄露执法过程中知悉的商业秘密，构成犯罪的，依法追究刑事责任；尚不构成犯罪的，依法给予处分。《反不正当竞争法》第 31 条规定，监督检查部门的工作人员构成犯罪的，追究刑事责任。《产品质量法》第 68 条规定，产品质量监督部门或者工商行政管理部门的工作人员滥用职权、玩忽职守、徇私舞弊，构成犯罪的，依法追究刑事责任；尚不构成犯罪的，依法给予行政处分。

依据我国《刑法》第九章"渎职罪"之规定，市场监管机关工作人员监管犯罪可能被追究的罪名有：①一般性规定之"滥用职权罪；玩忽职守罪"；②市场准入监管之"滥用管理公司罪"；③金融监管之"滥用管理证券职权罪"；④食品领域监管之"食品监管渎职罪"；⑤房地产市场监管之"非法批准征收、征用、占用土地罪""非法低价出让国有土地使用权罪"；⑥商品质量监管之"商检徇私舞弊罪""商检失职罪""放纵制售伪劣商品犯罪行为罪"。

（二）行政处分

市场监管机关工作人员违法行使监管权情节不严重，不构成犯罪的，可能会承担行政处分。如《反不正当竞争法》第30条规定，监督检查部门的工作人员滥用职权、玩忽职守、徇私舞弊或者泄露调查过程中知悉的商业秘密的，依法给予处分。《反垄断法》第51条规定，行政机关或者被授权的公共事务管理组织滥用职权排除限制竞争的，对于直接主管人员和其他责任人员给予行政处分。《食品安全法》规定，县以上人民政府以及县级以上人民政府的食品药品监督管理、卫生行政、质量监督、农业行政等各部门，在食品监管过程中失职的，对直接负责的主管人员和其他直接责任人员要根据不同情况给予相应的行政处分，直至开除；后果严重的，主要领导要引咎辞职。按照我国《行政机关公务员处分条例》的规定，行政机关公务员的处分种类包括警告、记过、记大过、降级、撤职、开除六种。另外，市场监管行为由于技术性要求，很多监管机构中的工作人员必须持有专业技术职业资格证书，所以，在给予负有直接责任工作人员的行政处分中，有时还会撤销其执业资格。

四、不当监管行为法律责任的完善

（一）约谈问责制——不当监管严重违法的预防性提前介入

以上所列实体法上的责任类型针对的是比较严重的监管失职行为，但是很多监管违规行为还达不到实体法惩罚规定中的那么严重的情形，它可能就是一种执法上的灰色状态，既不符合监管法律的精神要求也没有明显地违反法律具体条文规定。从一些违规的监管行为发生的原因来看，可能并不是故意为之，而是不自觉的行为，或者是在打擦边球。如消费者协会通过协议对某些过度竞争行为进行约束，本意是好的，可发展结果导致了行业垄断。古人云出礼入刑，严重违法当然使用以上的行政和刑法制裁，但是如上所述的灰色性违规，还不至于直接依法制裁。根据现在的实践来看，比较符合经济法责任特点的对于此类违规行为的追究手段是约谈和问责。约谈和问责将监管机关出现的问题在触犯法律之前，提前消灭于萌芽状态，不至于使得监管失误膨胀到法律制裁阶段。例如，在证券监管法律中，对于证券交易所的不当市场监管行为规定了中国证监会可以进行约谈，必要时可以通报批评和行政追责。

约谈问责虽然是较好的对不当监管行为的规制手段，但是目前的约谈问责制还有一些问题。问责还缺乏专门的法律法规对其进行明确规定，如对问责的启动主体、问责责任的分配、受责官员的处理等。国家应该制定一个较为规范的约谈问责规则，使其效力得到体现，显示出约谈问责的力量。

（二）经济责任补正

依法享有市场监管权的社会性主体在不当监管行为责任承担上具有不同的特点，因为社会性组织虽然具有一定的市场监管职能，但是在地位上其属于辅助政府监管的角色，本身并不是公权力机关。其所实施的市场监管行为既可能以授权行政经济管理机关的名义作出，也可能以自己的名义作出。在前者的情况下，社会性组织的责任直接归属于该行政经济管理机关；在后者的情况下，不当监管责任承担具有自己的特点。依法享有市场监管权的社会性主体的市场监管辅助行为行使不当之时，可以按照组织协议章程来解决，或者由行政主管机关来决定，牵涉私人权益伤害时可以通过民事诉讼来解决。可以说，绝大部分社会性市场监管权组织的市场监管能力有限，承担责任的方式也比较私人化、自治化，承担的责任内容也比较简单，尤其在解决纠纷的程序上，社会性组织采取的是非行政程序。

在对社会性主体的不当市场监管行为责任追究中，经济赔偿责任是一个需要探讨的问题。经济赔偿责任对于补偿受害者的经济利益，体现依法治国的精神很有意义，而且在市场经济情况下经济补偿也符合人们的心理安慰，但是，国家赔偿法适用于行政机关的违法行为，社会性组织的违法不适用它。现在的经济管理体制改革的一个很大的亮点是将原来的政府所属的监管权交给了社会组织，那么社会组织承担监管侵权赔偿责任就在情理之中。今后在越来越多的社会性组织拥有市场自律监管职责之后，应该在法律制度上明确其不当监管之时的经济责任追究规则。

Conclusion 结 论

　　市场监管权在法律属性上属于公权力范畴，其必然需要依法行使，以符合现代国家法治的基本原则。在当前我国行政管理体制改革的背景下，对市场监管权的法律研究更具有切实的实际意义。十八届三中全会出台了《中共中央关于全面深化改革若干重大问题的决定》，该决定明确了政府在市场经济发展中的作用，认为经济体制改革是全面深化改革的重点，核心问题是处理好政府和市场的关系，使市场在资源配置中起决定性作用和更好发挥政府作用。要着力解决市场体系不完善、政府干预过多和监管不到位的问题，积极稳妥地从广度和深度上推进市场化改革，大幅度减少政府对资源的直接配置，推动资源配置依据市场规则、市场价格、市场竞争实现效益最大化和效率最优化。今后政府的职责和作用主要确定为是保持宏观经济稳定，加强和优化公共服务，保障公平竞争，加强市场监管，维护市场秩序，推动可持续发展，促进共同富裕，弥补市场失灵。2014年《中共中央关于全面推进依法治国若干重大问题的决定》提出要深入推进依法行政，加快建立法治政府。要建设一个权责统一、权威高效的行政执法体制。使行政机关在法定之外没有其他的权力。十八大以来，国务院大力推行政府权力清单制度，从制度上明确各级政府的事权范围，强化各级政府的职责。2018年3月国务院对政府机构大刀阔斧地进行改革，其目的在于"坚决破除制约使市场在资源配置中起决定性作用、更好发挥政府作用的体制机制弊端"。在法律与社会的关系上，中国特色的社会主义法律制度要适应改革开放的需要，反过来法律也应该为各项改革举措保驾护航。"政府职能转变到哪一步，法治建设就要跟进到哪一步。"作为调整市场经济关系的基本法律之一，经济法应顺应时代的要求，积极从经济法律制度的角度认真探讨如何规范市场经济的政策制定者和执行者的权力行使，为中国特色的社会主义新时代的法治建设作出贡献。对于本书来说，市场监管权法律规制在顺应时代要求的同时，还对经济法的理论发展具有一定的意义。具体表现为以下几个方面：

一、丰富了经济法基础理论研究的内容

从 20 世纪 80 年代开始，为确立经济法的独立部门法地位，经济法研究非常重视基础理论研究。经济法学者对经济法的总论、分论、一般理论、基本框架、市场规制法、宏观调控法进行了研究。在总论研究的细节上包括了：经济法的本质、理念、价值、功能、体系、实施、主体、行为权力（利）、责任等，但是近年来经济法研究转入了对具体市场的分析，不再对经济法基本理论进行探讨。一方面是具体市场问题的研究越来越多，容易出成果；另一方面可能是基础理论研究的成果已经很丰厚，似乎足以支撑经济法独立部门法的地位存在与稳固。学者研究的成果主要在金融、土地和互联网经济这些方面，热点频出，成果丰硕，反而显得基础理论的研究成为明日黄花。基础理论的研究可以有热不热之说，但永不会过时，毕竟经济法基础理论是一切经济法部门法理论的基础，也是金融监管法、土地管理法和竞争法研究的经济法基础。金融监管法等部门法的研究

必须与经济法的基础理论相协调，才不至于和民法、行政法相互混淆。在一门学科的学术探讨中，具体制度的构建研究会随着国家政策的变化而很快失去其实际价值，而基础理论的研究却能弥久愈珍，能够以不变应万变。

市场监管权不同于宏观调控权和市场经营权，本书的研究内容是市场监管权主体的权力限制问题，从大的分类上说属于经济法主体权力（利）研究的范围，是对经济法主体权力研究的进一步扩展。以往的市场监管权研究往往局限于某一行业领域，探讨的内容一般是该种监管权力的如何构建与完善，而本书是从宏观研究视角转向对市场监管权的"控权研究"，思考如何规范市场监管权力的使用。本书涉及的是一个经济法权力研究中还缺乏系统性论述的问题，反观宏观调控权的法律规制已经有了博士论文，相应的市场监管权也需要补上对应的法律规制研究短板。

二、深化了对政府干预市场权力的认识

政府干预市场是应该的，是必要的，相关的政府干预市场的合法性与合理性论述已经很多，本书从控权的角度对政府市场监管权进行研究是对政府干预市场论的深化。正值大家都在研究如何让政府干预权力的行使稳准狠之时，本书反其道而行，探讨如何用制度手段捆住政府的不良之手，防止其越位滥用；本书认为对政府干预市场的思考，需要系统地从反面来研究如何控制政府干预之权。在当前中央明确将市场作为配置资源的决定性手段之时，应该从权力风险防范上关注政府干预市场的权力边界之所在。

三、拓展了政府干预市场权力研究的学科视野

行政法对权力控制的研究车载斗量，权力制约是行政法永

远不知疲倦的研究乐土。经济法的权力研究当然离不开行政法的权力理论，甚至可以说经济法的权力研究在主要原则上和行政法权力论是一致的，但是经济法权力规制研究不能由行政法对政府权力的研究所代替。在经济法与行政法各自作为一个独立部门法的情况下，经济法应该在吸收借鉴行政法理论之时，努力以自己的学科理论来研究经济权力运行的逻辑。"他山之石，可以攻玉"，但是前提是不能把自己的东西搞丢了。经济法与行政法在对象、价值和理念上各不相同，经济法对市场监管权行使的规范也自然有自己的理论特色。另外，作为与国家经济政策联系紧密的法律，以中国经济法的原理和原则来进行市场监管控权研究还能体现出中国改革实践的要求。

在研究思路上，本书从市场监管权模式选择、主体资格、权力配置、权利范围和不当责任承担几个方面进行了深入探讨，力图从一般的理论意义上挖掘市场监管权法律规制的方式。本书将市场监管权与一般性市场相对应，以一种宏观的视角来看待市场经济中的市场监管权力行使监督，不局限于某一类市场，不局限于某一类监管权行使的特殊性。本书的目的一是在理论上说明市场监管权法律规制的原因，二是在实践上探讨市场监管权法律规制的各种方法。在写作的内容方面本书并不想无微不至，面面俱到，以图将各类市场监管权都叙述到位，但是，也不想只做抽象的哲学式的思辨，无病呻吟，华而不实。本书通过对市场监管权法律规制的研究认为，在我国行政中心主义的政治体制模式下，对市场监管权的法律规制应重视行政机关的自我监督机制建设。人民代表大会是市场监管权的立法机关，行政经济管理机关在拥有市场监管权的同时还有大量的市场监管行政立法授权，这就使得我国的市场监管权力监督要依靠行政机关的自我监督检查。在具体的监管权法律规制制度设计上：

（1）应该对监管机构的主体资格严格控制，使每一个市场监管权主体都有法律明确授权，使监管权力和监管主体一一对应。经济法作为一种主体关系立法，市场监管主体资格的法律规制从源头上限制了监管权的行使，因为没有监管权力主体资格的规制主体的行为根本产生不了市场监管法律关系，这是市场监管权法律规制的第一道防线。我国人民代表大会的行政立法授权在各项社会经济管理上属于概括式授权，并没有排除限制性规定，所以行政机关不但有市场监管立法权还当然享有执行权，各类监管机关的设立完全由行政机关便宜进行。行政立法明确市场监管主体的法律资格，可以减少各级政府侵犯市场自由的冲动，使得各级政府组织在擅自扩张监管权力之时需要考虑违法的风险。

（2）在市场监管权力的配置上，政府治理模式改革和市场监管职能的完善需要统筹考虑监管体制的建设。中央和地方之间和政府与社会组织之间的市场监管权力配置必须由政府审时度势合理安排，应从效率、安全、秩序等方面考虑，避免纵向配置中的标准缺失以及横向配置中的社会组织的权力异化现象。

（3）在市场监管的范围上，各级政府之间和政府与社会组织之间应该明确监管职责的界限，应强化权力责任清单制度建设，使得监管权主体的权责明确一致。

（4）在不当行为规制上，没有责任的法律相当于没有牙齿的老虎，让违法者承担相应的法律责任是最好的规制手段。不当监管行为包括违反监管法律程序、超越权限和权力滥用行为，不同的不当监管行为应承担不同的法律责任。在监管失当的初期阶段，应发挥约谈问责制的预防功能，在不当监管经济赔偿上应积极探讨社会性市场监管组织的责任方式。

以上各点虽然分别从不同角度对市场监管权进行了论述，

但是它们在整体逻辑上都统一于如何对其进行法律规制的主题。从实践上观察，社会问题的解决需要从多个方面来进行，所涉及的因素是多方面的，不能指望一招解决整个问题。市场监管权的法律规制需要从如上所述的主体、权力分配、行使范围和责任制约等方面来进行，任何一个单方面都起不到规范调整的作用。在对市场监管权的法律规制研究中，系统论的方法是首要的，是其他研究方法的前提。在具体的观点创新上，主要有以下几个：

（1）提出了监管权规制的行政中心主义模式观点。在本书第二章模式选择中，根据对典型国家和我国实际对比认为，我国的市场监管权法律规制应采取行政中心主义的规制模式，在发挥立法、行政、司法三方合力之时，行政性市场监管机关应承担日常市场监管权力监督的主要职责。一是因为我国是一个传统的行政国家，行政机关在国家政治中起着主导作用；二是我国市场经济改革自上而下由政府推动，在今后一个长时期也不会有大的变化；三是当前的行政管理体制改革是由国务院推动的，权力责任清单也由政府层层推动；四是行政权力的主导性在法律上是受到人大的概括性授权的，宪法性文件规定了行政机关具有社会经济管理权和立法权。市场监管权的行使应在人大监督的同时发挥行政自我监督的主要作用。

（2）提出了社会性市场监管权主体这一新的主体类型。本书在论述市场监管权的横向社会性配置之时，创新性地将负有市场监管职权的社会性组织命名为社会性市场监管权主体，成为与政府市场监管权主体相对应的一类概念。这是对经济法主体三元论的深化，明晰了社会性市场监管权主体属于一种不同于其他社会中间层主体的下位概念，使得经济法学对市场监管法律关系主体的类型分类更加完善。

（3）提出了市场监管法律的主体中心研究范式。认为市场监管法律关系是一种主体立法，权利义务关系都是围绕着市场监管权主体展开的。主体中心研究范式是以法律主体为重点，根据法律主体的特点和不同来进行权义配置，以实现立法调整社会法律关系的目的的。市场监管法律的主体中心研究范式存在的意义在于，市场监管法的主体与市场监管权行使范围之间是一个互相印证的关系，只有市场监管权的主体才拥有市场监管权，才会吸引人们来思考市场监管权力行使范围的问题，以防止监管权力的滥用；同时，市场监管权行使范围的确定能够使人们认清政府市场监管权存在的合理与否，能够使超越监管范围的"监管主体"被判定为主体不合格。市场监管法律的主体中心研究范式也反过来印证了本书第三章市场监管权主体法律规制的意义所在。

当然，由于笔者的水平所限，以上所说的创新之处在学术大家眼里不值一提，但是它毕竟说明了笔者也进行了自己的一番研究努力，意图抛砖引玉，提供一种问题思路。

平以养心，独以思己，文章的不足也是明显的。由于写作框架贪大贪全，希望从主体、配置、范围、责任各方面系统性论述法律规制，导致了各部分的论述浅尝辄止，不能深入挖掘。各章节论述的不深入性使得文章的写作有点泛泛而论的感觉，这某种程度上影响了学术著作的深刻性要求。再有，在本书即将结束之时，国务院行政机构改革动作很大，书中所举的一些职能错乱的案例可能已经被改革纠正，使得本书的论点对现实的指导性消减。不过，无论机构改革如何变化，本书所阐述的市场监管权法律规制的基本原理是不会过时的，还是有一定的指导意义的。总之，政府与市场、权利与权力、监管与规制的关系将是经济法研究的长久话题。

References 参考文献

一、中文类

（一）著作类

1. 晏智杰主编：《西方市场经济理论史》，商务印书馆 1999 年版。

2. ［美］米尔顿·弗里德曼：《资本主义与自由》，张瑞玉译，商务印书馆 1986 年版。

3. ［英］冯·哈耶克：《哈耶克论文集》，邓正来选编译，首都经济贸易大学出版社 2001 年版。

4. 李晓西主编：《中国经济改革 30 年：市场化进程卷》，重庆大学出版社 2008 年版。

5. 刘志欣：《中央与地方行政权力配置研究——以建设项目环境影响评价审批权为例》，上海交通大学出版社 2014 年版。

6. 黄相怀：《当代中国中央与地方关系的"竞争性集权"模式》，天津人民出版社 2014 年版。

7. ［美］本杰明·卡多佐：《司法过程的性质》，苏力译，商务印书馆 2000 年版。

8. ［苏］E.M. 茹科夫：《历史方法论大纲》，王瓘译，上海译文出版社 1988 年版。

9. ［俄］B.B. 拉扎列夫主编：《法与国家的一般理论》，王哲等译，法律出版社 1999 年版。

10. 李可、罗洪洋：《法学方法论》，贵州人民出版社 2003 年版。

11. ［德］黑格尔：《法哲学原理》，范扬、张企泰译，商务印书馆 1961 年版。

12. 苏梅凤等：《法律社会学》，武汉大学出版社 1990 年版。

13. 胡玉鸿：《法学方法论导论》，山东人民出版社 2002 年版。

14. 李秀林、王于、李淮春主编：《辩证唯物主义和历史唯物主义原理》（第 4 版），中国人民大学出版社 2004 年版。

15. 陆征麟：《概念》，河北人民出版社 1960 年版。

16. ［德］阿·迈纳：《方法论导论》，王路译，生活·读书·新知三联书店 1991 年版。

17. ［古希腊］亚里士多德：《范畴篇·解释篇》，方书春译，商务印书馆 1986 年版。

18. ［德］黑格尔：《小逻辑》，贺麟译，商务印书馆 1997 年版。

19. 江必新、梁凤云：《国家赔偿法教程》，中国法制出版社 2011 年版。

20. ［德］M. 石里克：《普通认识论》，李步楼译，商务印书馆 2005 年版。

21. 中国人民大学哲学系逻辑教研室编：《形式逻辑》，中国人民大学出版社 1959 年版。

22. ［法］狄骥：《公法的变迁》，郑戈译，商务印书馆 2013 年版。

23. 欧阳康：《社会认识论——人类社会自我认识之谜的哲学探索》，云南人民出版社 2002 年版。

24. ［美］阿尔伯特·班杜拉：《思想和行动的社会基础——社会认知论》，林颖等译，华东师范大学出版社 2018 年版。

25. 欧阳康：《马克思主义认识论研究》，北京师范大学出版社 2017 年版。

26. ［英］霍恩比：《牛津高阶英汉双解词典》（第 6 版），石孝殊译，商务印书馆、牛津大学出版社 2004 年版。

27. 《列宁全集》（第 55 卷），人民出版社 1990 年版。

28. 李昌麒主编：《经济法学》（第 5 版），中国政法大学出版社 2017 年版。

29. 顾功耘主编：《市场监管法律制度的改革与完善》，北京大学出版社 2014 年版。

30. 邱本：《经济法通论》，高等教育出版社 2004 年版。

31. ［英］A. W. 布拉德利、K. D. 尤因：《宪法与行政法》（第 14 版下册），刘刚、程洁译，商务印书馆 2008 年版。

32. 王全兴：《经济法基础理论专题研究》，中国检察出版社 2002 年版。

33. ［古罗马］奥古斯丁：《忏悔录》（卷 11），周士良译，商务印书馆 1982 年版。

34. 郑春燕：《现代行政中的裁量及其规制》，法律出版社 2015 年版。

35. ［英］哈特：《法律的概念》（第 2 版），许家馨、李冠宜译，法律出版社 2011 年版。

36. ［美］霍菲尔德：《基本法律概念》，张书友编译，中国法制出版社 2009 年版。

37. ［德］马克斯·韦伯：《论经济与社会中的法律》，张乃根译，中国大百科全书出版社 1998 年版。

38. 严家其：《首脑论》，上海人民出版社 1986 年版。

39. ［美］塔尔科特·帕森斯：《社会行动的结构》，张明德、夏翼南、彭刚译，译林出版社 2003 年版。

40. ［美］约翰·肯尼斯·加尔布雷思：《权力的分析》，陶远华、苏世军译，河北人民出版社 1988 年版。

41. ［法］霍尔巴赫：《自然政治论》，陈太先、眭茂译，商务印书馆 1994 年版。

42. ［美］保罗·萨缪尔森、威廉·诺德豪斯：《经济学》，萧琛等译，华夏出版社 1999 年版。

43. ［美］B. L. 杰菲编著：《宏观经济学与微观经济学的应用》，程守洙、顾耀明译，机械工业出版社 1985 年版。

44. ［德］罗尔夫·施托贝尔：《经济宪法与经济行政法》，谢立斌译，商务印书馆 2008 年版。

45. 张晋藩等主编：《中国法制通史》，法律出版社 1999 年版。

46. ［英］彼得·莱兰、戈登·安东尼：《英国行政法教科书》（第 5 版），杨伟东译，北京大学出版社 2007 年版。

47. 世界著名法典汉译丛书编委会编：《汉谟拉比法典》，法律出版社 2002 年版。

48. 《马克思恩格斯全集》（第 36 卷），人民出版社 2005 年版。

49. 周枏：《罗马法原论》，商务印书馆 2001 年版。

50. ［德］恩格斯：《家庭、私有制和国家的起源》，人民出版社 1972 年版。

51. 杨解君：《行政违法论纲》，东南大学出版社 1999 年版。

52. 《马克思恩格斯选集》（第 2 卷），人民出版社 2008 年版。

53. ［英］L. 赖维乐·布朗、约翰·S. 贝尔：《法国行政法》（第 5 版），高秦伟、王锴译，中国人民大学出版社 2006 年版。

54. 刘泽华、汪茂和、王兰仲：《专制权力与中国社会》，天津古籍出版社 2005 年版。

55. ［德］韦伯：《经济与历史：支配的类型》，康乐等译，广西师范大学出版社 2004 年版。

56. ［英］罗杰·科特威尔：《法律社会学导论》，潘大松等译，华夏出版社 1989 年版。

57. ［英］约翰·弥尔顿：《为英国人民声辩》，何宁译，商务印书馆 1978 年版。

58. ［美］汉密尔顿、杰伊、麦迪逊：《联邦党人文集》，程逢如、关在汉、舒逊译，商务印书馆 1980 年版。

59. ［英］洛克：《政府论》（上、下篇），瞿菊农、叶启芳译，商务印书馆 1982 年版。

60. ［英］亚当·斯密：《国富论》（下册），郭大力、王亚南译，译林出版社 2011 年版。

61. ［德］海茵茨·笛特·哈德斯等：《市场经济与经济理论——针对现实问题的经济学》，刘军译，中国经济出版社 1993 年版。

62. 储东涛主编：《西方市场经济理论》，南京出版社 1995 年版，

63. 王红玲编著：《当代西方政府经济理论的演变与借鉴》，中央编译出版社 2003 年版。

64. 吴玉岭：《扼制市场之恶——美国反垄断政策解读》，南京大学出版社 2007 年版。

65. ［法］萨伊：《政治经济学概论——财富的生产、分配和消费》，陈福生、陈振骅译，商务印书馆 1963 年版。

66. 李新宽:《国家与市场——英国重商主义时代的历史解读》,中央编译出版社 2013 年版。

67. 刘长龙、赵莉主编:《市场经济思想史纲》,首都师范大学出版社 1999 年版。

68. 龚关主编:《中华人民共和国经济史》,经济管理出版社 2010 年版。

69. 〔美〕道格拉斯·C.诺思:《经济史中的结构与变迁》,陈郁等译,上海三联出版社、上海人民出版社 1994 年版。

70. 〔英〕马歇尔:《经济学原理》(下卷),陈良璧译,商务印书馆 1997 年版。

71. 〔美〕康芒斯:《制度经济学》(上册),于树生译,商务印书馆 1962 年版。

72. 汪洪涛:《制度经济学——制度及制度变迁性质解释》,复旦大学出版社 2003 年版。

73. 朱启才:《权力、制度与经济增长》,经济科学出版社 2004 年版。

74. 〔英〕约翰·伊特韦尔、特默里·米尔盖特、彼得·纽曼编:《新帕尔格雷夫经济学大辞典》(第 4 卷:中译本),经济科学出版社 1996 年版。

75. 〔日〕植草益:《微观规制经济学》,朱绍文等译校,中国发展出版社 1992 年版。

76. 〔美〕保罗·萨缪尔森、威廉·诺德豪斯:《经济学》(第 18 版),萧琛主译,人民邮电出版社 2008 年版。

77. 陈富良:《放松规制与强化规制》,上海三联书店 2001 年版。

78. 吕忠梅、陈虹:《经济法原论》(第 2 版),法律出版社 2008 年版。

79. 洪生伟、钱高娣:《市场经济与企业标准化》,中国计量出版社 1994 年版。

80. 〔日〕古川光等:《标准化》,李自卫、周学敏译,中国标准出版社 1984 年版。

81. 史际春主编:《经济法学评论》(第 15 卷),中国法制出版社 2016 年版。

82. 杨紫烜主编:《经济法》(第 5 版),北京大学出版社、高等教育出版社

2014 年版。

83. 张守文主编：《经济法概论》，北京大学出版社 2009 年版。

84. 韩志红等：《经济法权研究》，武汉大学出版社 2012 年版。

85. 张雪樵：《经济行政权的法律监督：利益衡平的视角》，北京大学出版社 2012 年版。

86. 章剑生：《行政程序法学原理》，中国政法大学出版社 1994 年版。

87. ［美］D. P. 约翰逊：《社会学理论》，南开大学社会学系译，国际文化出版公司 1988 年版。

89. ［美］布赖恩·比克斯：《法理学：理论与语境》（第 4 版），邱昭继译，法律出版社 2008 年版。

90. ［德］阿图尔·考夫曼、温弗里德·哈斯默尔主编：《当代法哲学和法律理论导论》，郑永流译，法律出版社 2002 年版。

91. ［英］霍布斯：《利维坦》，黎思复、黎廷弼译，商务印书馆 1985 年版。

92. ［法］卢梭：《社会契约论》，施新州编译，北京出版社 2007 年版。

93. 何勤华：《西方法学史》，中国政法大学出版社 1996 年版。

94. 刘军宁等编：《经济民主与经济自由》，生活·读书·新知三联书店 1998 年版。

95. 韩大元主编：《宪法学》，高等教育出版社 2006 年版。

96. ［法］让·里韦罗、让·瓦利纳：《法国行政法》，鲁仁译，商务印书馆 2008 年版。

97. ［英］弗里德里希·奥古斯特·哈耶克：《通往奴役之路》，王明毅等译，中国社会科学出版社 1997 年版。

98. 张幼文、黄仁伟主编：《制度竞争与中国国际分工地位》，上海远东出版社 2003 年版。

99. ［英］赫伯特·斯宾塞：《国家权力与个人自由》，谭小勤等译，华夏出版社 2000 年版。

100. ［美］斯蒂格利茨：《斯蒂格利茨经济学文集》（第 6 卷下册），纪沫、仝冰、海荣译，中国金融出版社 2007 年版。

101. 曹芳：《经济民主思想研究》，知识产权出版社 2016 年版。

102. ［美］大卫·施韦卡特：《超越资本主义》，宋萌荣译，社会科学文献出版社 2006 年版。

103. ［希］塔基斯·福托鲍洛斯：《当代多重危机与包容性民主》，李宏译，山东大学出版社 2008 年版。

104. 《毛泽东选集》（第 2 卷），人民出版社 1991 年版。

105. 《邓小平文选》（第 1 卷），人民出版社 1994 年版。

106. ［日］金泽良雄：《经济法概论》，满达人译，甘肃人民出版社 1985 年版。

107. 王建红：《权力的边疆：美国反垄断制度体系确立路径研究（1890～1916）》，经济管理出版社 2012 年版。

108. 武力主编：《中华人民共和国经济史》，中国经济出版社 1999 年版。

109. 曾繁正等编译：《美国行政法》，红旗出版社 1998 年版。

110. ［美］窝尔特尔·亚当斯、荷拉斯·格雷：《美国政府是垄断势力的扶植者》，加东译，生活·读书·新知三联书店 1958 年版。

111. 李琼：《当代国际垄断——巨型跨国公司综论》，经济管理出版社 2007 年版。

112. 卓泽渊：《法治国家论》，中国方正出版社 2001 年版。

113. 百名法学家百场报告会组委会办公室编：《法治百家谈：百名法学家纵论中国法治进程》（第 1 辑），中国长安出版社 2007 年版。

114. 《邓小平文选》（第 3 卷），人民出版社 1993 年版。

115. 《马克思恩格斯全集》（第 46 卷上、下册），人民出版社 1980 年版。

116. ［法］孟德斯鸠：《论法的精神》（上册），张雁深译，商务印书馆 1961 年版。

117. ［美］梅利尔·D. 彼得森注释编辑：《杰斐逊集》（下），刘祚昌、邓红风译，生活·读书·新知三联书店 1993 年版。

118. 吕世伦主编：《现代西方法学流派》，中国大百科全书出版社 2000 年版。

119. ［美］E. 博登海默：《法理学：法律哲学与法律方法》，邓正来译，中国政法大学出版社 1999 年版。

120. 许明月主编：《中国市场经济法治发展报告（2011—2012）》，法律出版社 2013 年版。

121. ［英］弗里德利希·冯·哈耶克:《自由秩序原理》,邓正来译,生活·读书·新知三联书店 1997 年版。

122. 本书编写组编:《依法治国新举措》,新华出版社 2015 年版。

123. 赵宇明等编著:《模式识别》,上海交通大学出版社 2013 年版。

124. 潘维主编:《中国模式:解读人民共和国的 60 年》,中央编译出版社 2009 年版。

125. ［美］福克讷:《美国经济史》,王锟译,许乃炯校,商务印书馆 1984 年版。

126. 郭向军:《经济监管机构的法律地位》,中国金融出版社 2013 年版。

127. 王名扬:《美国行政法》(第 2 版),中国法制出版社 2005 年版。

128. 王俊豪:《英国政府管制体制改革研究》,上海三联书店 1998 年版。

129. 张越编著:《英国行政法》,中国政法大学出版社 2004 年版。

130. 王名扬:《英国行政法》,中国政法大学出版社 1987 年版。

131. ［德］弗里茨·里特纳、迈因哈德·德雷埃尔:《欧洲与德国经济法》,张学哲译,法律出版社 2016 年版。

132. 胡建淼:《行政法学》(第 4 版),法律出版社 2015 年版。

133. 张文显主编:《法理学》(第 4 版),北京大学出版社、高等教育出版社 2011 年版。

134. 公丕祥主编:《法理学》,复旦大学出版社 2002 年版。

135. 李龙主编:《法理学》,武汉大学出版社 2011 年版。

136. 周旺生主编:《法理学》,西安交通大学出版社 2006 年版。

137. 朱景文主编:《法理学》,中国人民大学出版社 2008 年版。

138. ［奥］凯尔森:《法与国家的一般理论》,沈宗灵译,中国大百科全书出版社 1996 年版。

139. ［德］迪特尔·梅迪库斯:《德国民法总论》,邵建东译,法律出版社 2000 年版。

140. 漆多俊:《经济法基础理论》(修订版),武汉大学出版社 1997 年版。

141. 李昌麒主编:《经济法学》,法律出版社 2007 年版。

142. ［美］B. 盖伊·彼得斯:《政府未来的治理模式》,吴爱明、夏宏图译，中国人民大学出版社 2001 年版。

143. ［德］黑格尔：《逻辑学》（上卷），杨一之译，商务印书馆 1976 年版。

144. ［英］科斯塔斯·杜兹纳：《人权的终结》，郭春发译，江苏人民出版社 2002 年版。

145. 李锡鹤：《民法原理论稿》（第 2 版），法律出版社 2012 年版。

146. ［德］迪特尔·施瓦布：《民法导论》，郑冲译，法律出版社 2006 年版。

147. 孟鸿志等：《中国行政组织法通论》，中国政法大学出版社 2001 年版。

148. 于安编著：《德国行政法》，清华大学出版社 1999 年版。

149. 陈宝森：《美国经济与政府政策——从罗斯福到里根》，社会科学文献出版社 2007 年版。

150. 《马克思恩格斯选集》（第 3 卷），人民出版社 2012 年版。

151. ［美］莱斯利·里普森：《政治学的重大问题——政治学导论》（第 10 版），刘晓等译，华夏出版社 2001 年版。

152. ［德］马克斯·韦伯：《经济与社会》（下卷），林荣远译，商务印书馆 1997 年版。

153. ［美］伯纳德·施瓦茨：《行政法》，徐炳译，群众出版社 1986 年版。

154. 陈尧：《当代中国政府体制》，上海交通大学出版社 2005 年版。

155. 金观涛、刘青峰：《兴盛与危机：论中国社会的超稳定结构》（1992 年增订本），香港中文大学出版社 1992 年版。

156. 钱穆：《国史新论》，生活·读书·新知三联书店 2001 年版。

157. 何立胜、杨志强：《转型期的政府社会性规则变革研究》，中国法制出版社 2015 年版。

158. 顾建光：《现代公共管理学》，上海人民出版社 2011 年版。

159. 人民论坛编：《大国治理：国家治理体系和治理能力现代化》，中国经济出版社 2014 年版。

160. 中共中央文献研究室：《周恩来经济文选》，中央文献出版社 1993 年版。

161. 《毛泽东文集》（第 7 卷），人民出版社 1999 年版。

162. 赵震江：《分权制度和分权理论》，四川人民出版社 1988 年版。

163. 王珏、任登第：《毛泽东经济思想》，山东人民出版社 1993 年版。

164. ［英］罗纳德·哈里·科斯、王宁：《变革中国：市场经济的中国之路》，徐尧、李哲民译，中信出版社 2013 年版。

165. 吴国光、郑永年编：《论中央—地方关系：中国制度转型中的一个轴心问题》，牛津大学出版社 1995 年版。

166. 郑永年：《中国模式——经验与困局》，浙江人民出版社 2010 年版。

167. 马力宏：《分税制与中央和地方关系调整》，陕西人民出版社 1999 年版。

168. 邓正来：《国家与社会——中国市民社会研究》，北京大学出版社 2008 年版。

169. ［英］理查德.贝拉米：《自由主义与现代社会：一项历史论证》，毛兴贵等译，江苏人民出版社 2012 年版。

170. 郭道晖：《社会权力与公民社会》，译林出版社 2009 年版。

171. ［美］戴维·E. 阿普特：《现代化的政治》，陈尧译，上海世纪出版集团 2011 年版。

172. 国家工商行政管理局条法司编著：《消费者权益保护法释义》，长春出版社 1993 年版。

173. ［英］亚当·斯密：《国富论》（第 2 版），谢宗林、李华夏译，中央编译出版社 2011 年版。

174. ［法］托克维尔：《旧制度与大革命》，冯棠译，商务印书馆 1992 年版。

175. 宁可：《中国封建社会的历史道路》，北京师范大学出版社 2014 年版。

176. 马克垚：《封建经济政治概论》，人民出版社 2010 年版。

177. 曾兆祥：《中国封建社会的轻商思想和抑商政策》，中国商业出版社 1983 年版。

178. ［英］霍布斯：《利维坦：在寻求国家的庇护中丧失个人自由》，吴克峰编译，北京出版社 2008 年版。

179. ［英］洛克：《洛克说自由与人权》，高适编译，华中科技大学出版社 2012 年版。

180. ［英］阿克顿：《自由的历史》，王天成、林猛、罗会钧译，贵州人民出版社 2001 年版。

181. ［美］伊斯雷尔·柯兹纳：《市场过程的含义》，冯兴元等译，中国社会科学出版社 2012 年版。

182. ［美］以赛亚·柏林：《自由论》，胡传胜译，译林出版社 2003 年版。

183. ［英］约翰·穆勒：《论自由》，孟凡礼译，广西师范大学出版社 2011 年版。

184. ［英］约翰·格雷：《自由主义》，曹海军、刘训练译，吉林人民出版社 2005 年版。

185. ［英］弗里德里希·奥古斯特·哈耶克：《自由宪章》，杨玉生等译，中国社会科学出版社 2012 年版。

186. 陈祖洲：《通向自由之路：英国自由主义发展史研究》，南京大学出版社 2012 年版。

187. 姜达洋：《读懂亚当·斯密》，经济日报出版社 2010 年版。

188. ［美］美国金融危机调查委员会：《美国金融危机调查报告》，俞利军、丁志杰、刘宝成译，中信出版社 2012 年版。

189. ［美］托马斯·库恩：《科学革命的结构》，金吾伦、胡新和译，北京大学出版社 2003 年版。

190. ［英］伊姆雷·拉卡托斯、艾兰·马斯格雷夫编：《批判与知识的增长——1965 年伦敦国际科学哲学会议论文汇编第四卷》，周寄中译，华夏出版社 1989 年版。

191. 冯玉军：《法经济学范式》，清华大学出版社 2009 年版。

192. 李琪等：《政府与市场作用新定位》，上海人民出版社 2014 年版。

193. 杨春学等：《对自由市场的两种理解》，社会科学文献出版社 2013 年版。

194. ［德］科林·克劳奇：《新自由主义不死之谜》，蒲艳译，中国人民大学出版社 2013 年版。

195. 张维迎：《政府与市场：中国改革的核心博弈》，西北大学出版社 2014 年版。

196. 胡代光、厉以宁、袁东明：《凯恩斯主义的发展和演变》，清华大学出版社 2004 年版。

197. ［匈牙利］安东尼·德·雅赛：《重申自由主义》，陈茅等译，中国社会科学出版社 1997 年版。

198. ［英］阿尔弗雷多·萨德-费洛、黛博拉·约翰斯顿编：《新自由主义：批判读本》，陈刚等译，江苏人民出版社 2006 年版。

199. 张军主编：《市场、政府治理与中国的经济转型》，格致出版社、上海人民出版社 2014 年版。

200. 赵晓雷、王昉：《新中国基本经济制度研究》，上海人民出版社 2015 年版。

201. 张宇：《中国经济改革的经验及其理论启示》，中国人民大学出版社 2015 年版。

202. 崔英楠、王柱国、崔旖旎：《行政救济中的法律问题》，中国社会科学出版社 2010 年版。

203. 孙笑侠：《法律对行政的控制——现代行政法的法理解释》，山东人民出版社 1999 年版。

204. 徐飞：《政府规制政策演进研究：日本经验与中国借鉴》，中国社会科学出版社 2015 年版。

205. ［美］格莱金·摩根森、约书亚·罗斯纳：《鲁莽濒危：野心、贪婪与私欲如何引致经济末日!》，刘琨译，上海财经大学出版社 2012 年版。

206. 郭向军：《经济监管机构的法律地位》，中国金融出版社 2013 年版。

207. ［英］安东尼·阿巴拉斯特：《西方自由主义的兴衰》（第 2 版），曹海军等译，吉林人民出版社 2011 年版。

208. 方世荣、邓佑文、谭冰霖：《"参与式行政"的政府与公众关系》，北京大学出版社 2013 年版。

209. ［英］弗里德利希·冯·哈耶克：《个人主义与经济秩序》，邓正来编译，复旦大学出版社 2012 年版。

210. 邢会强：《走向规则的经济法原理》，法律出版社 2015 年版。

211. 耿弘：《政府社会性管制政策过程民主化研究：以食品安全管制为例》，科学出版社 2014 年版。

212. 谭九生:《职业协会惩戒权的公法规制论》,湘潭大学出版社 2011
    年版。

213. 张千帆、[美] 葛维宝编:《中央与地方关系的法治化》,译林出版社
    2009 年版。

(二) 论文类

1. 盛学军:"监管失灵与市场监管权的重构",载《现代法学》2006 年第
    1 期。

2. 郎玫、张泰恒:"改革开放三十年中国行政体制演化的理论与实践研究——
    一个基于政府、市场、社会的分析框架",载《经济体制改革》2008 年
    第 5 期。

3. 张芳、张艳、宦吉娥:"法治框架下我国中央与地方关系之解读",载
    《武汉大学学报 (哲学社会科学版)》2012 年第 1 期。

4. 梁上上:"论行业协会的反竞争行为",载《法学研究》1998 年第 4 期。

5. 徐孟洲:"经济法的理念和价值范畴探讨",载《社会科学》2011 年第
    1 期。

6. 邱本:"论市场监管法的基本问题",载《社会科学研究》2012 年第
    3 期。

7. 宋慧宇:"论政府市场监管权的合理配置",载《社会科学战线》2012
    年第 12 期。

8. 卢炯星:"市场准入监管法的问题与对策",载《福建法学》2014 年第
    2 期。

9. 刘华:"经济转型进程中的我国政府职能转变研究述评",载《江苏社会
    科学》2011 年第 2 期。

10. 陈永强:"分析法学视角下的法律行为'合法性'",载《北方法学》
    2012 年第 1 期。

11. 张守文:"论经济法的现代性",载《中国法学》2000 年第 5 期。

12. 许明月:"市场、政府与经济法——对经济法几个流行观点的质疑与反
    思",载《中国法学》2004 年第 6 期。

13. 罗豪才、周强:"软法研究的多维思考",载《中国法学》2013 年第
    5 期。

14. 张守文："略论经济法上的调制行为"，载《北京大学学报（哲学社会科学版）》2000 年第 5 期。

15. 蒋一苇："经济民主论"，载《中国社会科学》1989 年第 1 期。

16. 王保树："市场经济与经济民主"，载《中国法学》1994 年第 2 期。

17. 崔之元："经济民主的两层含义"，载《读书》1997 年第 4 期。

18. 王沪宁："社会主义市场经济的政治要求：新权力结构"，载《社会科学》1993 年第 2 期。

19. 张维迎："权力腐败导致企业家不走正道"，载《IT 时代周刊》2010 年第 18 期。

20. 席涛："法律、监督与市场"，载《政法论坛》2011 年第 3 期。

21. 郑磊、沈开举："英国行政裁判所的最新改革及其启示"，载《行政法学研究》2009 年第 3 期。

22. 王锡锌："依法行政的合法化逻辑及其现实情境"，载《中国法学》2008 年第 5 期。

23. 王全兴、管斌："经济法学研究框架初探"，载《中国法学》2001 年第 6 期。

24. 高萍："50 年来中国政府经济职能的变化与启示"，载《中国经济史研究》2002 年第 4 期。

25. 朱光磊、李利平："回顾与建议：政府机构改革三十年"，载《北京行政学院学报》2009 年第 1 期。

26. 郝铁川："论中央和地方职能与权限的划分"，载《浙江社会科学》2003 年第 6 期。

27. 陈那波："海外关于中国市场转型论争十五年文献述评"，载《社会学研究》2006 年第 5 期。

28. 董克用："优化政府服务的五大要点"，载《国家行政学院学报》2015 年第 4 期。

29. 肖辉龙："天津港集团总裁郑庆跃被免职背后港口管理乱象"，载《财经杂志》2015 年第 26 期。

30. 刘海萍："行政效率的层次内涵浅析"，载《社会主义研究》2007 年第 1 期。

31. 朱丘祥："中央与地方行政分权的转型特征及其法治走向"，载《政治与法律》2009 年第 11 期。

32. 曾峻："建国初期中央与地方关系的形成及其影响"，载《国家行政学院学报》2009 年第 6 期。

33. 孙彩红、余斌："对中国中央集权现实重要性的再认识"，载《政治学研究》2010 年第 4 期。

34. 宋琳："选择性集权与国家治理转型——基于中央与地方关系的考察"，载《陕西师范大学学报（哲学社会科学版）》2013 年第 4 期。

35. 刘华："国家治理现代化视域下的中央与地方关系"，载《江苏社会科学》2017 年第 2 期。

36. 魏治勋："中央与地方关系的悖论与制度性重构"，载《北京行政学院学报》2011 年第 4 期。

37. 孙国华、王立峰："依法治国与改革和完善党的领导方式和执政方式——以政策与法律关系为中心的考察"，载《政治学研究》2002 年第 4 期。

38. 肖立辉："县委书记眼中的中央与地方关系"，载《经济社会体制比较》2008 年第 4 期。

39. 朱未易："对中国地方纵横向关系法治化的研究"，载《政治与法律》2016 年第 11 期。

40. 赵孟营："从新契约到新秩序：社会治理的现代逻辑"，载《北京大学学报（哲学社会科学版）》2015 年第 2 期。

41. 曹潇、张弓长、林波："中国证券交易所监管激励分析：政府与交易所监管权分配"，载《河北科技大学学报》2008 年第 1 期。

42. 焦海涛："行业协会的反垄断法主体地位——基于中国体育反垄断第一案的分析"，载《法学》2016 年第 7 期。

43. 张守文："经济法司法理论之拓补"，载《法学论坛》2017 年第 5 期。

44. 童之伟："以'法权'为中心系统解释法现象的构想"，载（《现代法学》2000 年第 2 期。

45. 程信和："经济法中主体权利设置的走向"，载《社会科学家》2014 年第 12 期。

46. 陈婉玲："法律监管抑或权力监管——经济法'市场监管法'定性分

析",载《现代法学》2014 年第 3 期。

47. 顾丹丹:"依法治国背景下市场监管亟需明确的四个维度——从食品安全事件说起",载《中国行政管理》2015 年第 5 期。

48. 包利民:"社会契约:现实与理想",载《哲学研究》2001 年第 8 期。

49. 刘恒、李冠钊:"市场监管信息不对称的法律规制",载《行政法学研究》2017 年第 1 期。

50. 唐立军、李书友:"建立和完善我国市场监管体系的思路、目标与措施",载《北京工商大学学报(社会科学版)》2008 年第 1 期。

51. 邱本:"论经济法的共识",载《现代法学》2013 年第 4 期。

52. 周燕:"政府监管与市场监管孰优孰劣",载《学术研究》2016 年第 3 期。

53. 黄梅波、范修礼:"金融监管模式的权衡:官方监管与市场监管",载《财经研究》2010 年第 9 期。

54. 吕长城:"当前我国市场监管体制改革的行政法治检视",载《中国行政管理》2017 年第 4 期。

55. 徐双敏:"市场监管的国际经验初探",载《中国行政管理》2016 年第 2 期。

56. 郭跃进:"论市场监管的几个基本理论问题",载《福建论坛(人文社会科学版)》2006 年第 4 期。

57. 刘俊生:"集中抑或分散:全球视野下的市场监管体制探析",载《中国行政管理》2017 年第 11 期。

58. 钱冰、刘熙瑞:"构建以政府为核心多元主体共同参与的市场监管网络",载《中国行政管理》2007 年第 8 期。

59. 张国山:"我国市场监管的价值取向与模式构建",载《天津大学学报(社会科学版)》2010 年第 5 期。

60. 开昌平、郝鹏:"我国创业板市场监管模式及监管制度的选择",载《中国金融》2009 年第 8 期。

61. 曹兴权:"金融行业协会自律的政策定位与制度因应——基于金融中心建设的考量",载《法学》2016 年第 10 期。

62. 刘现伟:"加强政府监管 创造公平竞争市场环境",载《宏观经济管理》2016 年第 2 期。

63. 徐鸣："大市场监管体制改革：反思与超越——构建回应性监管新格局"，载《社会科学家》2017 年第 12 期。

64. 陈甦："商法机制中政府与市场的功能定位"，载《中国法学》2014 年第 5 期。

65. 张昕竹："市场经济发展中的政府监管体制改革"，载《改革》2010 年第 9 期。

66. 柳劲松："行业组织参与市场监管的理论依据与目标模式——基于现代合约理论的视角"，载《湖北社会科学》2010 年第 5 期。

67. 薛智、徐继开："建立和完善我国市场监管体制的思考与对策"，载《生产力研究》2005 年第 6 期。

68. 刘鹏："运动式监管与监管型国家建设：基于对食品安全专项整治行动的案例研究"，载《中国行政管理》2015 年第 12 期。

69. 张定安："政府监管职能需要加强和整合"，载《中国行政管理》2008 年第 4 期。

70. 岳彩申、王俊："监管理论的发展与证券监管制度完善的路径选择"，载《现代法学》2006 年第 1 期。

71. 卢炯星："宏观、微观经济法理论及体系完善"，载《现代法学》2006 年第 2 期。

72. 席涛："政府监管影响评估分析：国际比较与中国改革"，载《中国人民大学学报》2007 年第 4 期。

73. 蔡林慧："试论中国行政监督机制的困境与对策"，载《政治学研究》2012 年第 5 期。

74. 王凯伟、毛星芝："行政监督实效提升的制约因素及对策"，载《湘潭大学学报（哲学社会科学版）》2010 年第 4 期。

75. 尤光付："我国县级政府行政监督体系存在的问题及改进措施"，载《中国行政管理》2010 年第 3 期。

76. 林芳新："试论行政监督的几点问题及其完善"，载《西南大学学报（社会科学版）》2011 年第 S1 期。

77. 梁仲明："完善行政监督制度的理论思考和路径分析"，载《西北大学学报（哲学社会科学版）》2008年第3期。

78. 王凯伟："行政监督实效评估体系构建论纲"，载《湘潭大学学报（哲学社会科学版）》2011年第5期。

79. 杨士恒："中国行政监督发展简述"，载《中国青年政治学院学报》2010年第2期。

80. 陈奇星、罗峰：" '经济人' 和 '道德人' 并重：行政监督中的人性理论"，载《政治与法律》2004年第1期。

81. 郝倩、李舒："法治政府建设评估之监督与问责"，载《中国政法大学学报》2014年第4期。

82. 桂建平："对权力的监督和制约与国家审计职能定位研究"，载《审计研究》2004年第4期。

83. 罗洪洋、殷祎哲："社会主义法治监督体系的逻辑构成及其定位"，载《政法论丛》2017年第1期。

84. 袁曙宏："法治规律与中国国情创造性结合的蓝本——论《全面推进依法行政实施纲要》的理论精髓"，载《中国法学》2004年第4期。

85. 张千帆："论行政中立——从美国行政法看行政公正的制度保障"，载《法商研究》2005年第6期。

86. 张运萍、严然："行政违法行为检察监督研究"，载《法学杂志》2009年第9期。

87. 徐加喜："论行政问责对象的权利保障和救济"，载《政治与法律》2009年第10期。

88. 杨立新："行政权监督面临的问题及其解决思路"，载《理论探索》2011年第4期。

89. 程竹汝："行政法治必须解决的一个关键问题——论对抽象行政行为的监督"，载《政治与法律》2005年第1期。

90. 崔卓兰、刘福元："行政自制理念的实践机制：行政内部分权"，载《法商研究》2009年第3期。

91. 张旭东："关于新形势下完善我国政府决策监督机制的思考"，载《中共中央党校学报》2011年第2期。

92. 于立深："多元行政任务下的行政机关自我规制"，载《当代法学》

2014 年第 1 期。

93. 喻少如、张运昊："权力清单宜定性为行政自制规范"，载《法学》2016 年第 7 期。

94. 王克稳："行政审批（许可）权力清单建构中的法律问题"，载《中国法学》2017 年第 1 期。

95. 熊樟林："权力挂起：行政组织法的新变式?"，载《中国法学》2018 年第 1 期。

96. 张红显："负面清单管理模式的法治之维"，载《法学评论》2015 年第 2 期。

97. 吴东镐："我国中央与地方关系的法治化议题"，载《当代法学》2015 年第 4 期。

98. 王琛伟、陈凤仙："中央政府与地方政府职责的合理边界"，载《经济学动态》2014 年第 9 期。

99. 刘华："中国地方政府职能的理性归位——中央与地方利益关系的视角"，载《武汉大学学报（哲学社会科学版）》2009 年第 4 期。

100. 任东来："美国的'中央'与地方关系新论"，载《南开学报（哲学社会科学版）》2012 年第 3 期。

101. 马翠军："分权过程中加强中央监督地方权力的思路创新"，载《领导科学》2012 年第 35 期。

102. 应松年："中国行政程序法立法展望"，载《中国法学》2010 年第 2 期。

103. 王建学："论地方政府事权的法理基础与宪法结构"，载《中国法学》2017 年第 4 期。

104. 冯洋："论地方立法权的范围——地方分权理论与比较分析的双重视角"，载《行政法学研究》2017 年第 2 期。

105. 周尚君："地方法治竞争范式及其制度约束"，载《中国法学》2017 年第 3 期。

106. 张瑞良："政治互动视角下政府间事权划分的研究——以食品安全监管事权改革为例"，载《科学社会主义》2017 年第 4 期。

107. 徐晨光、王海峰："中央与地方关系视阈下地方政府治理模式重塑的政治逻辑"，载《政治学研究》2013年第4期。

108. 郭蕾："地方利益崛起背景下中央与地方权限争议分析及改革思路"，载《探索》2013年第1期。

109. 徐键："分权改革背景下的地方财政自主权"，载《法学研究》2012年第3期。

110. 胡玉鸿："法律主体概念及其特性"，载《法学研究》2008年第3期。

111. 李萱："法律主体资格的开放性"，载《政法论坛》2008年第5期。

112. 单锋："行业协会法律主体地位与市场规制权探析"，载《南京大学学报（哲学·人文科学·社会科学版）》2006年第1期。

113. 张德峰："宏观调控主体法律责任的性质"，载《政法论丛》2009年第2期。

114. 雷兴虎、陈虹："社会团体的法律规制研究"，载《法商研究（中南政法学院学报）》2002年第2期。

115. 李晓辉："经济民主与社会正义——竞争法的深层底蕴"，载《当代法学》2006年第3期。

116. 魏振瀛："依法治国需要正确处理经济民主与经济法制的关系"，载《法学》1996年第11期。

117. 赖朝晖："民主式的经济干预体系——《德国经济行政法》之启示"，载《比较法研究》2005年第2期。

118. 齐建辉："经济法理论基础的辩证法解读"，载《西北师大学报（社会科学版）》2005年第6期。

119. 苏力："从契约理论到社会契约理论——一种国家学说的知识考古学"，载《中国社会科学》1996年第3期。

120. 潘云华："'社会契约论'的历史演进"，载《南京师大学报（社会科学版）》2003年第1期。

121. 郑少华："动态社会契约论：一种经济法的社会理论之解说"，载《华东政法大学学报》2004年第2期。

122. 周晓丽、毛寿龙："责任政府：理论逻辑与制度选择"，载《河南大学学报（社会科学版）》2008年第4期。

（三）博士论文

1. 宋慧宇："行政监管权研究"，吉林大学 2010 年博士学位论文。

2. 张武："政府经济职权研究"，西南政法大学 2003 年博士学位论文。

3. 郭薇："政府监管与行业自律——论行业协会在市场治理中的功能与实现条件"，南开大学 2010 年博士学位论文。

4. 鲁篱："行业协会经济自治权研究"，西南政法大学 2002 年博士学位论文。

5. 杨三正："宏观调控权论"，西南政法大学 2006 年博士学位论文。

6. 路瑶："中国行政审批权配置研究"，西南政法大学 2015 年博士学位论文。

7. 郭晔："'有限理性'框架下证券交易监管研究"，厦门大学 2002 年博士学位论文。

二、外文类

1. Gary Chertier, "Civil Rights and Economic Democracy", 40 Washburn L. J. 267, 287（2001）.

2. Phillip. Areeda&Louis kaplow , *Antitrust Analysis* , *problems* , *Texts and cases* , Aspen Publishers Inc.（Fifth Edition , 1997）.

3. Ernest Gellhorn& William E. Kovacic , *Antitrust Law and Economics in A nutshell* , Fourth Edition.

4. Viscusi W. K. , J. M. Vernon , J. E. Harrington , Jr. *Economics of Regulation and Antitrust*, Cambridge：The MIT Press, 2005.

5. "The Global Competitiveness Report 2017 - 2018", published by the World Economic Forum, September 22 2017.

6. Bayard Rustin, "From Protest to Politics：The Future of the Civil Rights Movement", in The Civil Rights Reader; Basic Documents Of The Civil Rights Movement 339（Leon Friedman ed. , 1968）.

7. Gerald D. Mcknight, The Last Crusade：Martin Luther King, Jr. , The FBI, And The Poor People's Campalgn 13, 18-20（1998）.

8. Michael Novak, The Spirit of Democratic Capitalism（Madison Books,

1991）；and Charles Murray，"The Happiness of the People，" Irving Kristol Lecture，American Enterprise Institute，2009.

9. Robert H. Lande ，"Wealth Transfers as the Original and Primary Concern of Antitrust：the Efficiency Interpretation Challenged"，34 Hastings Law Journal （1982）.

10. Michael Novak：The Spirit of Democratic Capitalism（Madison Books，1991）；and Charles Murray："The Happiness of the People"，Irving Kristol Lecture，American Enterprise Institute，2009.

11. Daniel T. Deacon，"Deregulation through Nonenforcement"，85 N. Y. U. L. Rev. 795（2010）.

12. Frederick Davis，"Deregulation and Administrative Law"，40 Admin. L. Rev. 67（1988）.

13. Gene Kimmelman，"The Ideology of Deregulation"，2001 L. Rev. M. S. U. - D. C. L. 279（2001）.

14. Harry First，"Regulated Deregulation：The New York Experience in Electric Utility Deregulation"，33 Loy. U. Chi. L. J. 911（2002）.

15. Harry T. Edwards，"udicial Review of Deregulation" J，11 N. Ky. L. Rev. 229 （1984）.

16. James S. Altschul，"eregulation versus Re-RegulationD"，3 Int'l Fin. L. Rev. 11（1984）.

17. R. F. Cranston，"Regulation and Deregulation：General Issues"，5 U. N. S. W. L. J. 1（1982）.

19. Beatrix Pinter，"Hallmarking：Legal Study on Market Surveillance"，2010 Law Series Annals W. U. Timisoara 86，110（2010）.

20. Paul B. Stephan，"Regulatory Competition and Anticorruption Law"，53 Va. J. Int1 L. 53，70（2012）.

三、其他类

1. "英国当前主要经济政策"，载 http://www.mofcom.gov.cn/article/i/ck/201607/20160701364790.shtml，2017 年 10 月 14 日访问。

2. 德国政府官方网站：Federal Government ｜ Chancellor https：//www. bundesregierung. de/Webs/Breg/EN/Chancellor/_ node. html 2017/11/29.

3. "李克强总理作政府工作报告（文字实录）"，载 http：//www. gov. cn/ guowuyuan/2014－03/05/content_ 2629550. html，2017 年 11 月 12 日 访问。

4. 英国政府机构网站 Departments，agencies and public bodies － GOV. UK － GOV. UK https：//www. gov. uk/government/organisations/ html，2017 年 1 月 5 日访问。

5. "2017 年政府工作报告"，载 http：//www. gov. cn/zhuanti/2017lhzfgzbg/ html，2017 年 12 月 2 日访问。

6. Competition Appeal Tribunal－About the Tribunal，http：//www. catribunal. org. uk/242/About－the－Tribunal. html 2017/12/23.

7. 法律法规－政策法规——国家质量监督检验检疫总局 http：//www. aqsiq. gov. cn/xxgk_ 13386/zvfg/flfg/2017/12/13.

8. "银行业协会工作指引"，载 http：//www. cbrc. gov. cn/chinese/home/doc-DOC_ ReadView/1207. html2017/12/13.

9. "关于国务院机构改革和职能转变方案的说明"，载 http：//www. gov. cn/ 2013lh/content_ 2350848. html2017/12/14.

10. "国务院部门取消和下放的行政审批事项查询_ 服务"，载中国政府网 http：//spcx. www. gov. cn/bmcx/index. html2017/12/27.

11. "政府权责清单"，载 http：//www. gov. cn/fuwu/zfquanze/index. html2017/ 12/27.

12. "公安部技术侦查人员进驻天津海事局"，载 http：//news. ifeng. com/a/ 20150820/44475704_ 0. shtml.

13. 国务院网站所公布之"市场监管、安全生产监管"类文件，http：// www. gov. cn/zhengce/xxgkzl. htm/2017/12/31/ shtml.

14. "民政部：还有行业协会顶风乱收费 把违法违规当儿戏"，载 http：// www. xinhuanet. com/yuqing/2017－09/13/c_ 129702608. html.

15. 郭松民："靠出卖消费者敛财是典型的权力自肥"，载 http：//finance. ifeng. com/news/opinion/jjsp/20090327/487240. shtml

16. ［美］丹尼尔·罗杰斯："新自由主义的应用与滥用"，载 http://www.guancha.cn/DanielRodgers/2018_04_29_455283_s.shtml#0-tsina-1-73988-397232819ff9a47a7b7e80a40613cfe1.html.

17. 胡平仁："21 世纪法学研究新范式"，载 http://www.sohu.com/a/205253039_671251.html.

18. "项目立项要盖 100 多个印章 国务院发文精简审批"，载 http://http://finance.cnr.cn/txcj/20141230/t20141230_517260005.shtml，2018 年 6 月 5 日访问。

19. "李克强：办个事要盖几十个公章 群众恼火得很"，载 http://news.sina.com.cn/c/2013-03-17/104426556718.shtml，2018 年 6 月 5 日访问。

20. "国务院 2013 年以来取消下放了哪些"审批权"？"，载 http://www.gov.cn/xinwen/2017-02/10/content_5166968.html.

21. "2013 年以来国务院已公布清理规范的国务院部门行政审批中介服务事项和取消的中央指定地方实施行政审批事项"，载 http://www.gov.cn/xinwen/2017-03/02/content_5172365.html.

22. 付聪："李克强：'放管服'改革说到底就是培育市场环境"，载 http://www.gov.cn/premier/2017-09/08/content_5223450.html.

23. 李洪雷：数字来说话丨商务部：行政审批取消后新注册国际招标机构数量增长 2.5 倍"，载 http://www.gov.cn/xinwen/2017-01/26/content_5163598.html.

24. "李克强：不能再让老百姓为个证明东奔西跑了，载 http://news.ifeng.com/a/20180609/58641121_0.shtml.

25. 辛识平："官员推绕拖 实则是懒政、怠政"，载 http://news.sina.com.cn/o/2018-06-13/doc-ihcwpcmq4600298.shtml.

26. 杨超、郭毅："哈尔滨工商局叫停固话按分钟收费 电信指其越权执法"，载 http://finance.people.com.cn/GB/70846/17105356.html.

27. "工商总局否认越权监管奇虎：与工信部职责不矛盾"，载 http://news.sohu.com/20130202/n365363078.shtml.

28. "地方金融办存在越权监管等三大问题"，载 http://finance.jrj.com.cn/2010/11/0410418485495.shtml.

Thanks 致 谢

　　在本书写作的最后，终于要写致谢感言了。从内心里来说，我很不愿意来写致谢感言。这如同一个几十年征战老兵的退伍感言，又如同一个人在人生结尾的临终悼词，虽然写得抑扬顿挫，感人至深，但是这毕竟是一个历史阶段结束的宣告，让人不胜伤感！博士是求学之路的终点站，是人类教育制度设计的顶点，读完博士你就不能再往前走了，你已经在一个人类社会的程序设计中走到了尽头。在这条道路的尽头，我本应感到喜悦，能够来到学历教育的顶端，毕竟又有几人能够登顶成功。然而我内心里并没有感到丝毫喜悦，只是一片茫然。在思绪的茫然中，我回过头来，穿越四十多年纷纷攘攘的岁月，仿佛看见了那个六岁孩子背着小书包，蹒跚在乡间的土路上，胆怯地向陌生的小学校走去。他从我身边走过，我伸出手去，想和他说上一句话，告诉他求学过程的艰辛，需要付出几乎一生的努力，享受不到很多人生的乐趣。但是，时空的距离隔得太久了，他已经不能听到我的任何一句话。

　　用一生来追求知识和学问是否值得，这个问题我也不愿回答，总之我已到达求学之路的彼岸。圣人说：朝闻道夕死可矣！我也不知有没有道理。但是，我对于自己的选择不会后悔。人生可以做很多事，可以是大事也可以是小事，只要你觉得值得就应该去做。我总是在寻找，不知自己寻找的是什么。心中的很多疑惑，大概觉得只有不断地求学才能解答，于是就从乡村教师走出来，不断地往前走，一步一个台阶，不知疲倦，直到现在。旧的疑惑解决了，新的怀疑又开始产生，不断寻找答案，就这样来到了求学之路的尽头。值不值这样做，我不知道，反正我来到了雪山的顶峰，面前一片沧海茫茫！

回忆起学习法律的道路，我还是很庆幸来到了西政读书！西政以他博大的精神、昂扬的斗志、不屈的历史、开放的思想，深深地造就了我的思想和价值观！名师居于名山大川，西政崛起于巍巍歌乐山下，二次创业于渝北平川，其严格治学、不慕虚华、脚踏实地的学术氛围永远传承！会伴随着我等学子远播于四方。尤其值得我怀念的是西政经济法学院老师的师德品质，真称得上是"桃李不言，下自成蹊"！他们对学生的关心和爱护堪称师德楷模。忘不了卢代富老师的和蔼可亲，对学生严格认真的同时又关爱有加；忘不了盛学军老师的平易近人、品德高雅；忘不了许明月老师的学问高深、治学不倦，对学生学业要求严格，从不妥协。也非常感谢经济法学院老师对学生的关怀爱护，每一次到学院办事都能得到每一位办事老师的温馨协助。

对于本书的写作，感谢我的恩师许明月教授的谆谆教导，使我能够把博士念下来。我本愚钝，专业知识欠缺，但是在许老师的教导之下，自我感觉收获很多。三年下来，在西政能够时时求教于许老师，老师每次都是不厌其烦地解答我的问题，从选题、写作疑难解决到学术研究的进路，各种问题许老师都是有问必答。恩师作为学术大家，知识渊博，于我如高山仰止，不能够窥其渊博学问之一二。但是老师能够不以我鄙陋，每次亲切教导，真是让我非常感动。在老师的潜移默化下，我在学业能够稍有长进，这全赖恩师之力。

感谢黄茂钦教授、叶明教授、胡元聪教授，他们对我的论文提出来非常好的建议，使我能够避免写作中的很多缺点，对于论文的完善帮助很大。感谢张怡教授、江帆教授、邓纲教授、岳彩申教授等老师给予我们这一级学生在学业上的教导和帮助。感谢我的妻子和孩子对我求学的支持和鼓励！

　　博士学业即将结束，我将带着西政的教诲和所得知识，去迎接新的挑战！

单新国

2018 年 12 月